高校排球运动教学模式与科学竞训探索

赵文韬 著

哈尔滨出版社
HARBIN PUBLISHING HOUSE

图书在版编目（CIP）数据

高校排球运动教学模式与科学竞训探索 / 赵文韬著.
哈尔滨：哈尔滨出版社，2024. 7. -- ISBN 978-7-5484-8106-5

Ⅰ．G842.2

中国国家版本馆CIP数据核字第20246JD212号

书　　名：高校排球运动教学模式与科学竞训探索
GAOXIAO PAIQIU YUNDONG JIAOXUE MOSHI YU KEXUE JINGXUN TANSUO

作　　者：赵文韬　著
责任编辑：韩伟锋
封面设计：张　华
出版发行：哈尔滨出版社（Harbin Publishing House）
社　　址：哈尔滨市香坊区泰山路82-9号　邮编：150090
经　　销：全国新华书店
印　　刷：廊坊市广阳区九洲印刷厂
网　　址：www.hrbcbs.com
E - mail：hrbcbs@yeah.net
编辑版权热线：（0451）87900271　87900272
开　　本：787mm×1092mm　1/16　印张：13.5　字数：300千字
版　　次：2024年7月第1版
印　　次：2024年7月第1次印刷
书　　号：ISBN 978-7-5484-8106-5
定　　价：76.00元

凡购本社图书发现印装错误，请与本社印制部联系调换。
服务热线：（0451）87900279

前　言

在当今社会，随着体育事业的蓬勃发展和全民健身意识的日益增强，排球运动作为一项集竞技性、娱乐性和健身性于一体的体育项目，受到了广大师生的热烈欢迎和积极参与。特别是在高校中，排球运动不仅成为体育课程的重要组成部分，更是校园文化和体育精神的重要载体。然而，面对新时代对体育教育的新要求，高校排球运动的教学模式和训练方法急需进行科学的探索和创新。

近年来，随着教育改革的不断深入和体育教学理念的更新，高校排球运动的教学内容和形式也在发生着深刻的变化。传统的排球教学模式已经难以满足当前大学生对体育运动的多元化需求，而科学竞训的探索和实践则成为提升排球运动教学质量和竞技水平的重要途径。本书正是在这样的背景下应运而生，旨在通过对高校排球运动教学模式与科学竞训的深入探索，为高校排球运动的教学和训练提供新的思路和方法。

本书从排球运动的概述入手，详细阐述了排球运动的起源、发展、特点与价值，以及高校排球运动教学的理论基础。在此基础上，本书对高校排球课程设置现状进行了全面探析，并提出了教学创新与探索的方向和路径。同时，本书还深入探讨了高校排球教学多元化模式的应用，包括情景教学模式、团队教学模式、兴趣教学模式和分层互助教学模式等，旨在通过多样化的教学模式激发学生的学习兴趣和积极性。

本书直接或间接地汲取、借鉴了中外学者的成功经验与学术成果。在此，向所有给本书提供借鉴与帮助的学者表示最诚挚的谢意。由于时间仓促和编写经验不足，书中错误和疏漏在所难免，敬请读者批评指正。

目 录

第一章 排球运动概述 ... 1
- 第一节 排球运动的起源与发展 ... 1
- 第二节 排球运动的特点与价值 ... 8

第二章 高校排球运动教学理论基础 ... 15
- 第一节 高校排球运动教学目标与任务 ... 15
- 第二节 高校排球运动教学原则与方法 ... 20
- 第三节 高校排球运动教学现状、困境与出路 ... 28
- 第四节 高校大学生排球联赛发展探索 ... 35
- 第五节 丰富多元的排球运动文化教学 ... 38

第三章 高校排球课程设置现状探析 ... 41
- 第一节 高校排球课程设置现状及优化 ... 41
- 第二节 高校排球课程的实践探索 ... 44
- 第三节 高校排球课程教学效果的评价 ... 47
- 第四节 高校排球课程体系的构建 ... 53

第四章 高校排球课程教学创新与探索 ... 59
- 第一节 高校排球课程教学理论创新 ... 59
- 第二节 高校排球运动训练创新 ... 61
- 第三节 高校排球课程教学方法创新 ... 64
- 第四节 高校排球教学优化创新 ... 65
- 第五节 高校排球课程教学评价体系创新 ... 68

第五章 高校排球教学多元化模式的应用 ... 72
- 第一节 高校体育教学模式的构建 ... 72

第二节　情景教学模式 ·· 73
　　第三节　团队教学模式 ·· 77
　　第四节　兴趣教学模式 ·· 80
　　第五节　分层互助教学模式 ··· 85

第六章　排球训练基础概述 ··· 88
　　第一节　排球训练概述 ·· 88
　　第二节　排球训练计划 ··· 110
　　第三节　排球训练负荷的安排、控制与测定 ······································ 123

第七章　排球运动的科学训练 ·· 130
　　第一节　排球运动代谢特征与排球运动训练监控 ······························· 130
　　第二节　排球运动的体能与身体素质训练 ··· 133
　　第三节　排球运动的心理训练方式探究 ·· 140
　　第四节　排球运动损伤的科学预防工作 ·· 144

第八章　排球运动的战术透析 ·· 148
　　第一节　排球运动基本战术 ·· 148
　　第二节　排球阵容与战术详解 ··· 158

第九章　软式排球教学理论与方法创新 ·· 167
　　第一节　软式排球概述 ··· 167
　　第二节　软式排球运动的发展 ··· 174
　　第三节　软式排球教学理论与方法创新 ·· 179

第十章　气排球教学理论与方法创新 ··· 189
　　第一节　气排球概述 ··· 189
　　第二节　气排球运动的发展 ·· 191
　　第三节　气排球教学理论与方法创新 ·· 194

参考文献 ··· 208

第一章 排球运动概述

排球运动是一项世界性的大球运动，发展到现在已经成为一项具有丰富的文化内涵和运动价值的球类运动项目，具有广泛的关注度和参与人群。个体关注和参与排球运动，应首先对排球运动的基本理论常识有一定的了解和认识，如此才能在排球运动的直接或间接参与过程中更加深刻地感知排球运动文化、欣赏排球运动，更积极主动地投入和享受排球运动。本章主要就排球运动的起源与发展、特点与价值、排球运动组织与重大赛事等基本理论知识进行系统介绍，从而为个体更全面地认识排球运动提供理论指导。

第一节 排球运动的起源与发展

一、排球运动的起源

（一）排球运动雏形

现代排球是起源于美国的一种球类游戏。

19世纪末，在美国，大众参与健身的人口主要是青年人，中老年人很少能找到与其人群年龄和生理特点相符的运动健身项目。在这样的社会健身背景下，1895年，威廉·摩根在指导人们参加健身锻炼时，提出应该针对不同的人群采取不同的锻炼方法，这样才能增强体质水平。

威廉·摩根从当时美国十分流行的篮球运动中得到启发，为了满足中老年人健身的需要，创造出一种动作较为缓和、活动最适合中老年人群体的运动形式，威廉·摩根以篮球运动为基础，参考借鉴棒球、网球和手球等运动项目的特点，进行各种各样的试验，如在最初尝试以篮球场为场地，中间架起网球网（高约1.98米），用篮球胆当球，运动者隔网对抗，但是由于篮球内胆重量太轻，被击起后在空中飘忽不定，影响击球体验，后又改用篮球，但重量又太重。

此后，在运动用球和球的重量上经过多次不断的调整，最终制成了与现代排球相近的、外表皮质、内胆为橡皮的球，圆周25~27英寸（63.5~68.6厘米），重量9~12盎司（225~340克），这就是最初的排球游戏用球。

（二）排球的正式诞生

排球运动自从在美国出现后，得到了广泛的关注与传播，国内各教会、学校和社会都很重视，同时也被列为军事体育项目。

1896年，美国春田专科学校举办首次排球表演赛，赛后，霍尔斯特德教授将排球运动游戏改名为"Volleyball"（意即"空中连续击球"），标志着现代排球运动的正式诞生。"Volleyball"作为排球运动的官方名称，一直沿用至今。

1896年，美国开始有了排球比赛。1896年7月美国《体育》杂志发表了世界上第一部排球运动规则。

最初的排球比赛中没有人数规定，赛前由双方临时商定，只要双方人数相等即可。由于排球运动在美国非常流行，因此，很多人都非常喜欢并积极参与排球运动，此后，排球运动由美国的传教士和驻外国的军官、士兵带到了世界各地。

（1）美洲：根据相关史料了解，排球运动于1900年传入加拿大；1905年传入古巴；1912年传入乌拉圭；1914年传入墨西哥。

（2）亚洲：排球运动于1900年左右先后传入印度、日本和菲律宾等国；排球运动传入中国的时间约为1905年。

（3）欧洲：第一次世界大战期间，美国士兵将排球运动带到欧洲。1917年首先出现在法国，之后传到东欧诸国。

由于排球运动传入的时间及采用的规则不同，世界各地排球运动形式也不同。

二、排球运动的发展

（一）世界排球运动的发展

1.排球游戏向竞技排球的过渡发展阶段

排球运动由运动游戏发展而来，最初，排球运动是为中老年人群健身娱乐而创造发明的球类运动游戏。作为一种娱乐性较强的游戏，人们隔网拍打，追击嬉戏，以不使球在本方落地为乐趣。

排球运动本身就具有较强的娱乐性，再加上最初并没有比赛规则的限制，因此，比赛较为随意，而且，在排球运动之初，并无运动技术要求，故而参与的人数非常多，随着排球运动的不断发展，越来越多的人开始喜爱上这项运动，随后，在排球运动游戏参与实践中，人们经过多次的演变便出现了多次击球的打法，这就使排球运动具有了击球竞技比拼的特点。

随着排球运动规则的制定，排球运动开始由运动游戏向竞技体育运动发展。在最初的排球比赛规则中，规则规定每方击球不能超过3次，否则就会判定失分。这一规则开始将排球击球动作分化为传球和扣球两种，排球扣球力量大、攻击性强，因此深深吸引了年轻人的参与，极大地推动了排球运动向前发展。随着排球运动的逐步发展，为应对扣球技术，拦网技术开始出现，此外，为了使本方占据进攻的主动性，人们对发球技术进一步地丰富和创新发展，排球击球技术的不断出现和丰富发展，使得排球运动的竞技性越来越强。

同时，随着排球运动技术的不断丰富，在排球运动实践中，为了更好地制约对方，使得本方击球过网，并在对抗中获胜，排球运动战术开始出现，排球运动战术的形成并获得逐步发展，是排球运动发展的一大飞跃。

1921—1938年间，为适应排球技术的飞快发展，排球运动规则不断修改和完善，排球技术动作被明确地规定为发球、传球、扣球和拦网。

1936年柏林奥运会期间，成立了第一个国际排球组织——排球技术委员会，但由于第二次世界大战的爆发，委员会尚未开展工作就解体了。

2. 竞技排球的迅速发展阶段

美国是排球运动的故乡，但在美国本土，虽然较早出现了排球表演赛、排球比赛规则，但长期没有把排球运动作为一种竞技项目来发展，主要用于休闲和娱乐，所以美国的排球技术水平发展较晚。

排球运动传入欧洲之后，在欧洲进入了快速的竞技化发展道路。

随着排球运动的不断发展，世界范围内从事排球运动的人越来越多，排球运动各类竞赛活动也日益增多。为了规范排球运动的发展，一些国际性、国家与地方性的排球运动组织开始出现，排球运动组织的不断出现，进一步促进了排球运动的规范化、竞技化发展。

在排球运动发展的过程中，国际间的排球活动和赛事越来越多，迫切要求建立排球国际组织来规范排球运动发展。

1947年，国际排球联合会（简称国际排联）在巴黎成立，发展至今，共有222个协会会员，成为世界上拥有会员最多的单项协会之一。国际排联商讨制定了国际排联宪章和排球竞赛规则，排球运动正式进入竞技排球阶段。其后，国际排联出色地领导和组织了一系列的世界大赛。

（1）1948年，第一届欧洲男子排球锦标赛。

（2）1949年，第一届世界男子排球锦标赛。

（3）1949年，第一届欧洲女子排球锦标赛。

（4）1952年，第一届世界女子排球锦标赛。

（5）1957年，批准成为奥运会正式比赛项目。

（6）1964年，男、女排进入第18届奥运会。

（7）1965年，第一届世界杯男子排球赛。

（8）1973年，第一届世界杯女子排球赛。

（9）1977年，第一届世界青年男、女排球锦标赛。

此后，世界范围内，许多排球运动组织的出现为进一些促进世界范围内的排球运动竞赛、排球运动表演等的开展具有重要的推动作用。

20世纪50年代，东欧国家排球运动水平发展较快，屡次在世界大赛中取得优异的成绩。苏联男、女排多次蝉联世界冠军。

20世纪60年代初，日本女排运动水平发展较快，大松博文教练创造"前臂垫球""滚翻防守""勾手飘球"技术，并以出色的发球和攻防打破了苏联称霸女子排坛的局面，一举夺魁。这一时期，日苏对垒的局面时常出现，这两支球队代表了当时最高的排球技术水平。

20世纪70年代，排球各种技战术应运而生，排球运动的技战术体系的不断丰富，促进了世界范围内排球运动的快速发展，世界范围内，排球运动出现了多国争霸的局面，表明了世界排球运动的繁荣发展。

这一时期，排球技战术发展欣欣向荣，并产生了质的飞跃。世界范围内排球运动不同风格、不同流派轮执牛耳，竞技排球发展前景广阔。

3. 排球运动的多元化发展

（1）竞技排球的多元化发展

①排球运动的竞技化发展整体态势

20世纪80年代以后，排球竞技发展加快。

这一时期，排球运动已经发展成为一项世界范围内的具有较强竞技性的球类运动。排球比赛竞争更加激烈，以前只靠某一环节就能赢得比赛的情况已成为过去，排球运动至此进入全攻全守的时期。世界排坛出现多国争霸局面。

就欧洲竞技排球运动发展来说，西欧男排和美国男排的攻防体系相对成熟，跳发球和纵深立体进攻战术具有非常大的威慑力，在排球比赛中得到了广泛的应用。

在美国，作为排球运动的发源地，美国排球运动竞技化发展水平一直比较稳定，并不断提高实力，美国男排还创造了摆动进攻战术，该战术与后排强攻形成纵深立体进攻战术，为球队在比赛中获得比赛主动权、赢取比赛胜利奠定了强劲的战术实力基础。

在亚洲，中国排球、日本排球的运动水平都是比较高的。中国女排的特点比较全面，善于攻防、战术多变、以高制矮、以快制高。在这一时期，中国女排曾经创造了在世界大赛中连续5次夺冠的奇迹，令世人刮目相看。进入21世纪，中国女排又获得了2004年雅典奥运会冠军，以及2016年里约奥运会的冠军，再次站在了世界之巅。

②竞技排球运动的职业化发展趋势

20世纪90年代开始，竞技排球走上职业化发展道路。排球运动的职业化是世界排球运动的又一大发展。

竞技排球运动的职业化发展首先是从欧洲开始的。走在排球职业化道路前列的是意大利。意大利排球运动的职业发展具有典型性和代表性。

20世纪80年代末，意大利排协大刀阔斧地推行排球职业化和俱乐部制度。意大利排球职业俱乐部的出现和运营极大地促进了意大利排球运动的竞技职业化发展，也为其他国家的排球运动的职业化发展提供了不少成功的经验。

③竞技排球运动的市场化发展趋势

在以市场经济为主要形式的世界经济体系中，只有进入市场并占有市场，竞技体育才能发展。世界男排联赛、女排大奖赛是排球运动成功走向市场的范例，取得了前所未有的社会效益和经济效益。

此外，现代传媒的发展和信息技术的发展为排球运动的职业化发展和市场化发展奠定了良好的科学技术基础。1996年亚特兰大奥运会后，国际排联更加积极地与媒体合作，世界排球大赛获得空前的成功。

④竞技排球运动的社会化发展趋势

1984年，国际排联代表大会的换届选举中，阿科斯塔担任国际排联主席，决心把排球运动发展成为世界上最受欢迎的运动项目之一。在阿科斯塔的领导下，国际排联对自身和排球运动进行了一系列的改革和调整。

促进排球运动的社会化发展，是使排球运动成为世界上最受欢迎的运动项目的重要前提，因此，必须把排球运动推向社会，为社会所接受。

与其他运动项目相比，排球运动的多元化价值十分明显，经常参加排球运动锻炼能有效增强人体素质，完善人的心理品质，提高社会适应力。

为在青少年中开展排球运动，国际排联大力推广和开展"学校排球"和"迷你排球"（"小排球"）活动，此外，排球运动在残疾人群中也具有良好的群众基础，排球运动极大地丰富了不同社会群体的业余生活。

2008年，我国的魏纪中先生荣任第三届国际排联主席，他的思想更民主、更活跃，立志于让更多的人喜爱排球运动、参与排球运动，为此做了许多宣传、推广、改革工作，进一步促进了世界范围内排球运动的社会化发展。

目前，在我国，排球运动成为全民健身的重要内容，可以说，排球运动的社会化程度日益加深。排球运动拥有了更加广泛的群众基础。

排球运动的职业化、商业化（市场化）、社会化更好地促进了排球运动的发展。

（2）娱乐排球再兴起

20世纪80年代，竞技排球的技战术变化和竞赛规则的改变、完善使得排球比赛的观赏性越来越高，再加上当时社会经济发展水平不高的状况，排球竞赛欣赏成为一种重要的社会健康娱乐流行趋势，在此社会背景下，更多的人开始投入排球健身娱乐活动，排球运动娱乐性再度兴起。

随着娱乐排球的持续不断发展。排球运动形式越来越丰富，形成了多元化的排球运动内容体系，各种排球运动形式，如沙滩排球、软式排球、气排球、妈妈排球等，受到了不同运动健身人群的喜爱。

现阶段，随着排球运动的不断发展，新的排球玩法不断出现，在国际排联的提倡下，增设了雪地排球，在2018年平昌冬季奥运会上，雪地排球就作为表演项目参与其中，未来，雪地排球有望进入奥运会正式比赛项目，而雪地排球也为有较长雪季的国家和地区的人参与排球运动提供了一种新选择。

（二）中国排球运动的发展

1. 排球运动的初传入

20世纪初，排球运动在我国广州南武中学和香港皇仁书院开始流行起来，这一时期人们初次对排球这项运动有了大致的认识与了解。

1913年，我国首次参加了菲律宾第一届远东运动会排球赛，赛后，排球运动正式在我国得到了迅速的推广与发展。

1914年和1924年男子排球、女子排球相继成为全国运动会的正式比赛项目。

1930年，中华全国体育协进会将"队球"改称"排球"，沿用至今。

2. 排球赛事曲折发展

排球运动传入我国后，先后经历了16人制、12人制、9人制、6人制等赛制变化，这些赛制的变化是随着具体的国情而变化的。

中华人民共和国成立后，我国积极参加国际排联组织的各种比赛，加强了与世界排球强国的交流与联系，学习了它们先进的排球经验，促进了我国排球运动的快速发展。

20世纪50年代，我国排球一方面抓普及，一方面抓提高，迅速将6人制排球运动推上了新的阶段。

1953年，中国排球协会成立。1954年1月11日，国际排联正式接纳我国排协为正式会员。

1957年开始，在全国排球竞赛中实行等级制度，在全国性竞赛活动的影响下，各大、中城市积极开展各具特色的排球竞赛活动。

20世纪50年代后，我国的排球运动发展受当时历史因素的制约和影响，其发展水平整体上来看是下降的。

20世纪60年代前后，我国各省市根据自己的特点，形成了各自不同风格的技战术打法。

受历史因素影响，排球运动的发展受到了严重的干扰，特殊历史时期技术水平下降，运动队伍青黄不接，我国与世界强队之间缩小了的距离又被拉大。

3. 排球运动的重新振兴与崛起

1972年，国内开始恢复体育比赛，同年，经国家体育部门的商讨，建立了排球训练基地，开始集中力量培养高水平的排球运动员。

1976年，我国重新组建了国家男女排球队。

1979年，我国男女排在亚洲锦标赛中双双获得冠军，从此中国排球开始冲出亚洲，走向世界。

1981年，中国男女排球队再次双双获得世界杯亚洲预选赛的冠军。1981年11月，我国女排在日本第3届世界杯中，首次荣获世界冠军。

1981—1986年间，我国女排创造了影响世界的"五连冠"成绩，中国女排成为世界最高水平的排球运动的代表。女排的胜利实现了中国排球"冲出亚洲，走向世界"的愿望，振奋了中华民族精神，开创了我国排球发展新纪元。

20世纪80年代，受长期以来举国体制的影响，中国男女排出现了成绩下滑的局面，为改变困局，我国国家体委积极总结经验教训，不断改进训练。

2003年，中国女排夺取了17年来第一个世界大赛冠军。2004年，中国女排在雅典奥运会上夺得了阔别20年之久的奥运冠军。2015年，中国女排又夺得世界杯冠军，2016年夺得巴西里约奥运会冠军，中国女排再回世界巅峰。

4. 我国其他形式的排球运动的发展

（1）沙滩排球：沙滩排球在我国起步较晚，但经过一段时间的发展其运动水平也日益提高。1994年，我国举办首届全国沙滩排球比赛，每年举办一次。2008年北京奥运会上，我国田佳、王洁获得银牌，极大地促进了我国沙滩排球运动的发展。

（2）软式排球：软式排球于20世纪90年代传入我国，经过推广，软式排球在我国一些城市比较流行，是人们在休闲之余经常参加的重要健身运动项目。

（3）妈妈排球：20世纪80年代，通过媒体的宣传和推广，妈妈排球传入我国并得到了一定的发展，对促进特殊人群的身心健康发展、丰富这些人的业余排球运动文化生活具有重要促进作用。

（4）气排球：气排球是诞生在我国铁路系统的职工体育运动项目，在早期极大地丰富了铁路职工的业余文体生活，之后在大众间广泛流传开来，成为深受老年人群十分喜爱的排球运动形式。

（5）小排球、4人排球、9人排球：适合中小学生或者青少年参与，其运动负荷可以根据参与者的体能状况合理调整，可促进青少年学生群体的健康成长发育。

第二节 排球运动的特点与价值

一、排球运动的特点

（一）基础广泛

排球运动是全世界范围内的大球类运动，在竞技领域和健身领域均有广泛的人群基础，在大众健身领域更是因其独特的运动特点与魅力吸引了众多体育运动爱好者。

排球运动群体基础广泛，原因主要有如下几个：

（1）排球运动对场地的要求不是很高，室内或室外，在地板、沙地、草地上，都可以设置排球运动场地，只要有宽敞的空间即可。

（2）排球运动比赛规则较为简单，在平时的排球健身中，人们可以约定排球规则，参加排球运动的人数比较灵活，可多可少。

（3）排球运动开展灵活，可进行游戏可开展比赛，可进行排球运动健身也可针对某一战术实施攻打配合，还可根据自身条件合理调整运动负荷，以避免运动损伤。

（4）人们可以根据自己爱好和兴趣自由选择各种形式的排球运动，如软式排球、气排球等。

排球运动基础广泛，目前排球作为世界三大球之一，拥有世界上较多的体育运动参与人口，是许多体育运动项目所不能比拟的。

（二）形式多样

排球运动可以说是球类运动中具有最多运动形式的项目了，结合运动场地的不同，排球运动有多种运动形式，在各种场地（地板、沙地、草地、水中以及室内、室外）都可以进行。

此外，结合排球运动中球的特点、不同人群参与，排球运动形式也丰富多样，如有6人制排球、沙滩排球、软式排球、墙排球、气排球、妈妈排球、盲人排球、坐式排球等，内容十分丰富。

（三）技术特点

1. 技术要求全面

排球运动中，每个运动员都应掌握全面的击球技术，以便能在场地上适应不同场区和位置的变换，以更好地适应运动、融入比赛。

在一场排球比赛中，夺取一分往往需要六七个回合的交锋。比赛水平越高，对抗性就越强。也正是由于排球运动激烈的对抗性，它对于运动员具有较高的运动要求，要求运动员必须掌握全面的技术。

2. 空中击球

只要是参加排球比赛，都必须要击空中的球。从排球运动的最初的命名上"Volleyball"（意即"空中连续击球"），也能明确知道排球运动的特点。

3. 任何部位均可击球

纵观各个球类运动项目，几乎所有的球类运动都对触球时的身体部位做了限制，即明确规定了合法触球部位，但排球竞赛规则比较特殊，运动员可以利用自己身体的任何部位触球。因此，参与排球运动能使人的各项技能充分表现出来，从而提升身体综合素质。

4. 触球时间短

排球运动比赛对运动者的击球有着明确的规定，不允许击球者在击球部位停留过长时间，这样的排球规则能有效促进参与者判断能力的发展和提高，注重运动参与过程中排球运动者对预定目标的控制能力。

排球比赛中击球时间短暂、空间多变，使得排球运动需要高超技巧。

5. 攻防两重性

排球是一项注重网上对抗的运动项目，强调对时间和空间的争夺，排球比赛注重攻守对抗，充分体现出排球攻防技术的重要性。

排球运动比赛中，多种技术可以得分，也可以失分，技术是否影响关键得分在决胜局比赛中更加突出。可以说，攻与守是贯彻于整个排球比赛过程中的，这就要求排球运动员必须熟练掌握排球基本功，并全面培养和提高自己的技战术能力。

因此，在排球运动中，每项技术都具有攻防的两重性，要想在排球运动比赛中使排球运动技术真正发挥进攻和防守的功效，就需要在技术实施之前和实施过程中抓住技术应用的攻防性和准确性。

（四）战术特点

1. 集体配合严密

排球比赛是集体比赛项目，除发球外，每一项技战术都是在集体配合中进行的。

在排球比赛中，双方队员都有3次击球机会，运动员会抓住每一次机会做好彼此间的密切配合，只有配合得当才能完成高质量的攻防转换，才能有效培养运动者的战术意识、配合意识和团队协作能力。

在排球运动比赛中，不同的队员之间需要相互配合，才能将球高效击球过网，并给对方造成较大威胁，有助于在运动过程中掌握比赛主动权。排球比赛中，队员的每一次行动都应从全局角度出发，与同伴协同配合，发挥团队精神。

2. 攻防转换频繁

排球运动中，球在空中来回移动，每一次的击球过网，击球的质量和过网的情况都可能转化场上的赛况，可能从进攻转入防守，也可能从防守转入进攻，或者直接得分或失分。在排球比赛中，攻防的转换是十分频繁的，要求运动员必须具备高度的注意力和场上应变能力，能随时做好救球准备和击球得分准备。

二、排球运动的价值

（一）健身价值

实践证明，排球运动能改善人体中枢神经系统和内脏器官的功能状况，参与排球运动，可全面地锻炼人的力量、速度、耐力、灵敏度等身体素质，具有良好的强身健体价值。

1. 改善身体机能

排球运动实践表明，经常参加排球运动，有助于促进人体各系统和器官功能的机能的提高。

就人体中枢神经系统来说，中枢神经系统在人体日常生理活动和运动参与过程中发挥着重要的作用。如果人体缺少神经系统，则就不能完成思考、活动。排球运动学练过程中，各种动作的完成，即便是最简单的模仿，也需要经过神经系统的思维活动、信号传导来调动身体运动部位活动来完成动作，一些辅助的动作更是需要大脑的思考。排球运动中，运动者对场上人物关系的判断、对队员移动站位的判断、对对方技战术的分析和来球的判断等，都需要中枢神经系统积极工作，经常参加排球运动有助于提高运动者的中枢神经系统的工作经验和工作效率。

就人体的心肺系统来说，经常参加运动可提高心肺系统工作效率，使心肺系统的各器官强健、有力、壮大，参与排球运动也不例外。心肺系统在人体参与排球运动过程中承担着为机体运动提供血氧营养的重要系统,运动状态下的机体和安静状态下的机体,二者的血氧需求是不同的。排球运动需要运动者消耗大量的能量,为满足机体运动需要,心脏和呼吸器官的工作效率必须不断提高,如此才能不断促进机体的血液循环,有利于周身血液供应,就可以为机体参与排球运动提供更多的血氧、营养物质、能量,因此,经常参加排球运动,可令运动者的心肺系统提高工作能力,也可有效提高运动者的心肺系统的机能水平。

就人体的运动系统来说,参与排球运动健身,只要科学控制运动健身量,并遵循科学的运动训练方法就能促进包括肌肉、骨骼、关节在内的运动系统的良好发展。机体只要参与运动就需要肌肉工作,排球运动参与可不断增加肌肉的工作能力、改变肌肉的结构与形态、改变肌肉机能;排球运动学练可促进骨骼生长发育,减缓骨骼的衰老,使骨骼变得比不运动的人的骨骼更加强健,并可有效提高骨骼的抗冲击能力、伤后修复能力;排球运动对人体的关节灵活性的提高具有重要的促进作用,同时,对于关节周围的韧带的灵活性增加也有重要的促进作用。排球运动最初是为丰富中老年人健身活动而发明创造的,老年人参与排球运动健身可有效促进骨骼的强健,使老年人不容易骨折、关节更灵活,可令中老年人的运动系统,包括骨骼变得更加坚硬和坚固。

2. 提高身体素质

排球运动对于人体力量、速度、耐力等素质的发展和提高也具有重要的作用。排球运动涉及跑、跳、投等诸多动作,在比赛中,这些动作的转换非常迅速,才能有效提高人体神经中枢的灵活性,促进人体中枢神经系统的发展。

排球运动中,运动者的注意力集中在对球的观察、对球与人的关系观察与处理中,脚下的动作都要为处理球、处理球与人的关系做准备,排球运动员在运动过程中积极移动,单脚、双脚的重心多次不断变化,这种长时间、多样化的移动步法和下肢、身体姿态练习对于个人的平衡能力具有良好的锻炼价值。

此外,现代排球运动在时间和空间上的争夺日益激烈,排球的空中击球,触球时间短、空中变化形式多,对于人体感受器官功能的提高具有非常重要的作用。

综上所述,经常参加排球运动锻炼能全面发展人的身体素质。

3. 增强身体抵抗力

身体抵抗力的提高是一个系统的、综合性的过程,身体组织结构与形态、身体素质、身体机能等各方面的发展最终可促进个体的身体抵抗力的提高,任何一个方面不能得到有效发展,都会导致身体处于亚健康或疾病状态。

排球运动的健身价值决定了排球运动具有重要的增强运动者的身体抵抗力的重要运动价值。

积极参与排球运动，各种运动内容和形式都充分考虑了运动者的身体的良性发展，对于运动者的良好身体素质发展、身体机能发展等都具有重要促进作用，这些影响人体健康的各因素的提高，可以令身体更加强健，身体各项素质、机能的提高，能使机体更好地应对内部和外部的环境，更好地抵御不良因素（如过敏原、病毒等）入侵；可以实现身体的强壮、强健，不容易受到疾病的侵害，使机体保持健康状态。

（二）健心价值

1. 解压放松

排球运动是一种健康积极的体育活动形式，参与排球运动学练，可获得运动快乐。

参与排球运动，不仅可以令无异常心理的人更加兴奋、快乐，还可以使运动者缓解和消除日常学习、工作、生活中的压力。

研究证实，运动可消除个体的不良情绪和感受。排球运动参与可令心情不愉快的人排解不良的情绪。现代社会中的人，总会面临来自生活、学习、工作等各方面的压力，排球运动中有挑战、有竞争，对身心能量是一种良好的激发与释放，可以使运动者的内在情绪得到抒发。

排球运动充满着激情与活力，无论是参与者还是观赏者，都可以得到身心的自由享受和审美快感，从而使其富有激情、充满活力，进而使整个心理状态和情绪向良好的状态发展。能使人们工作学习之余放松身心、消遣娱乐，进而达到一种摆脱身心压力，保持身心轻松愉悦的状态。

2. 改善心理素质

参加排球比赛的过程中，运动员的情绪是处于不断变化之中的，这对于提升人的心理素质具有非常重要的作用。

排球比赛竞争十分激烈，非常注重场上时间和空间的争夺与对抗，比赛形势往往变幻莫测，经常会出现突发状况，这就要求运动员必须在遇到突发状况时具备快速处理紧急问题的能力。

参与排球运动，即使不是参加专业运动比赛的运动员，也能在排球运动中体验到各种各样的情绪体验，不同的情绪体验对运动者的心理素质是一种很好的锻炼。例如在比赛过程中遇到比分落后时，学会沉着冷静；在连续失误中如何调整节奏、抓住机遇、反败为胜；在各种复杂的人、球关系变化中如何调整情绪状态与同伴默契配合，这些丰富的运动经验对于排球运动者的心理素质是一种良好的锻炼。

3. 培养良好意志品质

从运动者刚开始接触和参与排球运动来说，排球运动技术非常容易掌握，但是要做到标准的技术动作并能在运动比赛环境中准确应用，则需要付出很多的艰辛努力。排球运动中的击球技术练习对运动者的手臂前臂的冲击很大，有很多人带着极大的兴趣和一腔热血去参与排球运动，却有很大一部分人忍受不了反复击球的疼痛而中途放弃。

一个能长期坚持排球运动参与的人，必然要经过许多艰苦的训练，在运动参与过程中能磨炼个人的良好意志品质。

4. 增强信息意识

排球运动中，场上两队在场地两边分布，运动员和球始终处于不断的时间和空间运动之中，运动者要想跟上运动节奏，就必须要注意观察场上的各种信息，并及时处理这些信息，如此才能及时做出决定并正确行动，才能始终掌握场上的比赛主动权，因此说，运动者对场上信息的把握数量、质量多少，在一定程度上决定着排球比赛的胜负。因此，在比赛过程中，运动员必须时刻保持注意力，认真观察场上的形势，丰富的排球运动参与经验和经历，可以使运动者始终保持准确与及时捕捉信息的能力。

5. 培养集体精神

排球运动是一种集体参与的健身健美运动，排球运动的过程中，需要同伴之间的积极配合与共同努力，才能最大限度地发挥集体智慧的力量，才能获取良好的比赛成绩。

在排球比赛中，运动者必须要随时做好准备去接对方击来的球或者去给队友补位接球，从而为下一次击球创造机会。排球运动中，运动员之间的技术、战术配合，需要建立在队员彼此信任、配合默契的基础之上，如此，才能获得良好的运动效果，是一种集体努力的结果，能给运动参与者带来集体荣誉感。

（三）社会价值

1. 提高国民体质

当前，排球运动是大众健身的重要健身运动项目，呼吁广大人民群众积极参与排球运动健身娱乐活动，有助于增强人民体质、促进国民通过运动关注和保持健康。

现阶段，排球运动以其独特的运动特点吸引了越来越多的人关注和参与，排球运动形式多样，如气排球、妈妈排球、沙滩排球等，各具特色与运动魅力，排球运动参与适合男女老少，可有效促进全民健身的开展。

2. 丰富大众社会文化生活

排球运动参与可促进人民群众的身体、心理、社会等多方面的健康发展。排球活动的推广、普及、参与，有利于增强人民的体质。排球活动的日常参与，能很好地改善个体的身体素质、生理机能、各器官和系统功能，有助于健身、健心价值。排球运动是一种健康的运动健身、娱乐和休闲方式，能极大地丰富社会大众业余文化生活。

3. 提升民族凝聚力

排球运动对于我国具有不一样的民族精神文化建设意义，中国女排精神是民族拼搏精神的重要表现。排球运动在我国有着较大的影响力，中国女排曾经对国人的精神产生过较大的影响。

第二章 高校排球运动教学理论基础

排球是高校体育教学的重要体育教学项目，是重要的球类教学内容，但是和其他高校球类运动教学相比，排球运动教学的理论教学和实践教学均存在许多不足，存在诸如排球教学的选课率不高、大学生的排球运动参与积极性较低、高校排球运动校园文化建设不健全等问题。本章重点就当前高校排球运动教学的相关内容进行系统、深入分析，通过详细剖析高校排球运动教学现状、困境，为新时期高校排球运动教学的改革与发展出路提供了科学化建议，并为现阶段高校大学生排球联赛和多元排球文化形态在高校的开展进行了战略发展分析，以为新时代高校排球运动教学创新发展提供科学化、战略化、可行性策略。

第一节 高校排球运动教学目标与任务

一、高校排球运动教学目标

在体育教学中，教学目标是教学活动开展的重要依据，高校排球运动教学中，教学目标在整个排球运动教学系统中都处于非常重要的地位，在排球运动体育教学体系的构建中，教学目标是重要参考依据，整个排球运动体系的构建都要围绕体育教学目标来进行，所有的教学活动的开展都应为排球教学目标的实现服务。

排球运动教学目标是由学校体育目标、排球运动教学总目标、排球运动教学单元目标、排球运动教学课时目标组成的，它们具有递进关系。各个下属目标都是其上位目标的具体化，从而形成了一个完整的体系。

现阶段，结合高校排球运动教学的目标类型，可以从以下三个方面来探讨高校排球运动教学目标的实现：

（一）高校排球教学认知目标

促进认知发展是高校体育教学的一个重要教学目标，高校排球运动教学也应该为促进高校大学生的认知能力的发展制定相应的认知性教学目标。

体育运动教学根据个体的认知规律，将按照从简单到复杂的顺序分为知识、领会、运用、分析、综合、评价六个层次。

（二）情感领域分类

运动可促进个体的情感、情商的发展，在排球运动教学中，教师可以通过组织丰富多彩的排球实践活动和文化活动来促进大学生的情感发展。

结合体育教学中的运动心理学对个体运动情感领域的认知的层次划分，排球运动教学中情感领域的教学目标，按照价值内化的程度可分为接受、反应、价值评价、组织、由价值或价值符合体形成的个性化五个层次。

（三）动作技能分类

运动技能是排球运动教学中最重要的一部分内容，也是一直以来排球运动教学中教师都非常关注的教学目标，排球运动教学中动作技能领域的教学目标，分为知觉、定式、指导下的反应、机制、复杂的外显反应、适应、创作七个层次。

二、高校排球运动教学任务

（一）丰富大学生排球知识

高校排球运动教学中，组织学生学习排球运动基础性理论知识是排球运动教学的基本教学活动，教师的基本教学任务是有计划地传授给高校大学生排球知识，使学生掌握排球基础知识，了解排球运动文化。

在高校排球运动教学的整个教育教学系统中，学习排球理论知识是学生认识排球、了解排球的重要基础，教师应把排球运动相关知识引入到教学中去，通过开展排球理论课教学来实现"丰富学生排球知识"的排球教学任务。

高校排球教学中，大学生应掌握以下排球知识：

（1）建立排球技术动作的正确概念。

（2）掌握排球技术动作的技术原理。

（3）掌握排球技术动作学练的一般性特点与规律。

（4）掌握排球运动技术与排球战术的关系。

（5）知道不同的排球运动战术的适用的运动情况。

（6）学会提高排球专项身体素质的理论与方法。

（7）增强自我保健意识，了解排球运动中的自我保健常识。

（二）提高大学生排球技能

排球运动技能是排球运动教学的重要教学内容，在高校排球教学中，教师应传授学生排球技术与技能，提高学生对排球技术与技能的应用能力，"教授学生排球技能"的教学任务是高校排球教学中教师和学生需要完成的重要的教学任务。

在高校排球教学中，教师应结合排球教学的大纲确定教学内容，结合教学内容中的排球具体技术教学，通过课堂教学，科学、全面、系统讲解排球理论知识，指导学生在熟练掌握排球基础知识的基础上来学习排球技术动作。通过排球实践课的教学，切实提高学生的排球实操技能，使学生熟练掌握排球运动的技术动作，不断提高学生的排球技能水平。

高校排球教学中，大学生应掌握和提高以下排球技能：

（1）掌握排球技术动作要领。

（2）掌握排球技术动作技术细节。

（3）掌握排球运动后针对不同的运动疲劳的科学恢复方法。

（4）熟练掌握不同类型的排球技术动作。

（5）纠正排球技术动作学练过程中的错误的身体动作。

（6）增强排球专项体能素质。

（7）提高排球学练中的训练方法的科学性、与学生个体特点相符。

（8）增强排球运动的战术组织与实施能力。

（9）增强排球运动的战术合作能力。

（三）发展大学生身体素质

排球运动教学旨在促进学生的身心素质的全面发展与提高，发展学生的身体素质是高校排球运动教学的一个重要而基本的教学任务。

通过高校排球运动教学，应促进学生的身体素质的全面发展，身体素质在排球运动训练中发挥着重要作用，排球运动技能学练过程中，学生对排球技术动作的力度、速度、幅度、高度、协调性等的准确把握，都需要有良好的身体素质。参与排球运动，尤其是专业排球学练，需要学生具备一定的身体素质基础，才能完成特定的排球技术动作。排球运动体能发展随着排球运动教学的深入应不断加深，不断增强学生的生理机能、提高学生的一般性身体素质。

此外，在高校排球运动教学中，还应该注重大学生参与排球运动的专项体能素质的发展，对高校大学生排球运动员来讲，还要在排球运动教学中对排球运动员的专项身体素质发展提出更高的要求。重视发展学生身体素质，发展大学生排球运动员的专项身体素质是排球教学的一个重要教学任务。

高校排球教学中，应促进大学生的以下身体素质发展：

（1）发展大学生参与排球运动的一般身体素质。

（2）发展大学生从事排球运动的专项身体素质。

（3）对大学生排球运动员来说，应对其排球专项身体素质发展提出更高的要求。

（四）培养大学生健康心理

排球运动具有良好的健心价值，促进学生心理健康发展不仅是排球教学的重要功能，也是排球教学的重要教学任务。

在高校排球教学中，教师应重视将培养学生良好的思想道德品质纳入排球教学课程中去，促进学生形成健康心理，具体如下：

（1）让大学生积极参与排球运动，体会排球运动的乐趣。

（2）通过排球教学减轻学生心理压力和精神焦虑，使学生保持健康向上、积极乐观的健康心理和心态，并将这种良好心态扩大到日常生活、学习中。

（3）培养学生的良好意志品质和良好性格特征。

（4）培养学生遵守纪律、团结合作、积极进取、乐观向上的正确的体育价值观。

（5）培养学生朝气蓬勃的体育道德观。

（6）领会与体悟"女排精神"，培养学生民族自豪感，提高学生的集体主义精神。

（五）提高大学生的社会适应能力

排球教学有助于促进学生交际、交往，使学生学会团结协作，有助于提高学生的社会适应能力，这符合现代排球运动教学的素质教育要求和特点。

排球运动教学要求教师应完成如下促进大学生发展的社会性教学任务：

1. 增强大学生的竞争意识

高校大学生应具备一定的竞争意识，不断积极进取，以便在毕业进入社会后能保持良好的竞争意识，面对当前社会复杂的社会竞争。

此外，在培养大学生竞争意识的同时，应将正确的竞争观念灌输给学生，让大学生不畏竞争，在竞争中努力提升自己，不要采取不正当竞争行为。

2. 培养大学生的合作精神

现代社会竞争日益激烈，个人竞争势单力薄，这就关系到对合作的认知，学会通过团体合作提高集体竞争力，对大学生进入社会后获得良好的发展是非常有利的。基于此，应通过排球教学，培养学生的团结协作精神。具体来说，在集体性排球运动学练和表演过程中，不同的排球学练者需要通过与同伴的默契配合来进行，因此，在排球学练中，教师应注意培养学生的集体协作精神。

3. 提高大学生的社会应用和实践能力

参与排球运动，有助于提高学生的知识探索和学习意识，以及排球参与意识，有助于学生的德、智、体全面发展。需要特别提出的是，这种排球能力、排球习惯并非靠单纯机体训练和对抗就能完成，还需要理论知识引导，更需要科学的排球运动理论做指导。

高校排球教学中，应重视大学生的以下几方面能力的促进：

（1）良好的语言（口语、肢体语言）表达能力。

（2）排球活动参与、配合能力。

（3）排球运动组织能力。

（4）分析问题和解决问题的能力。

（5）自我评价和相互评价的能力。

（6）对体育运动美的鉴赏能力。

（7）灵活应变的能力。

（8）提高自学能力和创造力。

4. 提高大学生的社交能力

首先，培养和提高大学生的沟通能力。在集体性排球项目学练中，参与排球活动的学生必须经过交流并最终达成一致意见才能顺利地进行排球活动。在排球教学中，教师应注重学生沟通能力的培养与提高。

其次，引导学生正确处理人际关系。人具有社会属性，人的活动离不开社会环境和与社会中其他人的交流与交往。人际交往是现代社会生存和发展的重要基础，学会交往是个体适应社会的重要前提。排球教学中，教师应引导学生与同伴、与对手、与教练（教师）、与场外人员等各种角色的人正确交往，建立和谐人际关系，教会学生正确协调和处理各种人际关系。

此外，要通过排球运动教学，使大学生学会正确认知和处理个人与集体、个人与国家的利益关系。

（六）提高学生的审美和创造美的能力

1. 提高学生的审美能力

体育运动具有美育价值，排球运动也不例外，通过参与排球运动可以有效提高个人对美的感知力、欣赏力、创造力。

排球运动具有重要的美育教育价值，通过排球教学，应提高学生的审美能力，包括对排球的动作美、身体形态美、技术美、战术组织与配合的智慧美、体育运动精神美、团体凝聚力等的欣赏。

排球运动教学中，教师应注意学生对排球运动的各种美的欣赏，给予大学生一定的美的感受、欣赏的启发。

2. 提高学生的创造力

具有一定的创造力是个体发展的重要基础，是个体的重要的个人魅力和发展能力之一，个体的创造力与创造性活动是紧密相连的。排球运动是一项创造性活动，排球技术动作具有复杂性和多变性，参与排球运动对个体的创造力和创新能力的培养具有积极的作用。因此，在排球教学中，教师应注意对学生的创造能力的培养，具体如下：

（1）重视学生的美的创造意识和能力的培养。

（2）不断提高学生的创新能力，促进其养成用智慧创造性地处理学习、生活中的各种问题。

（七）提高学生的排球终身参与能力

排球运动是一项值得终身参与的体育运动，在排球教学中，教师应重视大学生的排球运动终身参与意识和能力的培养。

（1）提高学生的排球终身参与意识。

（2）培养学生的排球锻炼的兴趣、意识和能力。

（3）使学生掌握排球技能，并养成终身从事排球运动的习惯。

（4）促进学生掌握系统的排球理论知识和锻炼身体的科学方法。

（5）提高学生的排球知识与技能的自学能力。

（6）提高学生的自练和自评能力，能结合实际对排球锻炼的内容、方法、负荷等进行调控和评价。

（7）提高学生的技战术的创造性应用能力。

第二节 高校排球运动教学原则与方法

一、高校排球运动教学原则

（一）教育性原则

当前，体育教育教学提倡素质教育，排球运动教学也不例外，在高校排球运动教学实践中，体育教师必须树立科学化的体育教育教学思想与观念，通过排球运动教学培养高素质现代化社会需要的社会人才、竞技人才。

在高校排球运动教学实践中，要遵循和落实教育性教学原则，具体要求如下：

（1）确立"以人为本""健康第一""终身体育"的指导思想。

（2）各项教学活动的安排必须要与课程的主要目标相匹配。

（3）在教学中注重学生身体、心理、社会性的全面健康发展。

（二）主体性原则

学生是教学活动的主体，排球教学应充分考虑学生的需要和特点。高校排球教学实践中，遵循主体性原则应做好以下几点：

（1）尊重学生的主体地位。教师必须要树立学生为主体的排球运动教学观念，并在校园排球教学实践中科学贯彻。教学内容、教学方法、教学手段、教学模式、教学组织形式等都应该围绕学生来科学设计、选用。

（2）发挥教师的主导作用。教师应充分认识到自己在排球运动教学中的主导地位，在排球运动教学实践中，重视对学生的科学引导，使学生能少走弯路、提高学习效率。

（3）明确学习目的。在排球运动教学中，教师必须要让学生明确学习目的，并能朝着学习目的积极努力、刻苦训练、扎实学习。

（4）建立和谐师生关系。和谐的师生关系有助于促进校园排球教学活动的顺利开展。教师应尊重、关爱学生，建立平等的师生关系，维持良好的排球运动学、训环境，因材施教，使每个学生都能提高排球知识与技能水平。

（三）兴趣主导原则

没有运动兴趣，学生就不可能积极主动参与到排球运动中去，也不可能在排球教学活动中配合老师完成各种教学任务。因此，排球运动教学，应注重学生的兴趣引导，鼓励学生积极主动参与排球运动学练。

高校排球运动教学实践中的兴趣主导原则要求如下：

（1）重视学生正确的排球运动参与态度和体育价值观的培养。

（2）满足学生的合理需要。关心学生，尊重学生，满足学生学习排球的各方面需求，重视教学安全，打消学生顾虑。

（3）采取丰富多样的教学方法，努力激发学生参与排球学练的兴趣，重视学生的排球学练积极性的调动。

（4）培养学生的独立思考能力、创造能力和自我调控的能力。

（5）教师应做好表率，做好榜样，身体力行、潜移默化地影响学生参与排球运动学练。

（四）全面发展原则

促进学生身心健康、全面发展是排球教学的任务，也是排球教学中教师组织和实施教学的重要原则。在排球教学中，除了促进学生身体健康外，还应全面提高学生智力、心理素质、美育（感）等。

排球运动教学应促进学生的全面发展，这是排球运动教学的基本原则，也是新的《义务教育体育与健康课程标准》的具体教学要求。排球运动教学应促进学生的身体健康、心理健康，并提高学生的社会适应能力。

要遵循该原则具体应做到以下两个方面的工作：

（1）在排球教学中，教师应认真学习和领会排球教学大纲（或课程标准）精神，全面贯彻教学大纲（或课程标准）的目标和要求，重视学生的心理发展，实现身心发展的统一。

（2）在排球教学的各个阶段（准备、实施、复习、评价等），制定教学任务、选择教学内容及运用各种教学手段和方法时都应注意增强学生体质并促进其全面发展。

（五）直观教学原则

排球自身的特点决定了在排球教学中应重视直观教学。排球学练技术动作练习教学中，教师对排球技术动作的示范要做到直观，将排球技术动作的原本"影像"以真实的方式向学生传授，便于学生观察、模仿、学习。

高校排球运动教学实践中，遵循直观性原则应注意以下几点：

（1）明确教学目的。根据具体的排球运动教学目标，选择合理的排球运动教学内容、教学手段和方法。

（2）明确教学要求。结合排球教学要求，针对不同水平的学生采取不同的教学方法与手段，采用动作示范、观看技术图片、播放正确技术动作影片等多种形式、方法，加深学生对排球运动技术动作的认知。

（3）充分利用学生的视觉、听觉、动作感觉，使学生建立良好的排球运动技术动作定型。

（4）结合直观性的教学教具和准确的语言讲解，启发学生思维，使学生能举一反三、提高学习效率。

（六）科学负荷原则

排球教学过程中，教学活动以学生的不同内容和形式的排球身体练习为主，身体练习中需要充分考虑到运动负荷因素。对于排球学练过程中的运动负荷的确定，要做到科学严谨，遵循机体运动的运动负荷规律。

排球教学中，运动负荷确定的依据和要求如下：

（1）明确运动负荷的影响因素，具体来说，有两个，即运动量和运动强度。量即数量、次数、时间、距离、重量等。强度包括动作速度、练习密度、间隔时间、重复距离等。对于运动负荷的科学安排就是对运动负荷的各种影响因素的合理安排。

（2）运动负荷由小逐渐增大，最大不超过学生身体的最大负荷限度。

（3）运动负荷并非越大越好，要结合排球教学目标和学生身体状况来确定。

（七）循序渐进原则

循序渐进的排球教学原则是建立在学生客观认知规律基础之上的，循序渐进原则具体是指教学要有序安排。

高校排球运动教学中，遵循循序渐进教学原则要求如下：

（1）排球教学活动安排要做到由简单到复杂、由低级到高级、由单一到组合，循序渐进地进行。

（2）排球教学内容层次分明、层层深入。排球运动教学过程应符合排球运动发展规律，教学内容的安排应由易到难，训练的时间和量应逐步提高。

（3）科学安排教学阶段。排球教学中，要根据排球技战术规律和特点，从单一到组合、从泛化到分化再到自动化，科学安排各阶段教学。

（4）运动负荷也要体现出循序渐进的安排特点。结合学生特点合理安排运动负荷。运动负荷应与学生的生理和心理特点相符。

（八）因材施教原则

学生之间存在客观差异性，每个学生都是不同的，教学要面向全体学生，促进全体学生都有所发展，就必须要因材施教。

高校排球教学过程中，体育教师"教"的对象是全体学生，教师对全体学生提出统一的教学要求。但是教师也要注意每个学生的个体差异，既要做到排球教学的统一教学标准，也要重视针对个别学生实施差异化教学。

排球教学中，遵循因材施教原则应注意以下几点：

（1）了解学生。教练员应对学生进行充分的观察和了解，掌握不同学生的详细情况，全面了解学生对排球的兴趣与爱好、身体素质等基本情况，在教学中区别对待不同学生。

（2）教学设计要有针对性。在制定排球教学目标时，教师需要综合考虑教材、学生特点、组织教法以及上述各方面的客观条件，从而更好地贯彻因材施教原则。

（3）满足不同学生学习需求。制订排球教学计划、教学目标和要求，应是符合大多数学生的实际能力，在此基础上，兼顾不同层次学生的学习需求，使基础差的学生有所进步，使基础好的学生能进一步提高。

（4）合理安排不同学生的运动负荷。

(九)安全教学原则

安全是体育活动参与的一个重要问题,是体育教学必须重视的教学问题之一。安全教学原则是排球运动教学开展的重要基础。

排球运动以身体练习为主,多种不同负荷、技术难度的身体练习存在不安全因素,体育教师应注意确保学生的运动安全。尽管这种安全隐患不能完全避免,但应尽量减少和避免意外伤害事故的发生。

高校排球运动教学的安全教学原则要求如下:

(1)排球运动教学开始前,应对各种隐患考虑周密并制订相应预案。

(2)排球运动教学开始前,加强对学生进行安全意识教育。

(3)教学过程中,应注意学生的运动情况观察与实施保护。

(4)做好突发情况的应急处理预案,一旦发生运动安全问题,及时、冷静处理。

(5)课后及时、全面总结,为下次课提供经验,杜绝安全隐患的存在。

(十)终身体育原则

终身体育是排球运动教学的重要教学原则,通过排球教学长久地影响学生一生对运动健身重要性的理解,并积极参与其中是排球教学的最终目的。

高校排球运动教学中,遵循和落实终身体育原则要求如下:

(1)教师应重视培养学生的终身体育意识。教师要善于发现学生的排球爱好与特长,并正确引导,使学生能重新认识自我并乐于从事排球运动,养成终身参与排球运动的习惯。

(2)重视学生排球的基本身体素质练习方法、运动安排等能力的培养,为学生从事排球运动奠定良好的身体、技能、知识基础。

(3)在教学中充分考虑教学的长、短期效益,关注学生的长期、健康、全面发展,不仅局限于当下教学目标的完成。

二、高校排球运动教学方法

教学方法是教师在教学过程中为了完成教学目标和任务而采用的各种方法、途径、手段、措施等。当前高校排球运动教学中,教师的各种教法如下:

(一)语言教学法

语言教学法,以语言为工具开展教学活动,主要包括以下几种:

1. 讲解教学法

讲解教学法是指教师通过语言讲解排球运动基本理论知识,技战术的要点、规律、构成等的教学方法。在排球教学实践中，讲解法主要应用于排球技术动作的方法和要领、战术配合的方法和要求，以及运用注意事项等的讲解。

排球教学实践中，教师运用讲解法应注意以下几点：

（1）讲解要明确。具体是指讲解目的要明确。以免使学生抓不住重点，不能理解教师的用意，导致学习效率低下。

（2）讲解内容要正确，所有知识点的讲解都应符合事实、符合教育学原理、符合科学技术原理，做到准确无误。

（3）讲解要生动。重视对技术动作的形象化描绘，以帮助学生在头脑中建立正确的动作定型。

（4）重视讲解内容的前后关联性。一些知识体系和动作技术不能将其孤立起来，要善于和之前所学建立联系，以便学生更好地理解动作。

（5）讲解要有启发性。教师要善于运用对比、类比、提问等方式启发学生思维，充分调动学生的看、听、想、练各种感官活动。

2.口头评价法

口头评价多用于排球运动实践课的教学，主要用于评价教学活动中学生的动作完成情况。

为了促进教学活动的更好开展，评价时，教师应多用积极评价，多表扬和鼓励；少用或不用消极评价；必要时，应明确指出学生的不足之处，同时应给出指导意见。

3.口令、指示法

利用简单的口令，如"上步""转体""大力扣""二传跟上""双手拦网"等，提醒学生动作和技战术要领。

（二）直观教学法

直观教学法是将教学相关内容直接呈现到学生面前，其包括以下几种具体教学方法：

1.示范法

示范法是指教师以自身的动作作为排球技术动作教学的范例指导学生训练的方法。

在排球教学中，示范法的运用应注意以下几点：

（1）示范目的要明确，动作示范要突出排球教学的重点和难点，抓住排球技术的关键动作进行示范，加深学生印象。

（2）示范动作要准确、标准，严格按照规格要求来完成动作技术，使学生建立正确的动作概念和动作表象。

（3）技术动作示范应便于学生观察，否则就是无效的示范。

（4）示范与讲解相结合，发散学生思维。通过对排球运动技术规律、特点等的讲解，教师还可以引导和发散学生大脑思维，更有效地促进学生对排球技术环节、结构、规律、特点等的理解。

2. 直观教具与模型演示法

排球教学中，教师可以采用图表、照片和模型等直观方法进行辅助，以帮助学生深刻理解相应的技术结构和动作形象。

3. 多媒体技术法

多媒体技术主要包括电影、幻灯、录像等。利用多媒体技术开展排球运动教学，可令排球教学更加生动、形象、具体。

新时期，随着现代体育教学技术的不断发展和体育教学的不断改革，更多的体育理论教学借助多媒体教学提高了学生学习兴趣、提高了教学效率和效果，这其中也包括排球运动教学。

（三）完整与分解教学法

1. 完整教学法

完整教学法是指在排球技术教学中，从动作开始到结束，完整地进行教学和练习的方法。适用于难度不是很高的排球技术动作教学、不可进行分解的排球技术动作教学、首次进行某个技术动作示范时。

高校排球教学中，完整教学法应用要求如下：

（1）讲解要领后直接运用。教师通过对排球技术动作的分解讲解后，示范整个技术动作，使学生能流畅地模仿完整技术动作。

（2）强调动作练习重点。排球运动技战术的实践课教学过程中，对于较为复杂的动作，教师应明确讲解、示范重点，使学生正确把握技术动作难点。

（3）降低动作练习难度。降低动作难度以便学生完整练习，建立正确动作定型后逐渐增加难度，待学生熟练后再按标准动作进行完整动作学练。

2. 分解教学法

分解教学法是指在排球技战术教学中，将各个动作环节、战术配合环节进行分开讲解的方法。一般来说，多适用于复杂和高难度排球技术动作教学，在战术配合教学中也较多采用。

高校排球教学中，分解教学法应用要求如下：

（1）合理分解动作，不能割裂技术环节之间的逻辑关系，注意动作技术环节的关联，保证排球技术动作各环节的相对完整性。

（2）结合教学内容、学生特点、教学进度，做到分解与完整教学法结合使用。

（四）预防与纠错教学法

预防与纠正错误教学法是两种教学方法，经常结合在一起使用，在排球运动教学过程中主要用于教师分析学生学习过程中可能出现的各种错误及其原因，预先采取有效的教学手段，及时、合理避免学生产生相关错误。

高校排球运动教学中，预防与纠错教学法要求如下：

（1）了解学生特点，预测学生可能犯的错误内容与种类。

（2）针对排球教学中可能出现的错误，提前制订预防预案，提前避免。

（3）为防止学生犯错，可通过强化概念、降低难度、信号提示、外力作用等多种方法提前、在犯错中、犯错后进行干预。

（4）预防与纠正同时进行，不可偏废其一，均应重视。

（五）游戏与竞赛教学法

1. 游戏教学法

游戏教学法是指教师利用组织游戏的方法使学生完成预定教学任务的教学方法。这种教学法的应用比较广泛，既适用于初学排球的学生，也适用于排球运动队员的技能学习与训练。

高校排球教学中运用游戏教学法应注意以下几点：

（1）游戏选择应遵循校园排球教学的本质，游戏规则与要求应合理。

（2）要求学生遵守游戏规则，在此基础上，鼓励学生创造创新。

（3）教师应做好游戏评判工作，公开、公平、公正地评价学生在游戏中的表现。

（4）注意游戏过程中的教学安全。

2. 竞赛教学法

竞赛教学法是指教师在教学过程中通过创造比赛的条件来组织学生进行各项排球运动技能练习的教学方法。竞赛教学法有利于最大限度地促进学生身体能力的发挥、有利于培养学生不畏艰难、积极向上、敢于拼搏的良好品质。

高校排球教学中运用竞赛教学法应注意以下几点：

（1）能区别出排球运动教学中的竞赛与正式的排球运动竞赛不同。

（2）教师应明确竞赛目的，合理安排竞技强度。

（3）科学进行分组，避免各组间实力差距过大。

（4）科学评价竞赛中学生的表现，并指出改进的方向和方法。

（5）注意竞赛过程中的教学安全。

第三节　高校排球运动教学现状、困境与出路

一、高校排球运动教学现状

（一）排球教学缺乏重视和关注

当前，在我国高校，排球运动教学与其他球类运动教学之间存在着明显的差距，同为大球类运动，高校中篮球、足球的教学开展情况均比排球教学要好。高校排球运动受国家和学校的关注和重视程度不够。

现阶段，高校层面，无论是校领导还是从事排球教学的一线体育老师，都没有从根本上认识到高校排球运动教学在高校体育教学中的重要地位，至少没有将排球置于和篮球、足球相同的地位。虽然我国女排在世界赛事中屡获冠军，我国排球运动水平在世界上处于领先地位，但是，与之形成鲜明对比的是大学生群体对"女排精神"十分欣赏和赞同，深表敬佩，是学习的榜样，但具体到校园中的排球运动参与层面上，对校园排球运动参与和教学选课、训练参与的积极性并不高。

（二）排球教学课程设置现状

当前我国高校中，排球运动是作为高校体育教学的常设体育课程来设置的，排球运动是高校体育教学的选修课之一，学生通过学校选课系统选择排球运动课进行学习，排球运动课程在选课方面与其他高校体育运动教学项目的选课机会是均等的。

在排球运动教学中，尽管高校排球教学存在这样或者那样的问题，但是课时设置方面，排球运动教学课时整体来看是比较合理的，能保证有充足的课时，大多数高校的排球课时数较多，能满足高校的排球运动教学所需，仅有少数高校的排球课时数较少。

（三）排球运动师资队伍现状

1. 教师性别现状

当前，我国高校排球运动教学中绝大多数的体育教师都是男性，女性教师非常少。

大学时期是女性生理发育的一个重要时期，在高校排球运动教学中，有相当一部分女大学生会选择排球运动课程，在排球运动学习中，女大学生会遇到一些生理情况在向男教师寻求帮助方面存在不便，此外，男教师在排球教学方面很少会照顾到女学生的特殊生理差异问题，这也导致排球运动教学效果开展得很不理想。

2. 教师年龄限制

我国高校从事排球运动教学的体育教师队伍中，有大多数高校体育教师为青年教师，

年龄集中在20~40岁，整个体育教师队伍充满青春活力、精力充沛，整体能力较好，能够较好地胜任排球教学工作。

3. 教师学历现状

目前，我国排球运动的一线体育教师的整体学历水平较高，本科学历居多，研究生学历者也不在少数，能很好地完成排球运动教学的基本教学任务，一些教师还能在课余时间从事高校体育和排球科研工作，很多教师能利用业余时间自学提升自我。

4. 教师专业现状

大多数高校排球教师在大学学习期间都主修了排球专业，因此，就专业的排球运动教学、技能知识来讲，比较丰富和扎实，能胜任排球专业教学工作。

一些排球教师虽然是非排球专业出身，但在从事排球教学前均进行了排球教学培训、自学，并注重教学工作中的不断学习，排球教学的专业性较强。

（四）大学生排球课程参与现状

1. 学生的排球兴趣

调查分析发现，目前，我国高校的大多数学生对排球兴趣不足，大学生选修排球运动课程的主要原因是通过排球运动放松身心，获得日常接触不到的运动体验，真正因为喜欢排球运动而选择排球运动课程的大学生非常少。

2. 学生对排球教学的评价

我们从选修了排球运动教学课的大学生的调查问卷中发现，有很多学生对当前的排球运动教学存在不满意的情况（见表2-1），排球教学还有许多可改进的地方。

表2-1　大学生排球运动教学评价

排球教学评价	比例（%）
对排球教学形式不满意	78
教师对学生的学习需求不关注	85
教师教学没新意	24
教师的教学手段与方法有待改进	56

除了表2-1中所列出的学生对排球教学的一些改进性评价外，学生对高校排球运动的教学还有以下方面的不满意：

（1）排球教师的教学模式陈旧，难以激发学习兴趣，教学效果较差。

（2）排球教师的教学水平一般，教学水平较低。

（五）大学生排球课外活动开展现状

高校排球课外活动是高校排球教育的重要组成部分，这里主要从以下几个方面来调查分析我国高校大学生的排球课外活动开展情况：

1. 大学生课外体育活动参与现状

调查显示，我国高校大学生群体中，经常参加的课外活动项目中，排前五的项目分别是篮球、羽毛球、乒乓球、轮滑和健美操，排球运动的参与人数并不多（见表2-2）。从这一调查结果来看，高校大学生在课外参加排球活动的积极性并不高。

表2-2 大学生经常参加的课外活动项目（N=466）

课外活动项目	人数	比例（%）
篮球	309	66.3
羽毛球	298	63.9
乒乓球	249	53.4
轮滑	162	34.8
健美操	125	26.8
体育舞蹈	86	18.5
排球	79	17.0

2. 大学生课外排球活动参与形式

当前，在我国高校中，排球运动协会（社团）组织的活动是高校大学生在课外参与排球运动的主要活动形式。此外，学校举办的排球比赛、校际排球联谊等是我国高校大学生参加排球课外活动的重要形式。

表2-3 高校学生参加排球课外活动的形式（N=466）

课外排球参与形式	人数	比例（%）
和同学一起锻炼	219	47.0
不参与	186	40.0
排球协会（社团）活动	128	27.5
学校排球比赛	118	25.3
校际排球联谊赛	79	17.0

在高校课外排球运动活动组织中，排球协会或社团为促进校园排球运动的进一步开展发挥了一定的作用，但是仅局限在一小部分大学生群体中，学校排球协会或社团的在校园推广和普及排球运动和文化方面的作用还没有充分发挥出来。

需要注意的是，在参与调查的大学生中，有40.0%的学生不参与任何形式的排球课外活动，这一数据表明了我国高校大学生在课外参与排球运动的情况是不容乐观的。对此，学校要多组织一些排球活动，鼓励大学生积极参与其中。

3. 大学生课外排球锻炼频数

调查发现，我国大学生每周参加排球课外活动的次数并不多（见表2-4）。大学生参与排球课外活动不积极，参与次数较少，导致了大学生排球技战术很难得到巩固和提高，参加排球运动的良好习惯也很难养成。而要想促进大学生的排球运动技能得到不断巩固与提高也成为一件很难的事情。

表2-4　大学生参加排球课外活动的频数（N=466）

参加频次	人数	比例（%）
每周0~1次	295	63.3
每周2~3次	112	24.0
每周>3次	88	19.0

4.大学生课外排球活动参与动机

调查了解到，我国大学生很少主动参与课外的一些排球活动，多是因为一些客观的因素，而"被动"参与到排球活动中去，调查中仅有11.8%的学生是因为对排球感兴趣而参加课外排球活动；更多的人是为了应对考试、比赛才参加排球活动的（见表2-5）。

表2-5　大学生参加排球课外活动的动机（N=466）

动机	人数	比例（%）
兴趣因素	55	11.8
提高技战术	87	18.6
备赛	159	34.2
应对考试	165	35.4

二、高校排球运动教学困境

（一）排球教学目标不明确

高校排球运动教学目标不明确，是当前我国高校排球运动教学面临的一个重要教学问题，这一问题的存在严重制约了我国高校排球运动教学的科学开展与发展。

高校排球运动教学目标不明确受多种因素的影响，长期以来，排球运动教学观念的落后直接导致了在高校排球运动教学中，排球运动教学目标定位的不准确。发展到现在，我国排球运动教学在教学目标方面仍然存在过于重视"三基"的创收，却在很大程度上忽视了对学生实际的体育能力的培养的教学现象，具体分析如下：

（1）排球运动教学往往过于重视竞技体育项目，导致课程设置不符合促进学生终身体育观念的形成及全面推行学校学分制的要求。

（2）排球运动教学中，教师往往以掌握某项运动技术为目标，降低了教学的要求和标准，排球运动教学质量不高。

（3）排球运动教学过分重视学生对某项运动技能的掌握，排球运动教学目标定得过高，同时又过于侧重技术提高。由于过于追求技术的精确，许多难度技术令学生望而生畏，忽视了对于学生运动个性的发展，忽视学生的身体素质和心理特征。在排球运动学习中，学生很难体会到排球运动带来的快乐感和成就感，学生的学习兴趣不高。

（4）排球运动教学在针对不同专业的学生的体育课程设置方面，欠缺全面的、有针对性、专业性的教学，学生选课积极性不高。

（二）排球教学内容单一

高校排球运动教学由于不受重视，导致了排球运动教学内容选择不能得到科学研究、调查后执行，而是往往依照以往的经验或者直接参考其他运动项目的教学来确定排球运动教学的内容。

1. 过度重视排球技能教学

当前，我国高校排球运动教学中，主要以排球运动竞技实践教学为主，加上传统教学思想的影响，排球运动技能教学以竞技性的排球运动技术为主要教学内容，整个排球运动教学过程中，教学内容多集中在竞技排球技战术练习方面。

目前，普通高校排球教学过程当中所安排的教学内容大都是垫球、发球和传球等，排球运动教学的内容过于单一、死板，趣味性不足，过于强调学生对技术掌握的准确性，忽略学生对动作连贯性的掌握和对学生排球训练的整体考查。导致很多高校大学生在排球课程学习的过程中，由于对某些技术的动作要领掌握和理解得不到位，渐渐产生厌学的心理。

2. 忽视排球体能教学

当前我国高校排球教学中，教师的教学内容主要以排球技能学练为主，在排球技能学练之前，几乎没有任何排球运动体能训练内容的安排，这就导致排球运动课程教学完成之后，教师认为学生完全可以掌握排球运动教学技能，学生也认为自己熟悉了排球技能的动作原理与动作要领，能很好掌握排球运动技能，但事实上，由于体能方面的不足，学生的排球运动技能水平并不高，排球教学效果并不好。

针对一些进行排球学习的大学生的调查显示，在排球课时，教师的课上热身活动时间一般为5~10分钟，仅依靠每次课中的活动时间来发展体能显然是不可能的，调查发现，学生的身体肌肉、心肺机能远远不能达到排球运动要求，约有76%的女生耐力仅能支撑20分钟，约78%的男生的体能能坚持28分钟强度较高的排球训练，15%的学生能胜任低级别的排球比赛，学生体能基础整体较弱。

3. 忽视排球文化教学

当前高校排球教学中，对排球文化教学的忽视体现在不注重排球运动的起源与发展知识、排球运动文化、多元排球运动文化形态教学等多个方面。

众所周知，发展到现在，排球运动项目形式多样、内容丰富，而这些丰富多彩的娱乐性排球运动内容，在高校排球运动教学中很少涉及。

以排球技术教学为主，排球运动理论、运动文化较少涉及，多元化的排球运动形式也较少在排球教学中出现，排球教学内容单一的问题，严重影响了高校大学生的排球运动参与兴趣，制约了排球运动在高校的进一步普及与发展提高。

（三）排球教学方法丰富创新

日前，我国高校排球运动教学仍然沿用原有的体育教学方法，整个排球运动教学几乎等同于排球技能实践学练，学生的排球学习时间就是在各种排球技能的身体练习中度过的。这种枯燥的排球教学方法也是导致排球运动教学选课率低、学生兴趣不高的重要原因。

当前高校体育教学改革下，许多新的教学方法不断投入体育教学实践中并得到了应用，排球运动教学也应引入一些新的教学方法，通过应用丰富多彩的教学方法不断提高学生的排球运动学习兴趣。

（四）排球教学基础设施落后

在我国高校，不少体育运动项目都有自己的专业场地和运动器材，甚至还有现代化的体育场馆，如田径场、篮球场、足球场、游泳场馆、健美操教室等，相比之下，许多高校都缺乏排球运动场地设施建设，排球运动教学多在田径场或者篮球场上进行，有时甚至在水泥场地上开展排球教学运动。

排球运动教学基础设施落后充分表现了当前高校排球运动教学不受重视的尴尬境地，排球运动基础设施落后严重制约了排球运动教学的进一步发展，也使排球运动教学中增加了许多不安全因素。

三、高校排球运动教学发展出路

（一）以素质教育为教学改革指导

排球运动教学思想对排球运动教学开展、发展、创新等具有重要的指导作用。

新时期素质教育思想，对排球运动教学模式的构建提出了一个新的方向，一切教学活动都应该促进学生的素质的全面发展与提高，促进学生健康成长、成才。

现阶段，要促进排球运动教学改革，就必须在排球运动教学中始终以素质教育思想为指导，使排球运动教学的整个过程都必须为促进学生的全面发展服务。在素质教育思想指导下，要合理安排排球运动教学体系的各个要素及其关系。

（二）以学生为本开展排球教学

排球运动教学的开展以身体活动练习为主要方式，因此，教学中必须要对学生的身体情况有一个较为全面的了解，如此，才能在教学实践中更有针对性地安排排球运动教学内容，才能真正促进学生的身体正常发育、身体素质提高、生理机能发展。

排球运动教学对学生的体质、体能有一定的要求，同时排球运动教学应为促进学生的体质健康发展服务。人的身体素质的发展是有一定规律的，不长期坚持运动训练，运动能力、水平、身体素质就会退化。排球运动教学应注重学生的体质健康、体能基础锻炼，结合大学生体质健康测试，来推动高校排球课程教学的发展，通过科学安排排球运动教学内容，不断提高学生的身体素质水平。

排球运动教学具有实践性、体验性和表现性等特点，这些特点对学生的心理发展也有一定的要求。因此，应分析学生的心理特点，选择与学生特点相符的排球运动教学模式，结合学生的心理变化适时地调整教学方法、手段和组织形式，以不断提高排球运动教学质量和效果。

传统排球教学中，教师是权威，新形势下，教师应该改变高高在上的权威者形象，将学习的主动权交到学生手上，改变以往统一的教学，实施个性化教学。

（三）重视排球课程内容的调整

在新的课程改革背景下，我国高校体育课程处于不断进步和发展之中，现阶段，在高校排球运动课程教学中，应对排球课程内容进行多方面的调整。

（1）增加排球教学的趣味性，教学中充分利用学生的好奇心，激发学生学习兴趣。

（2）加大排球课程教学的普及性，对一些竞技体育项目中不适合学生的技术要领、规则、器材和设施要进行相应的改造，更有利于在大学生中普遍开展，更具有健身价值。

（3）促进排球课程教学的创新性，注重排球运动教学的开放性教学，不急于否定学生，注重引导与启发。

（四）提高教师专业教学水平

提高教师队伍水平是促进高校排球运动教学发展的一个重要途径，具体应做好以下工作：

（1）严格教师上岗制度。

（2）加强在职体育教师培训工作。

（3）通过多种渠道为年轻的体育教师提供进修、培训机会。

（4）培养有责任感的体育教师队伍，提高教师的理论水平。

（5）重视培养和引进经验丰富、高学历、富有创新意识的体育教师。

（6）鼓励体育教师进行教学改革、创新。

（五）加强教学物质基础建设

（1）加大对体育经费的投入，从而建设与学校规模相适应的体育场馆，配备足够的体育器材和设备数量，为高校排球教学提供良好的物质基础条件与环境。

（2）对旧有体育场馆的改造进一步加强，充分合理利用。

（3）按照制度要求使用物资，并加强体育设施的保养和维修，定期对场地设备及器材进行检查维修，确保排球运动教学顺利开展，并确保教学安全。

（六）重视社团与文化建设

建设校园体育团体，组织多元校园体育文化活动，是促进高校体育教育发展的有效措施，这一策略可充分应用到高校排球教学中。

体育协会、体育俱乐部，是我国高校最近几年非常流行的体育文化活动组织机构，学生根据自己的体育特长、兴趣爱好自愿加入组织。体育俱乐部有组织有管理，有专人指导，活动效果好，深受高校大学生欢迎。

因此，通过组建高校排球运动社团，组织排球运动文化活动，可以在高校营造良好的排球运动氛围，为大学生积极参与排球运动起到促进作用。

（七）切实落实终身体育教育

"终身体育"是"终身教育"的重要组成部分，"终身体育"就是要将"体育健身"贯穿于"生命的全过程"，在接受教育的过程中，促进自我的终身参与体育。

高校排球教学中，教师应通过各项教学活动的开展，培养学生的终身排球运动参与意识，提高学生的终身排球运动参与能力。

（1）激发学生排球运动学习兴趣，激发他们拥有长远的、持久的学习动机，积极学习体育锻炼和卫生保健的相关知识和技能。

（2）培养学生排球运动参与习惯。教师应引导学生将排球运动锻炼的习惯延续到校园生活以外，使学生能在走出校园之后也积极参与排球运动锻炼。

（3）提供学生的排球运动文化素养。合理安排排球运动教学课内、课外活动，以健身为目标，全面提高学生的排球运动素质、技能、知识、能力。

第四节　高校大学生排球联赛发展探索

大学生排球运动联赛发展可进一步提升排球运动在高校的影响力，可吸引更多的人关注与参与排球运动，客观上可丰富高校大学生的校园排球运动文化生活，营造良好的校园排球运动文化氛围，可以有效促进高校排球运动教学的可持续发展。

一、我国竞技排球运动发展态势分析

（一）我国竞技排球发展优势分析

（1）排球是我国传统优势体育竞技项目。

（2）中国排球运动具有丰富的精神内涵和精神价值。

（3）排球运动强度温和，不直接身体对抗，强调集体配合，符合中国传统文化。

（4）排球整体竞赛环境风气良好，各级各类竞赛公正、公平。

（二）我国竞技排球发展劣势分析

（1）排球竞赛规模和质量不适应世界排球职业化发展需求。

（2）和欧美排球强国相比，我国排球运动训练理论、方法、手段落后，教练员执教水平较低。

（3）排球训练管理体制落后。

（4）排球后备人才培养模式落后，忽视对二、三线运动员的培养。

（5）排球现役运动员文化素质不高。

（6）排球训练、发展经费不足。

（7）排球理论研究起步较晚。

（8）排球训练效率较低，仍以粗放式训练为主。

二、我国高校大学生排球联赛发展现状

（一）大学生排球联赛机构建设

中国大学生排球联赛隶属中国大学生排球协会管理，大学生排球协会隶属于大学生体育协会。

当前，大学生排球运动协会采取团体会员制，我国高校的排球社团，只要承认大学生排球协会章程，就可以申请成为大学生排球协会的团体会员。在各校的排球联赛举办和开展过程中，高校体育团体发挥着重要作用。

大学生排球运动协会实现了国家体育部门、教育部门对高校排球运动的管理，在整个国家排球管理系统中处于一个关键环节的位置。

（二）大学生排球联赛赛制现状

1. 大学生排球联赛赛制结构

目前，我国大学生联赛的赛制结构可以用"一个竞赛两个平台"来概括，具体来说，由于我国大学生排球运动员的来源不同，我国高校大学生排球运动联赛分为高水平组和专业组两个竞赛平台，前者面对国家统一招生被高校录取的大学生运动员；后者面对学习与训练分离的运动员大学生为参赛对象。

2. 大学生排球联赛赛程设置

中国大学生排球联赛特点是"一赛多赛程"，大学生排球联赛包括优胜赛、甲级赛、超级赛三个赛程。优胜赛包括专业组和普通组的比赛。

（三）大学生排球联赛参赛现状

从地域分布来看，我国大学生排球联赛开展的城市与地区主要有北京、山东、重庆、江苏、湖南、上海、浙江、湖北、吉林、陕西、甘肃等地。

从大学生排球联赛参赛运动员来源来看，运动员的来源类型多样，有退役运动员、普通高中特长生、省市体校、体工队运动员等。

从大学生排球运动员的参赛场次来看，排球队的参赛场次分布不均衡，少则只能打1~3 场，多则可参加 16~20 场次的比赛。

三、我国高校大学生排球联赛发展策略

这里重点从以下两个方面就我国高校大学生排球联赛的发展策略进行分析：

（一）大学生排球联赛人才培养

（1）建立小学—中学—大学这一层层递进的人才培养体系，使学校排球后备人才培训与高校保持密切的衔接，为高校培养好的排球苗子。

（2）树立新的人才培养理念，将全面培养运动员的理念重视起来，妥善解决大学生排球运动员的学训矛盾，全面提升运动员专业理论知识的丰富和思想素质。

（3）引入大学生运动员激励管理机制，设置奖学金，奖励优秀大学生排球运动员，高校重视大学生排球运动员培养，同时也引导和激励大学生排球运动员关注和重视自身发展。

（二）大学生排球联赛市场开发

（1）树立大学生排球联赛市场开发新观念，对大学生排球联赛中的体育文化特质进行挖掘，对排球联赛进行积极的大范围的宣传与推广。

（2）弘扬中国女排精神，积极传播高校排球运动文化，吸引高校师生的注意力，使全体师生都能够对大学生排球联赛予以关注与支持。

（3）将高校作为主阵地，对高校排球队的队标、吉祥物、啦啦队等体育文化资源进行开发，发展校园排球文化产业。

（4）组建大学生排球联赛宣传部门，建设校园排球联赛门户网站，注重联赛营销，吸引企业的注意力，借助企业的力量进一步扩大大学生排球联赛市场。

（5）严格制定大学生排球联赛财政收支预算制度。

第五节　丰富多元的排球运动文化教学

一、高校多元排球文化形态教学引入

随着我国竞技排球和大众排球运动的发展，越来越多的排球运动文化形式受到关注，我国高校也开始积极引入多元化的排球运动文化形式，这为进一步丰富高校大学生的排球运动参与兴趣和提供更多排球运动学练选择奠定了良好基础。

（一）气排球

气排球是我国铁路职工发明的一项运动，是排球运动的衍生项目，最先由内蒙古呼和浩特铁路局集宁分局老年人开展。当时这一单位有很多离退休人员，为了丰富其老年生活，集宁分局开发了一些适合老年人参加的活动。1984年春节联欢晚会上，集宁分局的退休人员试玩了隔网对打气球的游戏。

气排球对人体的身体素质要求不高，适合中老年人和体质较弱的人开展。气排球的质量较轻，体积较大，反弹性更好，在空中飞行速度相对较慢，能够更好地被运动者所控制。在开展该运动时，具有较高的安全性，再加上气排球活动娱乐性和休闲性较强，因此一经推出就得到了广泛关注，深受人们的喜爱。

气排球入门较快，不易受伤，健身价值较高，适合大学生群体学练。在排球运动教学初期进行健身练习，增添了趣味性，同时又可确保运动教学安全。

（二）软式排球

软式排球起源于日本，后传入我国，2000年新修订的中、小学《体育与健康》教学大纲，首次将软式排球纳入教学大纲内容，在中、小学体育课和课外体育活动中开展和推广软式排球运动，此后我国软式排球运动参与人口迅速增长，很快成为世界软式排球运动参与人口最多的国家。随后软式排球运动在我国高校逐渐开展起来。

与其他排球运动相比，软式排球用球质地软、重量轻、球速慢，技术易掌握，趣味性强，造成伤害的概率小，尤其是避免了对运动者指关节的伤害。再加上软式排球不受场地限制，室内外、草地等安全平地都可以进行软式排球运动；同时软式排球不受人员参与限制，2~6人、男女混合均可参与，具有广泛开展的普适性。软式排球运动引入高校排球运动教学，使得排球运动教学内容、形式更加灵活。

（三）沙滩排球

20世纪20年代时，沙滩排球是一项纯粹的民间娱乐游戏活动，其后逐渐发展成为一项竞技活动。沙滩排球诞生于美国，受沙滩足球的启发，在头顶蓝天、面临大海、沐浴在温暖的阳光之下的运动环境下，产生了沙滩排球。沙滩排球集竞技性、观赏性和趣味性于一体，因此被称为"21世纪最杰出的运动"。

沙滩排球运动具有多方面的健身价值，再加上阳光和沙滩的独特的治疗疾病的功能，因此深受排球运动爱好者的喜爱。目前，我国高校排球教学中，鉴于教学基础设施条件所限，沙滩排球多存在于理论课教学中，偶尔在田径运动场上的沙坑中进行健身练习，虽然在学校排球教学中开展较少，但是高校大学生普遍对沙滩排球表现出浓厚的兴趣，极大地增加了大学生参与排球运动的积极性。

多元排球运动文化形态引入高校排球运动教学，为大学生更好地了解排球运动提供了更多的知识储备，同时，也为大学生的排球运动参与提供了更多形式选择，更重要的是，丰富多彩的排球运动文化极大地刺激了大学生的排球运动参与热情与学习动机。

二、高校排球运动文化建设

（一）加强高校排球运动物质文化建设

如果排球场地、器材等物质资源缺乏或不配套，就无法构建与弘扬校园排球文化。因此，校园排球基础设施建设是校园排球运动发展、校园排球文化构建的基础与前提。

当前，建设我国高校的校园排球基础设施，必须从政府和学校两个方面入手进行，政府应给予政策与资金支持，而高校方面，应对排球基础设施建设给予高度的重视，全面开展排球场地、器材的管理和维护工作。

（二）加强高校排球运动制度文化建设

高校排球运动校园制度文化建设是贡献排球运动文化建设的一个重要方面，也是高校排球运动教学的一个重要文化性教育补充。

新时期，要在高校实现排球运动文化的科学、可持续发展，就必须要制定排球比赛规则和相关的规章制度，使校园排球竞赛文化显得更加规范和完整；构建一个完整的制度体系来加强对校园排球文化构建的约束和保障，从制度层面有力推动高校排球文化的发展。

（三）加强高校排球运动精神文化建设

排球运动具有丰富的精神文化内涵，在高校排球运动文化的建设过程中，应注重排球运动文化所蕴含的排球运动精神对高校大学生的教育价值。例如在排球运动教学中，重视对我国女排精神的分析与教学、学习，通过排球运动教学，增强高校大学生的集体主义意识和精神，提高高校大学生的民族自豪感和民族自信心。

（四）高校排球运动文化拓展与传播

首先，通过赛事推动排球运动文化传播与发展。学校要在校园内部举办各种形式与规模的排球比赛，提高学生运动员的排球技术水平，还应走出校门，积极举办校际间的排球交流活动、友谊赛、排球联赛等，增进班级之间、院系之间、校际之间的排球赛事文化联系，通过这一途径，娱乐学生身心，丰富学生校园文化生活，扩大校园排球赛事文化影响。

其次，运用现代科学技术可以迅速传播高校排球运动文化。在校园文化的传播中，校园网络视频、校园报纸周刊、校园大众广播等媒介发挥着举足轻重的作用。高校应积极建立排球展览室、排球宣传橱窗、排球专门网站等来加大对校园排球文化的宣传力度，塑造良好的高校排球运动校园文化环境。

第三章 高校排球课程设置现状探析

第一节 高校排球课程设置现状及优化

随着我国高校体育教学改革的不断深入，在"学生为本、健康为首"的教学思想指引下，我国排球教学取得了长足的发展。排球作为世界各国普遍开展的运动，受到世界各地人们的喜爱。随着排球课程改革的不断深入，几乎所有的高校都在为适应社会和学生的实际需要而调整课程设置，还有一些高校根据自身条件，通过各种途径增设一系列的选修课，把传统的、时尚的和民族的课程有效融合起来，从而较好地丰富了校园体育文化。与此同时，一些比较传统的体育项目却受到了比较严重的冲击，其中排球选修课这些年就处在一种比较低迷的状态。因此，如何在顺应时代和大学生身心发展的潮流中，提高排球的受欢迎和喜爱程度，这就要充分利用现有的排球资源，让更多的人接受和热爱排球。

一、我国高校排球课程设置的现状分析

（一）排球课程设置内容比较单一

体育课程的设置在一定条件下是人才培养的重要体现，也是有效完成教学任务的前提条件，因此，有关排球课程设置问题将是今后排球课程改革的核心环节。从20世纪80年代以来，我国体育教育体系经过了几次比较大的调整，每次课程调整都以学生自身发展需要为出发点，在一定条件下充分考虑学生在课程方面的需要，并把两个需要有效结合起来，从而推动了我国排球课程改革的不断完善。然而，经过多位专家对我国现行的排球课程体系进行评估，从中发现了诸多问题，其问题和评估结果从总体上令人担忧。排球课程无论是在具体的教学内容还是在学时比例分配上，都出现了许多不合理的地方，在我国许多高校当中基本上还是采用以前的硬式普修加上硬式专修的单一的竞技排球课程方式，这种单一的排球课程模式已经不能适应现代体育教育发展的需要，在一定程度上起到了阻碍作用。

从学生排球选课方面来看，大多数高校学生在排球的选课内容上，集中在排球的理论知识上，主要包括排球的技术动作和训练方法，因此，学生的排球体育发展主要集中在体育理论方面。高校学生对具有排球实践的课程选择比较少，从中可以看出大多数高校学生出现了不同程度的重理论、轻实践的现象，也在一定条件下反映出高校学生的发展方向具有师范性，而恰恰是因为这种现象，在一定程度上反映出我国高校排球课程设置的单一性。

（二）课程内容脱离学校实际情况

从排球专业学生的就业方向来看，多数排球专业学生毕业后的就业方向是学校及相关的教育部门。然而，经过长期的实践检验可以发现，高校的排球课程设置和学校的现有体育教育现状存在一定程度的脱节现象，这也是大多数专家经过研究和调查所共同认证的结果。在改革开放的这几十年当中，我国进行了多次体育教育改革，其成果在全国得到推广，从而在一定程度上推动了我国学校体育课程观念的转变。新的体育教育标准主要体现在对健康问题的重视上，并提出健康第一的教育教学口号。特别是对排球教育来说，与以往的体育教育标准相比其内容发生了较大的变化。虽然我国排球教育的体育教程与学校体育教育发展要求正在趋向一致，但是在现阶段还是存在着一些比较突出的问题，特别是在排球课程内容上还是较多采用以前的硬式教育的方法，甚至高校排球理论知识与学校的教育理念也存在不对称的现象。学校体育教育现阶段主抓健康第一，使体育教育从传统的竞技体育转变成身体、心理和社会适应等方面协调发展的道路。传统的排球课程内容设置还主要停留在技、战术的层级上，有些方面甚至只讲究运动的相关指标，而对排球教育的深远意义和影响未能真正体现。因此，对现有的排球课程内容进行改革，并使其内容与学校体育教育理念相吻合，已经成为现阶段所要迫切解决的问题。

（三）排球课程设置重技术、轻理论

与那些师范类的体育学生相比，一些体育院校的排球课程设置重视技术的运用而忽视了理论知识的培养，并且学校和学校之间没有统一的课程标准，在学时安排上也比较混乱。这种现象与我国的课程体系改革的指导思想严重不符，重技术、轻理论的课程设置在一定程度上还导致了学生的学科理论知识面过于狭窄。并且在其重视的技能课程安排上，也没有较好地体现出符合社会发展需要的复合型人才培养目标。

二、我国高校排球课程设置的优化

（一）更新教育观念，排球普修课程内容符合教育发展要求

在排球课程设置的过程中，由于其周期比较长，并且对其审核需要一个比较长的时间，这就为排球课程设置要求提供了一个较为宽裕的研究时间，在高校排球课程优化的过程中，可以与国外一些排球课程设置上比较科学的院校进行交流，学习他人的先进经

验，也可以采取问卷调查和组织有关专家进行相应交流的形式，为我国高校科学地进行排球改革奠定坚实的基础。同时，还要不断对排球课程设置理念进行创新，善于打破或创新传统落后的教育观念，在课程设置过程中还要敢于创新、善于创新，在创新过程中摸索一条适合我国排球课程设置先进的、科学的发展道路，使我国高校排球普修课程内容符合社会需求和教育发展要求。

（二）加快教学改革，构建多元化课程理念

打破现实当中约定俗成的教育模式，增加学生排球理论知识的学习途径并将其设置为教学发展的目标。在具体的设置过程中，可以利用网络讲解的教学模式或者是聘请一些具有专业排球知识的专家、学者进行授课，还可以让学生进入比赛现场，充分感受和了解排球的真实氛围和比赛环境，让学生对排球运动有一个更加清晰的认识。总之，对多元化课程理念进行构建，加快高校排球教学方法的改革，为高校排球课程设置提供更为宽广的时间和空间。还可以通过体育授课教师的自主性，让教师对学生自身身体条件和状况有一个全面了解，并根据学生条件相应调整教学思路和方法；还可以根据学生的天分和兴趣、特长采取因材施教的方法开展教学活动。更要注意高校学生在体育道德情操上的培养，推动学生体育技能和理论与体育情操结合发展。在进行高校体育课程内容设置的过程中，高校在更新教学手段和设施方面有重要的责任和义务，通过对排球基础设施的更新、改造，能够为排球学生提供一个比较好的学习和交流场地，这也是排球教育和课程发展的基础条件。

（三）调整教学计划，培养教学能力

要使学生在理论、技能和情操上全面综合发展，就必须加强学生在体育理论知识上的学习力度，这对他们未来走出校门、跨入社会具有重要意义。在对理论知识进行学习的同时，教师还要引导学生增加在课程训练当中的交流，对整个学习过程进行引导，对学生在训练当中遇到的技术问题进行及时解答；教师要善于发现和认识学生的个性特点，然后根据他们所具有的资质，有针对性地提出不同的课程要求；同时，教师还要善于根据现实条件和状况对学生的课程训练计划进行调整，从而使学生的训练计划达到最佳状态，在一定程度上提高学生的排球水平和能力。

（四）对排球课程考核制度进行改革

针对社会发展需要和教育改革发展要求，建立科学、有效的排球课程考核制度，考核制度改革发展对排球人才培养具有重要的推动作用，从我国现阶段的课程考核制度的状况来看，其已经不能满足今后排球教学和应用发展的需要。对排球课程考核制度进行改革，改变传统的以成绩定输赢的落后方式，在成绩评定中增加学生的平时成绩，学生的学习态度以及其他方面的内容都要纳入学生最终成绩的考核范围，推动课程改革的不断深入以及教学效果的不断提高。

排球课程设置还要注意教学大纲的规范化，对教学内容的适用化进行调整，善于运用科学的教学方法。在教学大纲的制定过程中要根据国家的教育指导纲要来进行设定，从而为排球教师进行教学提供有力依据。在排球教材的建设上要从学生实际适用性出发，考虑学生将来在社会的发展需要，对那些竞技性较高的教材要减少使用，适当增加具有实践指导意义的健身内容。教师在具体的教学过程中，要根据排球的教学特点，对教学方法进行创新，努力培养学生排球兴趣和合作交流意识，提高学生的创造性思维和能力。在教材的选择上要做到因材施教，推动学生能力和素养的全面发展。

排球运动是我国比较常见的运动项目，在排球教育教学中如何发展排球，是现阶段国家和高校需要认真解决的问题，并且已经成为体育事业研究方面的重要课题。从我国排球的发展状况来看，高校排球人才培养能够为我国排球整体事业的发展提供充足动力。我国排球的技术水平与世界其他国家相比并不弱，但是在高校排球人才培养方面与西方发达国家却存在着一定差距，因此，对国外先进的排球理念予以引进，同时与我国排球发展的现实状况有效结合，对于推动我国高校排球事业的发展具有重要意义。

第二节　高校排球课程的实践探索

一、课堂教学

课堂教学又称班级授课班，是将学生按年龄和知识水平分成固定的人数，以班级为单位，按规定的教学内容、教学时间和课程表分科进行教学的一种基本组织形式。

排球运动课堂教学的主要特点如下：排球课堂教学主要是在体育场（馆）进行，对场地设备有一定的要求。学生在教师的指导下，学习、掌握排球运动的三基（基本知识、技术和技能），通过思维活动与体力的紧密结合，反复进行练习，并承受一定的运动负荷，以排球的运动形式来达到锻炼身体和愉悦身心的目的。排球课堂教学的组织管理工作较复杂，分组教学形式居多，学生的年龄、性别、健康状况、运动基础、素质等方面都可能存在一定的差异，同时，室外教学易受外界的自然条件影响。排球课堂教学有利于比较生动具体地向学生进行思想品德教育，结合教学的各项具体活动和实例，使学生容易接受。

（一）排球课堂教学的类型

排球课堂教学的类型，一般可以划分为理论课和实践课两大类。

1. 理论课

理论课指在教室内讲授有关排球运动基础理论知识的课。教师主要讲授排球运动的发展简史、技术动作规格与分析战术打法及组合、世界排坛的主要流派和发展趋势、比赛规则、裁判方法等。

理论课应以教学计划、教学大纲、教材为依据，按照教学进度和教学任务的统一要求，合理安排上课时间和次数。有必要留有一定的机动时间，以应付场地器材无法保障及雨天的特殊情况，可临时安排有关的理论课，讲稿要事先准备好。理论课要结合运用直接性强的教育手段，如图片、挂图、幻灯、投影、录像、电影和电视教材等。

2. 实践课

实践课是指在场馆（室外操场、体育馆和健身房）进行身体练习（技术、战术练习）的课。它是按照国家有关统一规定的教学大纲和各校制定的教学进度进行的。排球课堂教学（又称排球教学课）多指实践课。

根据排球教学课的具体任务，分为引导课、教授课、复习课、综合课和考核课等。

根据提高排球专项水平的教学需要，又可分为普修课和专修课。

根据提高训练水平和专项的技术、战术素养，还可分为身体训练课、技战术课、教学比赛课等。

总之，排球课堂教学的类型较多，教师可根据教学任务、内容及对象特点，选择和运用不同类型的课，使排球课堂教学构成一个完整的体系。

（二）排球课堂教学的一般结构

课堂教学的结构亦即课的结构，是指一节课的基本组成部分及各部分的联系，进行的顺序和时间的分配等。

排球课堂教学的一般结构是以三部分的课的结构为主体，即开始与准备部分、基本部分、结束部分。把课分成三部分的模式，是依据人体生理机能活动能力的变化规律确定的，而各个部分的具体内容与组织工作的安排和时间分配，则可根据课的任务、学生特点、场地器材与季节气候等条件而改变。

排球教学课结构的三部分划分，也并不是一成不变的。有时为了教学需要，课的结构可不分部分与阶段，以练习和休息的合理交替，使练习一个接一个地进行，不过分强调技术的传授，而重视发展学生的运动能力。由此可见，排球教学课的结构不论是分几个部分还是几个阶段，都不能硬性规定而要通盘考虑教学目的和任务、教材的性质、学生的年龄特征、教学的物质条件、教学方法上的要求及负荷的安排等，从而确定教与学相互联系的合理顺序，以及练习与练习之间的有机联系。因此，教师应根据具体情况灵活地、创造性地安排课的结构，不能千篇一律。

（三）排球课堂教学的基本要求

一般来说，排球课堂教学应遵循下列要求：

1. 教学任务明确

教学任务是一堂课的指导思想，是上课的出发点和归宿，明确教学任务是上好课的重要条件。教学目的包括掌握知识、技术和技能，发展智力、能力，培养思想品德，增强体力、体质等方面的内容，这些内容要有机统一。

3. 教学内容正确

教学内容是上课的主要依据，看一节课的好坏，重点在于内容，如教学内容的选择是否合理、符合逻辑等。

4. 教学方法恰当

所谓方法恰当，即课上使用的方法符合教材特点、学生特点，并能充分利用现有的场地设备条件，有利于学生掌握"三基"。

5. 课堂组织合理

整个课的进行基本符合课时计划的设计，课的各个部分进行得有条不紊，环环相扣，始终能保持一种良好的课堂气氛，教师能机智地处理各种偶发事件，保证课堂教学的顺利进行。

6. 教学积极主动

教师和学生都能处于积极主动的状态之中，教师能引导学生进入良好的学习和练习状态，学生精神饱满，并能全身心地投入，整个课堂都表现出在教师引导下的学生主观能动性的发挥。

7. 教学效果显著

衡量一堂课的好与差，归根结底是看教学效果。在师生的共同努力下，绝大部分学生都能按课堂教学目标的要求，完成本次课的任务，理解和掌握教学大纲所规定的教学内容，而且能使优等生"吃得饱"，中等生"吃得好"，差等生也能"吃得了"，从而大面积地取得教学高质量成效。

二、课外活动

课外体育活动中把排球作为活动内容，既能进一步巩固和拓展体育课上排球教学的效果，使学生经常以排球运动作为锻炼的手段，又能丰富学生的业余精神文化生活。因此，组织安排好课外体育活动，是排球教师工作中的一个重要环节。

课外体育活动并不是课堂体育教学的延续，而是课堂体育教学的必要补充。因为课堂体育教学的不足给培养人才带来了局限性，而课外体育活动正是避免了课堂体育教学的某些缺陷，弥补了课堂体育教学的不足。首先，对于那些排球技术水平较高，对排球运动有特殊爱好的学生，很显然课堂体育教学的进度无法满足他们的需求，课外体育活动安排排球项目，大大地增加了这批学生接触排球的时间和次数，有助于他们进一步掌握排球运动的"三基"。由于课外体育活动具有自主、自愿的特点，在学生的个性发展上排除了许多人为因素的限制，因而使学生在原来课堂体育教学中难以发挥的特长在课外体育活动中能充分施展，从而培养他们对排球运动的兴趣与爱好，为未来选择职业奠定良好的基础。其次，课外体育活动有利于寓思想教育于排球运动之中，排球运动的趣味性、娱乐性，吸引着广大的学生参加排球活动，引起参与的愿望和内在需求，但"趣味性和娱乐性"并不是课外体育活动的根本目标，不能单纯追求趣味性，因为课外体育活动的目的是让学生在排球活动中受到深刻的、生动的思想教育，提高觉悟，陶冶情操，培养集体主义精神，让学生在轻松愉快的气氛中增长知识、扩大视野，使身心全面发展。最后，对于具有排球运动天赋的学生，完全可以实施一些特殊的练习与训练方法，使他们在课外体育活动中更加系统地掌握排球运动的技术和战术，提高运动水平。如果发现有培养前途的排球人才，还可为相应的运动队输送。培养排球骨干是推动学校排球运动开展的不可低估的力量，抓好骨干让其在课外体育活动中发挥作用。组织一定规模的比赛是很有必要的，只要计划制订稳妥、时间安排适当、竞赛组织得力，排球比赛成为课外体育活动的固定内容是不成问题的。

第三节 高校排球课程教学效果的评价

一、排球课程教学效果评价的含义

排球课程教学效果评价是运用一切可行的评价技术手段，对排球教学活动及其效果进行测量，并予以价值判定的过程。

排球课程教学评价的实质是对排球教学活动从影响和效果两方面给予价值上的判定，并积极引导排球教学活动朝预定的目标发展。通过适当的教学评价，可以促使排球教学有目的地实施。

二、排球课程教学效果评价的原则

（一）科学性与可行性相统一的原则

科学性评价是指所使用的评价方法和评价标准与评价事物的客观规律相符合，能够体现出决定事物本质的主要因素和内在联系，并尽可能地做到数量化和精细化，进而将主观估计的因素降到最低水平。可行性评价是指使评价方法和评价标准更加简便易行、便于操作。科学性与可行性是个矛盾体。在评价中，所采用的科学的评价方法和评价指标都是比较复杂的，难以掌握实施，再加上在评价领域有很多因素都很难确定相应的客观标准，并且不能进行量化。因此，在制定相应的指标评价体系时，还要对评价的可行性进行考虑。

（二）指导与评价相结合的原则

在进行评价的同时，应该对教学进行指导，主要包括以下几个方面：

（1）对工作绩效进行检查，看是否与工作目标相一致，并对存在的问题进行分析，以此来对工作计划进行适时修正，从而使整个工作朝着总体目标的方向来努力。

（2）"以评促建，评建结合，重在建设"，通过开展评估工作来进一步促进工作的顺利开展。

（3）没有指导的评价是消极的，是无法达到评价目的的。要在对评价结果进行认真分析的基础上来进行指导，并与评价对象的主观条件相结合，从实际出发，进一步提出相应的改进意见，以使评价对象克服自身缺点，发挥其自身优势，进而争取获得更大的进步。

（三）客观性与可比性相一致的原则

在建立相应的指标评价体系的过程中，所采用的评价指标和评价方式应尽量是能够定量的、可测定的和公认的，通过评价能够客观、公正地反映出工作的实际情况。

此外，在建立相应指标评价体系的过程中，针对同类评估对象要注意选择其共性内容，要对标准化的评价体系进行严格控制，并对评价尺度的一致性进行准确把握，根据准确的评价结果来对同类事物的优劣和差异进行比较、权衡。

三、排球课程教学效果评价的方法

（一）教师评价与学生评价相结合

传统的排球教学评价是以教师评价为主体地位的，这种评价方式不能很好地反映排球教学的实施效果。在评价过程中，应该采取教师对学生的评价、学生对教师的评价、学生之间的评价以及学生自评相结合的方法，从而实现评价主体的多元化，提高教学评价的真实度。

（二）结果性评价和过程性评价相结合

在排球教学评价中，不能只进行结果性的评价，对学生通过排球课学习的运动技能水平进行评价，还应该结合学生在体育学习过程中的态度、情感等因素进行过程性评价。将结果性评价和过程性评价紧密结合起来，可以使排球教学过程变得更加合理，从而提高排球教学的质量。

（三）定性评价和定量评价相结合

在排球教学评价过程中，要注意将定性评价和定量评价结合起来，不能只进行定性评价，也不能只追求定量评价。例如在排球教学中，不能单单以学生颠球数量的多少来判定学生运动水平的高低，应该结合学生在整个学习过程中的体育参与度、体能水平等综合判定。

而在进行专项体能的教学时，如对跑动的距离、仰卧起坐的数量等有一个明确的要求，从而实现排球教学的相应目标。因此，在排球教学过程中，一定要注意将定性评价和定量评价结合起来。

（四）整体性评价与个体差异性评价相结合

对一堂排球教学课来说，对全体学生学习效果的整体评价，是排球教学效果的检验指标。但是，由于学生身体素质和运动能力的不同，导致在进行排球学习时，不可能取得同样的效果。因此，必须有针对性地进行个体差异性的评价，区别化对待。这样，有利于使学生建立排球学习的信心，使学生对自己的排球学习效果有一个更加清晰的认识，从而更加积极地参与到排球学习中去。

四、排球课程教学效果评价的内容

（一）排球教学管理体制

排球教学管理体制是排球教学评价的主要内容之一。排球教学管理体制评价的内容主要包括学校是否已设立以校领导为首、体育部或者体育院系领导为负责人的排球教学机构，如排球教学各层次的职责是否明确、领导能否对排球教学进行直接管理、分管校领导能否经常关心排球教学工作的发展、排球教学的规章制度是否建立和健全等。

（二）排球教师队伍

对排球教学师资队伍的评价是评价排球教学效果的重要方面，对排球教师的评价包括以下两个方面：

1. 对排球教师综合素质的评价

（1）政治素质。排球教师政治素质的评价主要有对思想道德修养、良好的文明行为习惯、政治理论的考核成绩、遵纪守法、工作态度、教书育人、为人师表、坚持四项基本原则、参与民主管理等方面的评价。

（2）知识结构素质。对排球教师知识结构素质的评价包括两个方面：一是要对教育学和心理学的基本原理和原则进行熟练掌握，同时了解学生的身体发展和教育规律，这样才能做到理论与实践相结合；二是必须具有全面系统的排球专业知识，并对相关学科的基本常识有所了解。

（3）能力素质。能力素质的评价主要是指对教师完成教学工作的能力、独立进行体育教学活动的能力、教育管理学生的能力、表达能力、创新能力、开发和运用体育资源的能力、教育科学研究能力等的评价。

（4）心理素质。排球教师的心理素质评价的内容主要包括四个方面：一是思维敏捷、缜密，能向学生传授有严密逻辑的知识体系；二是观察力必须敏锐，能够及时通过洞察学生的言行而对其内心世界有所了解，从而发现学生的潜力；三是情感丰富，能以自己乐观愉快的情绪感染学生；四是在意志品质方面必须非常可靠，面对困难做到迎刃而解，保证排球教学的顺利进行。

（5）可持续发展素质。对可持续发展素质的评价主要是对教师接受新理论、新方法、新技术的能力进行考量，同时还要考虑教师的自学提高能力、教师寻求发展的能力、教学改革和教学研究及科研能力。这其中，教师的教学发展潜能也是非常重要的一种素质。

2. 对排球教师教学工作的评价

（1）教学思想的评价。考核教师在排球运动的教学过程中，对于教书育人原则的坚持程度，对于学生的全面发展是否有利、是否有改革创新的精神等。

（2）教学技能的评价。教师的讲解语言是否准确、规范、简洁，是否对排球的专业术语有着正确的运用，动作的示范能否做到优美且正确无误，在处理课堂突发事件时能否冷静处理，并使教学工作得以顺利进行。

（3）教学方法和教学手段的评价。教学方法有没有足够强的启发性来帮助学生进行独立的思考、分析和解决问题，并激发学生的创新意识；是否与学生的身心特点相符合并有助于激发他们的学习兴趣和动机；教学中的直观因素是否足够提高学生的学习效率。

（4）教学内容的评价。教学内容是否科学性和思想性统一，是否紧紧围绕教学目标安排，思想品德教育的内容是不是贯穿在课程当中，运动负荷的安排科学与否，对教学组织的合理程度等。

（5）教学效果的评价。教师是否调动学生的学习积极性和主动性；是否激发和保持学生运动的兴趣并促进学生形成体育锻炼习惯；是否培养学生顽强、勇敢、合作竞争的心理品质。

（三）学生

学生是排球教学的对象，对学生的评价重点在于其排球运动的学习，具体如下：

1. 对排球学习的评价

对排球运动学习的评价是指依据教学大纲对学生个体或群体的学习过程和学习成果进行价值判断的活动。具体包括对学生身体素质和运动能力、体育基础知识、排球运动技能、学习情感的评价。

2. 对学生学习能力的评价

学力是学生学习的能力，是学生获得行为的才能、能力。评价学生的学习能力要对学生的排球学习能力状况以及个别差异更为了解，从而在排球运动教学目标的完成当中获取更多的信息资料，达到培养学生排球运动技能的目的。

3. 对学生思想品德的评价

对学生思想品德的评价主要指学生是否热爱中国共产党、热爱社会主义祖国，是否培养美感和文明行为，并逐渐养成遵守纪律、尊重他人、团结友爱的习惯等。

（四）排球教学的客观条件

排球教学条件评价对排球教学的效果有着非常大的影响，所以在评价排球教学效果的过程中是非常重要的内容。排球教学条件评价的内容主要包括排球教学场馆器材的配备、排球教学经费占教育经费的比例等。

1. 排球场地和器材

排球场地和器材是进行排球教学的阵地，因此，只有拥有良好的排球场地和器材，才能有效地实施排球课程，实现排球教学的目标。

2. 排球教学经费

一般情况下，排球教学的经费包含在体育教学经费当中，学校领导对体育教学工作的重视程度决定了体育教学经费的充足程度。因此，要让学校领导意识到学校体育工作的重要性，进而认识到排球教学工作的重要性。

五、排球课程教学效果评价的准备工作

为了做好排球教学效果评价，获得更加真实的评价效果，应做好以下准备工作：

（一）评价开始前的准备工作

评价开始前的准备工作主要包括以下方面：

（1）要对排球教学中整个评价指标体系的内容进行熟练掌握，并认真把握好整个评价工作的目的。

（2）做好宣传和动员工作，使排球教学中所有成员都能够积极、主动地参与到整个评价工作准备中来，并认真地做好本职工作。

（3）组织和建立有代表性的、强有力的评价工作领导小组和筹备工作组，明确职责、合理分工。

（4）根据所建立的整个评价指标体系中的内容要求来进行资料的搜集。

（5）对搜集来的资料进行分类、汇总，并建立相关的档案，然后对相关的原始材料进行核对查实。

（6）根据相应的评价标准，开展较为客观的、实事求是的自评活动。

（7）对自评工作中存在的缺陷进行修补。

（8）填写各类报表，并撰写自评报告。

（二）评价进行时的准备工作

（1）选择其中最具有代表性的人员来做好针对评价的汇报工作。

（2）与评价组做好协调、配合，共同做好各项考查、测试、座谈等的组织工作。

（3）组织相关人员认真听取评价结果和评价建议。

（4）搞好会务接待工作。

（三）评价结束后的工作

（1）根据相应的评价结果、分析和建议，认真地制定相应的整改方案。

（2）对整改方案进行有步骤、有组织、有措施的落实。

六、排球课程教学效果评价的具体步骤

（一）制定教学评价目的

解决为什么要进行评价是进行排球教学评价的首要环节。排球教学活动是在一定的目的指导下进行的。排球教学评价的具体目的不同，评价的内容、组织形式和方法也不同。

（二）成立教学评价小组

排球教学评价小组是进行排球教学评价的主体。成立排球教学评价小组时，要依据具体的情况确定组成的性质、规模及其人员组成。排球教学评价小组或评价机构可以是具有连续性和稳定性的，也可以是临时性的。但是，无论是什么样的评价小组，都必须具有一定的权威性。排球教学评价小组一般由分管领导和排球专家组成。

（三）制定教学评价指标体系

制定评价指标体系是进行教学评价的关键步骤，通过建立相应的评价指标体系，可以更加清楚地反映排球教学的过程，对教师排球教学进行科学反映。确立指标体系时，应该遵循科学合理的原则，恰当地使用相应的评价指标。

（四）搜集教学评价信息

搜集评价信息也是实施排球教学评价的一个重要环节。在排球教学评价过程中，搜集评价信息的方法主要有以下几种：

1. 问卷法

评价人员通过书面调查评价对象获取评价信息。

2. 测验法

评价者依据评价内容编制一定的等级量表和标准的试题，用以搜集评价信息。

3. 访谈法

评价者依照访谈提纲，通过和评价对象面对面谈话或者是小组座谈会的方式直接搜集信息。

4. 观察法

评价者依据指标内涵的要求和评价对象的特点，有目的、有计划地直接进行自然状态下或控制条件下的观察，进而获取评价信息资料。

5. 文献法

评价者通过查阅与评价对象有关的文字记载的材料，进而搜集评价资料。

（五）分析教学评价结果

在搜集了相关教学评价的资料后，就要对其进行加工处理。只有依靠对评价资料的加工处理，才能做出科学的、正确的判断。同时，指出评价对象的优点及其存在的问题，并分析原因，进而提出改进办法和措施。在实施评价的过程中如发现方案有缺陷必须及时修正。

第四节 高校排球课程体系的构建

一、排球技术教学的基本阶段

排球运动基本技术的教学可分为三个阶段：学习阶段，即初步掌握动作阶段；掌握阶段，即改进和完善动作阶段，掌握技术和理论知识深化阶段；提高阶段，即动作日益巩固，趋于运用自如，达到自动化阶段。这三个阶段的特点和教法各不相同。

（一）学习阶段

学习阶段的学生由于大脑皮层兴奋过度容易扩散，内抑制不够，在练习中表现出动作紧张、不协调，缺乏控制能力，并伴随着自己附加的多余动作。排球技术教学的重点是解决其兴奋性的问题，用统一讲解和练习的形式，动作细节不做具体要求，只强调正确动作应怎样做。可以在没有场地、球网的限制，较小力量、较慢速度的条件下进行练习。在这一阶段教学中，还要特别注意培养学生对排球运动的兴趣，调动学生的学习积极性，活跃课堂教学气氛。值得一提的是，结合排球的游戏性能激发学生的学习热情，提高教学过程中的兴奋性。为使学生对排球技术动作有完整、正确的概念，初步掌握技术动作，教师的讲解要力求简练、精确、清楚、有感染力；教师的示范动作要干净、利落、清晰、优美、有精神，使学生看了就想学、想练，起鼓动干劲的效果。只有将学生的神经系统调整到最佳状态，才能形成一个较理想的教学氛围，为学生学习掌握教学内容打下一个良好基础。就排球运动教学的三个基本阶段而言，此阶段时间相对较短。

（二）掌握阶段

掌握阶段的学生大脑皮层兴奋相对集中，内抑制逐渐发展巩固，排球技术动作开始变得轻快、协调灵活。教学中应把解决共性问题与个性问题相结合、讲解与启发提问相结合，提高学生观察和分析技术动作的能力，对错误动作要及时纠正。在教学课中，对基本技术的练习应保持一定的次数和时间，不能过分迁就于学生的兴趣，特别是传球、垫球的基本练习要予以重视，采用不同的组合、不同的形式去进行练习，也可以用一种形式多种用途，或一种用途多种形式去变化练习的内容。例如接扣球的练习可以是定点多角度接扣球，也可以是不定点固定角度的接扣球。此外，为了提高学生的学习效率，减少与预防错误动作的出现，教师应对学生进行辅导。辅导分为普通辅导、部分辅导和个别辅导三种形式，其运用原则应该因人而异、对症下药。思想教育工作要及时配合，因为这一阶段，学习的难度和练习的难度逐渐增加，个别学生会出现兴趣减退、畏惧困难的情况，如果能发挥思想教育工作的效能，使学生勇敢面对挫折、刻苦学习，暂时的问题终将会得到解决。这一阶段的教学时间长于学习阶段，反映在结合场地、网、球，并对球的力量、速度、距离、落点提出各种不同的要求，还要对技术的运用练习的质量做出明确规定，增加练习的复杂程序。如果没有足够的时间练习，学生无法掌握技术动作，达到熟练程度。

（三）提高阶段

这一阶段大脑皮质已形成通路，内抑制牢固，大脑皮质的兴奋高度集中，动作巩固且能够高度准确、熟练和省力地完成动作，随机应变、灵活而轻快地运用技术。为了提高技术运用的熟练程度和战术配合默契程度，应多安排在接近比赛的条件下进行的综合性或对抗性练习。针对学生的实际情况分组，提出密度、强度、难度以及规则方面的要求。譬如安排几个学生站在场上不同位置，担当不同角色，以不同的组合练习形式去综合练习攻防技术，提高临场串联和运用技术的能力，培养战术意识，相互默契配合，使之加深对技术、战术从理论到时间的再认识。如果各方面条件都已成熟，也不妨安排在比赛的条件下进行练习。例如有裁判员执行部分的正式规则，采用计时比赛或回合比赛等。由于这个阶段的教学内容多、任务重、要求高，所以教学工作的难度较大，教育时间最长。

在实际教学中，排球技术教学的三个阶段划分，有时也没有非常明确的界限，甚至还会出现反复。由于教学对象各自的情况不同、差异性较大，所以在教学阶段的学习进程也各不相同。例如有的开始学习进步较快，而后逐渐缓慢下来；有的开始学习稳定，缓步上升；还有的学习进步达到一定水平后不再上升，有时还会下降，即出现"高原现象"，待"高原期"过后又重新上升。这种种现象的出现，给排球技术教学提出了新的课题，能否对各教学阶段的学习进程加以科学的控制，是检验教师能力的一个重要因素。

二、排球教学体系

（一）教学计划

教学计划是国家或教育主管部门根据教育目的和不同类型学校的培养目标，所制定的有关教学和教育工作的指导性文件。它规定了设置的课程，各门课程教学的顺序和教学时数，每个年级的教学、劳动和课外活动的时间，寒暑假安排、学年编制等。它体现了国家对学校教育、教学工作的统一要求，是学校组织教学的根本依据。是否严格全面执行国家颁布的教学计划，也是检查学校教学、教育工作进行情况及衡量质量高低的标准。此外，国家教委组织有关部门和学校编写课程基本要求，其中含各门课程目标、具体任务、基本教学条件选编原则、基本教学内容、教学基本要求、成绩考核、教学基本条件等内容。它是制定课程教学大纲、组织教学、开展教学评估、实施教学管理和教材建设的重要依据，也是对各专业进行教育、教学评估的重要依据，是各门专业课程建设的指导性教学文件。

（二）教学大纲

教学大纲是国家按照教学计划，以纲要形式编写的有关学科教学目的、教学要求和教学内容的指导性文件。每门学科的教学大纲明确规定了该课程的内容、范围、体系、教学进度及教学方法上的具体要求和考核标准等。教学大纲是国家对各科教学所规定的统一规格要求，是教师进行教学的依据，也是衡量教学质量的重要标准。教学大纲一般包括三个部分，即说明、本文、考试办法。

1. 说明

说明部分扼要说明本门学科的教学目的和任务、教材选编的指导思想和主要依据、教材内容的时数分配，以及教学方法上的原则要求。

2. 本文

本文部分是教学大纲的主体，它根据每门学科知识的内在逻辑体系，以纲目的形式，系统地列出教材内容的课题要目和章节顺序，在章节下简要指出内容要点和基本论点，以及教学的重点、难点和教学时数等。

体育类教学大纲中的球类教材内容分为理论部分和实践部分。理论部分内容规定讲授的课题及各课的内容，根据不同的学校、学制确定教材的范围和深度。实践部分内容较多、比重较大，有技术有战术，各项技术、战术又有其特有的动作方法和运动形式，教法不尽相同。教材内容编排表述上有按年级编排和按教材系统编排两种方式。按年级编排有利于根据教学的基本任务，结合各学段学生的年龄特征，合理安排教材，也有助于教师处理好每个年级教材的横向关系。按教材系统编排有利于根据教材的内在联系，科学地、系统地安排各类教材，编排教材时有一定灵活性，能适应各种不同情况。为了标明教材的主次关系，分为重点教材、一般教材和介绍教材三种。

3.考试办法

这部分是针对各级学校体育教学所专门制定的，它规定考试的内容、方法、标准、评分办法和要求等，考试的内容应与大纲规定的教材内容相一致。教学大纲是编写学科教材的直接依据。在我国一般是先由国家组织编写每门学科的教学大纲，再根据大纲组织编写各学科教科书。但在实际中也常有先根据学科设置的目的及知识的逻辑结构，组织编写出教材或教科书，再根据教科书的内容提纲挈领地列出纲目，加上相应部分组成的大纲。

（三）教学进度

教学进度是按照大纲的规定，对各学期出现的教学内容所做的课时和课序的具体分配，是每个教师本学期进行课堂教学和书写教案的可靠依据。教学进度安排的好坏，在很大程度上影响着教学效果。所以，每个学期开始前，必须科学地、周密地、具体地制定教学进度。

制定排球教学进度的前提：

（1）学习有关教学计划和教学大纲的文件，结合本校的实际情况，明确制定排球教学进度的指导思想。

（2）认真研究排球教学的目的、任务、方法、形式和手段等，领会其实质。阅读有关排球教材的内容，弄清每项技术教学时数在整个教材中所占的百分比，以及各类技术与战术的纵横关系。

（3）根据学生的具体情况和实际水平，确定学期中排球教学的教材内容，即重点教材、一般教材和介绍教材。

（4）分配各项技术、战术教学内容时，要考虑到教学的条件（场地和器械）、师生的配合（教的能力和学的能力）、技术动作的难易程度、季节对技术掌握的影响等。

（5）对学生学习排球各项技术的负荷量，教师要做到心中有数，既要有掌握技术的内容，又要有发展身体素质的内容，既要练上肢，也要练下肢，使身体得到全面的发展。

（6）为使课堂教学与课外活动紧密结合，在考虑教材的分量时，还应加入一定的课外作业，以巩固所学知识、技术和技能。

制定排球教学进度的方法有阶段螺旋式和循序渐进式两种：

（1）阶段螺旋式。阶段螺旋式的进度是将教学过程划分为紧密联系的几个阶段，每个阶段都包括基本技术、串联配合、全队战术等几个教学内容和过程。每个阶段既有其独立性又有下阶段的基础，逐渐加深和扩大教材内容，突出了主要教材的教学。各阶段的教学时数分配比重，应根据排球运动的特点和内在联系而定，各种技术、战术先后出现的顺序，以及技术、战术的组合，应遵循由易到难、由简到繁、循序渐进和巩固提高等教学原则。

（2）循序渐进式。循序渐进式进度安排方法是把教材内容按照主次和难易程度科学地分配于全教学过程。首先，抓好主要技术的教学，为进一步提高技术水平打好基础。主要技术的教学一直贯穿整个教学阶段，并呈逐步加深加宽的走向趋势，再配以相应战术的教学。其次，安排进度应稳妥地处理好主要技术与次要技术、技术与战术、进攻与防守、新教材与复习教材的关系。再次，重点教材、一般教材、介绍教材的内容进度安排，要以主要技术和战术为主线，避免因选择不当与主要技术、战术的教学发生矛盾。理论课也如此，可根据与主要技术、战术的关系，合理地插入各教学单元中去。最后，教学比赛（随课比赛、比赛课）的安排，在保证教学任务的前提下，尽可能增加一些比赛的时间和次数，以培养运用技术、战术的能力，在实践中提高技术、战术水平。

排球教学进度不是教材内容的简单排列，而是既要保持排球教学的科学性和系统性，又不失排球运动的技术、战术的规律性、完整性。因此，排球教学进度在一般情况下应相对稳定，不可随意改动。

（四）教案

教案又称课时计划，是教师组织和进行课堂教学的最基本的依据。它是根据教学的进度、教学的实际和条件，按照科学的教学程序，采用合理实用的教学方法而编写的。教案的质量直接影响教学效果，也可以反映出一个教师的思想水平和业务水平。

排球技术教学课的教案应包括下列内容：

（1）课的主要任务和要求。

（2）教学内容及教学过程。

（3）技术、战术教学的顺序和步骤。

（4）教学方法和组织手段。

（5）练习的时间、次数和负荷量。

排球技术教学课的教案一般按照准备、基本和结束三个部分的先后顺序来编写。

首先，在课的任务和要求的提法上，用词应简明扼要、切合实际。例如技术、战术的教材，一般用"学习""初步掌握""建立……概念""复习""改进""进一步提高""提高和巩固"等；在机体和素质方面，可用"发展、增强、促进"或"进一步发展、增强"等；在思想道德品质方面，一般用"培养、加强、发扬、调动"。

准备部分，主要明确本课的任务和要求，使学生的注意力迅速集中到排球场上来，让身体器官进入兴奋状态，克服生理惰性，为基本部分做好心理和身体准备。准备活动的形式很多，但不论采用怎样的形式，都要遵循"进程由慢到快、动作幅度由小到大、运动量逐渐上升"的原则。准备活动的内容选择与安排，应尽量与本次课的主要任务相适应，也可以通过准备活动有针对性地发展某一专项身体素质。

基本部分是课的主体，备课时重点应放在基本部分的安排上，安排基本部分的内容教材之间的相互联系，明确本次课的主要任务和教材的重点与难点、要解决的重点问题。排球技术课的特点是通过练习达到教学目的——使学生掌握"三基"。在进行技术练习时应加大练习密度，增加触球的次数，这是学生掌握和提高排球技术的关键。选择练习的方法要有目的性，一种练习方法能达到多种目的，几种练习方法也能达到同一目的。施以恰当的组织教法也是备课的重点之一，分组轮换或不轮换的练习形式、各项教材的教学步骤和采取的教法措施等，都应根据具体情况而定。

结束部分，一般要做整理活动，调整呼吸，使全身或局部肌肉得到放松。由于运动引起的生理变化不可能随着运动的停止而立即消失，需要引导神经和其他器官恢复正常的生理机能，过渡到安静状态，消除疲劳。讲评本次课的纪律、作风和教学任务完成情况，布置作业和预习的内容也不可缺少，但时间不宜过长。

第四章 高校排球课程教学创新与探索

第一节 高校排球课程教学理论创新

一、多元智能理论

（一）多元智能理论的产生与发展

多元智能（MI）理论是美国哈佛大学心理学教授霍华德·加德纳针对风靡全球的智商（IQ）理论的缺陷与不足，历经30多年的实验研究，于20世纪80年代提出的一种全新智能观。多元智能理论一经问世，迅速风靡全球，首先在欧美各个国家受到普遍欢迎，很快传到世界其他各国，对20世纪末和21世纪初的世界教育产生了广泛的影响。

（二）多元智能理论的内容

加德纳认为，人的智力不只是传统智力测验中所测得的语言智能和数理逻辑智能，而是多元的，至少包括言语、逻辑、音乐、空间、运动、自省、人际和自然8项智能。这8项智能彼此联系又相对独立地存在于每一个大脑健全的正常人身上，但它们在不同人身上的组合方式却不尽相同，这一特点使得每个人的智能各具特色、各有所长。

（三）多元智能理论的实质

多元智能理论的实质就是要求在教育中要尊重学生的个性和差异。在承认学生智力不同表现方式的基础上，去发现每一个学生的最优势智能，进而通过为学生创设最适合其展示和发挥自己优势智能的教育方案，来培养学生的自信心、成功感和解决问题的能力，并形成社会所需要的发明创造的综合素质和社会通用能力。

（四）运用多元智能理论创新普通高校排球选项课教学改革

1.普通高校排球选项课教学改革需要多元智能理论的指导

随着素质教育在高校体育教学中的全面贯彻与实施，改革传统教学模式以便将工作重心从传统的传授知识成功转化为培养学生的创新意识以及解决问题、处理问题的能力的研究和探索的重要性更为凸显。为此，教育变革的重点之一就是确立全新的教育观和学生观。真正做到在教育教学过程中以学生为中心，不仅要尊重学生的差异、尊重学生的个性，而且要针对每一个学生的优势智能为其设计个性化的教育方案，旨在为每一个学生提供成功的机会与发展的平台，进而使他们充满自信地得到愉快、全面的发展。多元智能理论正是这样一种符合我国现阶段教育变革中全面贯彻和实施素质教育的新型现代教育理念。

2. 多元智能理论在普通高校排球选修课教学改革中的运用

笔者运用多元智能理论创新普通高校排球选项课教学，在排球选项课教学中应用多元智能理论来创新其教学模式、教学内容、教学方法和教学评价，不仅可以弥补现有的排球选项课教学存在的诸多缺陷与不足，而且能够通过围绕学生的多元智能组织排球选项课的教学活动，构建一套充分开发每一个学生潜能的新的体育教学模式。在实现传统体育教学目的的基础上，达到更加有效地通过开发学生的多项智能来提升学生的综合素质，尤其是心理素质，进而促进其潜能的充分开发和可持续发展之目的。与此同时，在为普通高校体育教学改革创新提供理论支持的基础上，探索我国普通高校排球选项课教育教学改革创新的新的研究方向。

二、内隐学习理论

（一）内隐学习理论的内涵

内隐学习理论是一种新的教学理论，对于一些抽象知识的解读有着独特的建树。关于它的具体解释是这样的：在环境刺激以某种结构形式存在或出现时，人们会有意识地去了解或掌握这个结构，即在环境刺激下做出适当的应激反应。而人具有内隐学习的能力，能够从细微的改变中察觉到其中的奥秘，对于利用这样的理论在加深知识理解、技能掌握方面有着重要的优势。在现在的主流教学中，外显学习是学生主要的学习思路，借助内隐学习理论可以将内隐学习与外显学习有机结合，获取更好的学习效果，二者结合可以帮助学生更好地理解复杂的内容。

（二）内隐学习理论的实际运用

1. 帮助学生掌握基本技能

排球是一项对细节要求很高的运动，在传球或者发球过程中手腕的一个小动作都有很大的影响，所以在排球教学中教师常常对学生要求很严格，希望学生能够掌握好这些基本的技能。但在过去的实践中似乎成效不佳，所以教师可以利用内隐学习理论来引导学生掌握好这些基本技能。举一个简单的例子，在引导学生进行拦网手型的练习时，教师不用刻意地要求学生将这样的动作拎出来进行机械练习，这样往往得不到理想的效果，还会压抑学生的学习兴趣。那么，现在教师可以先为学生讲解正确的拦网手型，让学生有一个初步印象，同时用双手来进行模仿，形成简单的肌肉记忆，随后要求学生在拦网时记住这个动作，而不刻意地练习，经过一段时间学生会发现，自己在拦网时就能很自然地用到这个动作。

2.激发学生的自信心与愉悦感

教学不仅仅是向学生传授知识，更在乎学生的学习体验。传统的教学模式只是机械地灌输知识与引导练习，学生很多时候觉得上排球课只是完成任务，学习体验自然是很糟糕的。利用内隐学习理论更多的是引导学生感悟与思考，在不经意间发现了自己已经掌握了某个技能，更能激发学生的自信心与愉悦感，这样的学习体验是非常棒的。比如学生在练习拦网起跳时，学生原本的起跳高度达不到要求，教师不会要求学生在课后跳高一百下、两百下，这样只会白白地增添学生的负担。这时教师只要鼓励学生："下一次会跳得更高的。"学生在每一次起跳时都会想起这句话，自然而然更加用力起跳。而经过一次次尝试，学生会发现自己比以前跳得更高了，这种感觉是非常愉悦的，也激发了学生的信心。

总而言之，排球教学在高校体育教学中有着重要的作用，对于提升学生的身体素质与综合能力有重要意义。但它又是一项复杂而系统的教学实践活动，在教学过程中会受到诸多不可控因素的影响。而借助内心学习理论，引导教师通过变换环境、语言、表情和动作暗示等实现有效教学，有利于提高学生的想象力、记忆力与创造力，从而促进学生的全面发展。这就要求教师在今后的教学中，要加强对内隐学习理论的研究，采取更有效的策略将其落实，获取更好的教学效果。

第二节　高校排球运动训练创新

一、影响高校排球教学质量的因素

（一）教练因素

在高校教学中，学校可能对正课较为重视，而对高校排球没有那么重视，导致学生和教师都对高校排球产生了轻视的严峻现象，针对这一现象，必须要维护高校排球。首先，要从招聘高校排球教师的严格规范上做计划，在招聘排球教师时，必须要求其经过专业知识的训练。现在的很多高校排球教师专业知识都不够扎实，导致教师在教学中不能很好地回答学生的问题，产生课堂懈怠的情况。其次，对于高校排球教师必须要求其仪表端正，为人正直，富有责任感。在进行排球教学的时候，教师一定要进行预先准备。

高校排球教师必须要经过严格的训练，在课堂中要对学生保持认真的态度，在教学中要保持严谨的态度，不断地提升自己，为高校排球的完善做准备。

（二）学生因素

在练排球的过程中，技术难度会随着课程的增多而慢慢加大，学生身体素质较差，无法将力量集中，球体无法落到控制区域，学生便无法掌握排球技能。其实，排球对于我们的身体和生活都有很大的益处，要了解到它的优点，并努力地学习排球。学生每天都是坐在班里学习，缺乏体能训练，他们的身体素质很有可能会下降，导致在排球练习时出现参差不齐体力跟不上的现象。排球对身体的各项协调能力要求很多，随着排球课一节一节增加，每节排球课的难度也在逐渐增大，这样可能会使学生越来越跟不上练排球的强度。而大多数家长对学生练排球的支持力度也不够，导致学生对排球练得好坏与否也不那么重视。

二、提升高校排球教学训练质量的有效措施

（一）软硬结合式训练法的应用

传统排球的训练方法比较单一，主要注重学生在发球、跑位等主要标准的提升，而这些内容往往是学生自己在练，可能会产生没趣、乏味的现象，这个时候就要实行现如今的软硬结合式训练，提高学生的积极性。垫球和传球技能是通过学生之间的互动提高的，这样能提高学生的积极性。在垫球的过程中，教师要帮助学生克服心理问题，不用担心垫球会伤着自己，排球本身的球体是非常轻的，不可能会伤到自己，最多就是在训练初期手腕上方会出现青紫的现象，这是练习排球必须经历的，不需要过分担心。学生在垫球过程中，先减小双方之间的距离，身体应该往前倾。因为排球比较轻，学生在进行垫球的时候要加大力度。在传球的过程中，学生要提高自己的敏捷度，在球传来的时候保持高度紧张。学生在排球训练时，要减少对排球的恐惧感，不断地进步，不断地提高自己，顺利度过过渡期。

（二）培养学生对排球的兴趣

在排球训练中，单一的训练模式肯定会让学生感到枯燥乏味，这时候教师就需要插入故事进行教学。在教学的时候，可以宣传中国女排的精神，让学生感受到中国力量的伟大、中国女排精神的可贵。中国女排的精神值得人们学习，教师与学生要努力地练习排球，要坚持不懈。练习排球的时候，教师不可过度地对学生进行严格要求，因为排球课没有正课那么多，而进行排球的训练时间也少之又少，所以教师要根据每个学生的进度做出不同的计划，不能对学生太过压制，这样会适得其反。在教学生练习排球时，一定要先让学生打好基础，打好基础是练好排球的关键，不可急于求成；要根据每个学生

的情况进行定位；学生之间不可过于计较输赢，个人的身体素质不同，接受排球的时间也不同，导致对排球专业的接受度也不同，所以每个学生最先应该做的就是努力学习排球基本技能。

（三）加大资金投资，完善训练设施

为了进一步提升高校排球教学的质量和效果，教师要增强学生的实践能力，让学生通过练习或者实践活动来提升自身水平。因此，在高校实际的教学过程中，应该加大资金投入，积极购进先进的教学设备，同时在校园内修建排球场地。对于一些比较陈旧以及损坏的教学设备，学校应该积极维护和更换，保证学生在练习过程中能够具有安全性，为学生营造一个良好的排球训练环境，提升训练质量，进而提升学生的排球水平和技能。

（四）完善排球教学训练体系

在高校排球训练期间，由于其训练内容会涉及很多的方面，因此，学生在训练的过程中，应该合理地运用排球运动的技巧。同时，在实际的训练过程中，为了能够减轻学生的学习负担，提升学生的排球技能和水平，教师应该不断完善教学训练体系，对学生的自身需求进行合理分析，有针对性地进行训练，提升学生的整体水平。此外，教师要不断推进高校排球教学训练的改革进程，建立新的训练体系，根据学生的发展需求，切实做到因材施教，让学生能够学以致用，确保学生所学的技巧和技能都可以熟练应用到比赛中，提升训练质量，进而为学生的未来发展奠定坚实基础。

（五）适当开展排球比赛

对体育运动项目而言，学习技术的最主要方式就是参加比赛。学生通过比赛，可以不断地总结经验和教训，提升学习热情。因此，为了进一步提升高校排球训练质量，在进行排球训练期间，教师可以利用学生的热情和积极性，通过比赛调动学生的趣味性，引导学生主动地参与和学习排球，让学生将"要我练，要为学"转变成"我要学，我要练"。此外，在实际的排球比赛过程中，教师应该根据学生的参赛情绪，合理地激发学生的运动参与和运动潜能，从而实现锻炼学生身体、心理的效果和目的，保证可以有效提高学生的排球水平，进而确保学生可以朝着良好的方向发展。

面对现阶段影响高校排球训练质量提升的因素，教师应该根据实际情况合理地分析学生的水平及特点，保证可以从根本上提升排球训练质量。此外，在排球实际训练的过程中，教师应该与时俱进，跟上社会发展的步伐，主动学习一些先进的训练方法，在教学中不断总结不足，积极改善教学观念，加强学生的身心素质，保证学生的排球水平能够得到提升，进而促进学生的未来发展。

第三节 高校排球课程教学方法创新

一、体育运动技能课丰富教学方法的原因

常用的体育教学方法有以语言传递为主的讲解法、问答讨论法等,以直接感知为主的示范、演示法等,以联系为主的分解、完整练习法,循环、重复练习法,等等。一些教师认为体育教学方法受旧的教育观念、课程理念的影响,教师在上课过程中使用的教学方法过于单一。体育运动技能课与其他理论课的学习有不同之处,体育运动技能的学习是一个动态的过程。正是由于运动技能的学习要在长时间、相似程度高的刺激中进行,学生容易出现体育学习心理疲劳。体育学习心理疲劳通常由学生对单调重复的练习方法产生的倦怠感造成,不仅会使学生在练习运动技能时心不在焉、产生错误动作,长此以往,还会使学生降低运动能力,进而影响体育学习效率。

以排球为例,排球运动属于团体项目,想要进行排球比赛,要求场上每个成员都要掌握基本技术。排球教学有其自身的特点,总的来说,排球教学分为技术、战术、实践三个部分。技术又分为准备姿势、移动等无球技术和发球、传球等有球技术。每个基本技术的学习都要求教师突出重点与难点,处理好基本技术与比赛时应用技术的关系。所以,教师在排球教学过程中要根据教学目标、教学对象和教学内容来选择或创新有利于学生学习的教学方法,提高学生的学习兴趣,掌握准确的基本动作。

二、排球技术课创新教学方法

(一)娱乐教学法

对经历过初中、高中体育课的学生来说,高校体育课特别是排球技术课应该设计得丰富、有趣,教师应捕捉到一节课的"娱乐元素",避免学习氛围的枯燥。

在使用娱乐教学法的过程中,教师应注意合理安排、调整娱乐的时间和阶段。更值得注意的是,要时刻将安全放在第一位,在课程开始之前说明规则,并及时调整时长和负荷度。在使用娱乐教学法时要注意各队员的基本技术掌握情况,将各队实力平均分配,以免强弱差距过大,影响学生学习的积极性。

(二)游戏教学法

游戏教学法就是以游戏为形式开展教学。在高校排球教学中使用游戏教学法有良好的效果,因为排球运动源于游戏,使用游戏教学法可以提高学生的学习兴趣和学习积极

性。徐加奎认为最好的学习方法就是在激发学生的学习动机与兴趣的同时，促进学生学习态度的转变。他提到，美国著名心理学家布鲁诺说："最好的学习动力就是学生对所学知识产生浓厚的兴趣，而最能激发这种学习兴趣的方法便是游戏。"他通过实验研究证实游戏教学法有利于活跃上课学习环境，有利于提高学生的运动能力与学习技能的兴趣，更重要的是影响学生学习态度的转变。

（三）比赛教学法

比赛教学法是在规则范围内通过比赛竞争来完成教学任务的方法。对排球选修课学生来说，排球教学首先注重体验和运动参与、培养和提高比赛能力，其次注重排球的基本技术与战术的提高、身体素质的提高，只有一部分学生注重关于排球运动文化的传播。研究者通过实验研究认为比赛教学法在排球选修课中切实可行，通过比赛教学法，学生的学习兴趣、学习态度都有提升，运动能力也明显提高，课堂气氛活跃，学生积极学习基本技术。

（四）移植教学法

成功学教学法与多元智能理论教学法都属于其他领域的理论在体育教学方面的引用，因此，对教师要求较高，要加强学习成功学与多元智能理论的知识，在对知识充分理解掌握的情况下"举一反三"，切忌滥用。

第四节　高校排球教学优化创新

随着时代的发展，创新已经成为推动社会进步和国家富强的必要因素，教育事业的发展也是如此。随着教育改革的深化和加强，高校体育教育不再仅仅满足于学生成绩的提高，而更加注重"阳光体育"的教学理念。"阳光体育"旨在激发学生体育运动的积极性，培养学生身心健康、科学的终身体育习惯。结合新课程改革的相关标准，高校排球教学模式的创新要求教师要尽可能地拓展排球运动的实际功能与价值，给予学生更好的学习体验，结合高校学生的个人能力与兴趣特征来针对性地进行创新和改革。

一、确定学生的课堂教学主体地位

兴趣是学生学习的内部动力。在高校排球教学过程中，要想实现高效体育教学课堂，教师就需要充分发挥学生的主体地位，增强学生的学习兴趣与学习积极性，以激发学生对排球运动的持久兴趣。这样就能够从本质上激发学生的内在潜力，让学生自发地参与排球学习和排球运动。高校体育教师还需要尊重学生的个性特征，并结合生本理念打造适合学生未来发展的生本课堂，及时确定学生的课堂教学主体地位，以此来提升学生的身体素质和能力。

传统教学方法主要是让学生进行模仿练习，忽略了学生在教学中的主体地位。分层教学、分组教学、探究教学、俱乐部教学模式等均更加强调学生在教学中的主体地位，注重因材施教和快乐参与，让学生在学习中由被动学习转变为主动学习，充分挖掘学习的潜能。利用分组学习法，教师可以将学生按照个人排球技能水平来划分成不同的学习小组，组内成员划分合理，将水平较高和技巧存在缺陷的学生进行均匀分配，在课堂练习时，在小组内首先进行动作的练习，由同组成员负责纠正错误动作，以此来实现互帮互助。这样学生的整体学习过程就能变得更加丰富，实现良好的自我纠正、自我分析和自我评价。在分组教学中为了进一步提高学生学习的自主性，发挥主体性和创造性，利用"翻转课堂"教学，还可以增进学生与学生以及学生与教师之间的合作和交流能力，提高学生的身心素养和社会适应能力。分层教学模式更能突出学生的主体地位，促进学生全面发展，增强合作与竞争意识。而在高校排球教学中引入俱乐部教学模式，按学生的不同技能水平进行分组教学，可以更好地提高排球教学质量，进一步推动校园排球的可持续发展，提高学生的运动水平。

排球教学模式的创新不是完全抛弃传统常规的教学方法，而是根据教学内容和学生主体的不同，进行有针对性的、个性化的、多元化的教学，是一种以因材施教思维为指导的教学模式，从而使高校排球教学满足不同层次学生的学习需求，激发学生主动学习和自主学习的欲望，提高教学质量和教学效率。

二、优化丰富排球教学内容

随着社会的进步和时代的发展，排球文化的作用和地位日益凸显，女排精神曾经激励了一代又一代人为实现梦想而拼搏奋斗。因此，高校排球教学内容首先要适当增加排球文化教学内容，让学生能够认识到排球运动的魅力与价值，从而积极主动地学习排球。

在高校排球教学内容中，通常以技能传授为主，以学习排球传球、垫球、发球等基本技术的学习作为教学重点。教学内容简单化的特点，导致学生对学习排球运动缺少兴趣和积极性。排球教学内容要以快乐体育、阳光体育、终身体育的教学理念为指导，要更加关注学生对运动趣味性的价值体验和成功体验。在技术教学中要结合学生的个人身体素质，科学安排教学内容的难易程度，提高学生的学习自信心，给学生更多的成功体验，这样才能充分调动学生学习的积极性。排球运动具有激烈对抗性特点，排球比赛精彩又激烈，因此，教学内容的选择要保留排球运动的观赏性与趣味性，通过观看排球比赛视频、组织学生参加排球比赛，激发学生的学习兴趣。

三、增强排球课堂的趣味性，提升学习体验

为了获得更好的教学效果，高校排球课程在实际布置的过程中就需要秉承"快乐教

学"的理念，不断对传统排球课堂教学模式进行创新与改革。为此，教师首先要改善自身的教学语言，拉近与学生之间的距离。风趣幽默的语言能够避免排球教学过程出现沉闷的现象，吸引学生的注意力，并让学生更好地进入学习状态之中。随着时代的发展和科学技术的进步，现代教育技术手段也不断提高，多媒体教学给传统的教学模式注入了新的活力。教师在教学过程中可以结合信息技术手段来培养学生对排球运动的兴趣，激发其学习积极性，不仅使学生在教学过程中充满着学习热情，整体的教学效率也会有所提升。在排球技术教授之前，结合多媒体教学设备为学生播放动作演示视频，并截取相应的赛场片段，让学生能够在这种直观性的排球动作展示中领会到此动作在整体比赛中的重要地位，也更容易让学生建立动作表象，帮助学生尽快掌握动作。教师还可以在体育课程授课的过程中适当增加音乐元素，让体育和音乐进行有机融合，从而营造出更加轻松愉悦的学习氛围。趣味性的排球课前热身活动也是必不可少的，教师可以从互联网上积极寻找各类创新型的课前热身活动，从而在营造课堂氛围的同时激发学生的学习兴趣。

在排球教学中，组织教学比赛是必不可少的。为了使学生获得成功的学习体验，增强趣味性，教师可根据学生的身体素质和技术水平，修改比赛规则降低难度，以提高学生参与排球比赛的兴趣。游戏教学法、比赛教学法、情景教学模式法在排球教学过程中都能使学生从实战应用中获得自我感悟，提升学生的自主学习能力，使学生养成良好的合作与竞争意识。这能够增强学生的学习兴趣，增加学生参与游戏和比赛的积极性，增强学生对排球基本知识和运动技能的理解，能更好地解决传统教学模式所带来的问题。高校排球运动的可持续发展，对于学生的未来发展尤为重要。

四、改善考核方式，提升学生的过程性感受

传统的排球教学考核评价以学生的最终学习成果为主，这种终结性考核评价方式缺乏全程监督性，也难免会使教学效果的评价缺乏客观性、合理性。虽然这种考核方式综合性较强，但是在一定程度上受到学生原有身体素质和机体反应能力的影响较大，对部分学生而言并不公平，也不利于激发学生在学习过程中的积极性。为此，教师可以在考核的过程中实行阶段性测评，重视对学生学习成果和思想意识等方面内容的考察，并进行及时性的考核。对学生的学习效果做合理的阶段性、过程性的考核，学生能够得到更及时的学习效果反馈，有利于提升学习效果。教师可通过这种方式来不断激发学生的学习热情，增强其参加排球体育锻炼的勇气和信心。对此，高校体育教师在对学生在课堂上的表现进行评价时，一定要改变传统从严、过紧的评价方式，必须减少对学生的惩罚和过多的批评，而是在教学过程中多使用即时性的激励评价手段，时刻保持学生的学习与训练热情。

综上所述，要想高校排球运动体现出自身的独特价值，就需要改善传统教学模式，结合当前的教学现状和问题进行分析研究，进行有针对性的、个性化的、多元化的教学；结合学生的发展特点和心理情绪设计合理的教学环境，营造出更加轻松、愉悦的教学氛围；要丰富高校排球教学内容，提高排球教学课堂的趣味性，创新考核评价方式，以此来提升教学的时效性，提升学生对排球运动的兴趣。

第五节　高校排球课程教学评价体系创新

一、我国高校排球教学评价体系中的弊端

所谓评价，就是依据特定的目标和准则针对评价对象实施价值判断。而教学评价也就是将教学目的和教学原则所呈现的要求为基础，针对教学结果做出公正、客观的判断。在这其中包括很多方面的内容，如教学结构衡量、教学方法应用、教学过程反馈等各种价值判断。所以，科学、合理的教学评价能够给教学目标的实现程度、教学价值取向等各方面形成直接的影响。高校体育专业当中进行成绩考核通常是利用理论和技术相结合的评价方式，而排球考核模式也属于其中非常重要的一项内容。经过调查之后发现，一些高校都是利用比较固定的考核方法，也就是理论知识考核成绩、技术成绩及平时成绩这三个部分按一定比例融合而成最终的成绩，通常三者的比例为3∶6∶1。其中，理论知识的考核主要是利用闭卷测验的方法，而技术考核则主要是评价学生对于排球运动当中传、发、垫以及扣等各种基本技能实际的掌握情况。教学考核当中规定，学生在理论成绩和技术成绩方面（包含身体素质达标）必须全部合格之后才能计算最终成绩，从而实现达标。就评价性质层面来说，有三分之二的高校利用过程评价与终结性评价相结合的评价方式，而其他的高校则只利用终结性评价的方式。我们可以发现，高校排球教学活动在评价方式方面欠缺良好的全面监督性，有些高校就算利用到了平时成绩的这种考核方法，不过在实际的评价体系当中所占据的比例却是非常小的。这也给教学进程的客观评价形成了阻碍，最终还是主要以学生的期末达标测试成绩对他们的学习效果进行评价，所以对学习效果的评价欠缺一定的合理性。这种情况的出现导致了评价体系价值以及功能方面具有严重的缺失，甚至会将实际的教学成果模糊化。要是高校长期利用这种一切由成绩衡量的评价方式，将会培养出学生急功近利的投机意识，这与排球教学的本质和目标是相互背离的。

对高校排球教学模式做出进一步分析，我们将高校排球教学评价体系当中所呈现的弊端具体总结为以下几个方面：①排球教学目标中规定了要重视学生在技术和能力多方面的培养，应该实现二者的同步提高。不过在实际的考核模式当中，大都更加重视对学

生排球技术进行测评，并没有关注到学生对于排球技术的应用能力、组织能力和学习能力进行考核，造成学生对于技术和能力实际的关注程度严重失衡。②高校对于技术评价以及达标所形成的认识有一定的欠缺，而且排球测评经常会受到一些外界因素的干扰，还会受到学生主观因素的影响，所以一次性的达标成绩根本无法代表测试结果的公正性。③还有部分高校忽略了过程评价所具备的重要性质，欠缺对于学生学习情况和学习动态的监护，对结果性评价方式的利用非常容易让学生形成逆反心理。有一些实践性方面的技术与能力只有在日常学习当中才能得到良好的体现，所以只重视总结性评价的方式缺乏良好的客观性。④教师与学生之间的互动和交流比较少，在评价体系当中只有针对学生学习成绩的评价，并没有学生和教师之间所进行的自评与互评。

二、高校排球教学评价体系的重要作用

（一）培养学生的自主学习意识

因为传统形式的高校排球教学评价体系呈现出评价标准、评价手段等方面严重的强制性以及单一性问题，导致高校学生将通过达标测试当成对排球课程学习最为主要的目标。而为了更为顺利地达到标准，学生在进行排球知识学习的时候，只会对体育教师示范的各种技术动作进行观察之后，机械地模仿和练习，而这样枯燥、乏味的学习过程，非常容易造成学生对于排球知识的学习形成严重的厌恶心理。此外，达标测试是对学生的学习成绩进行评定的唯一方式，让达标成为每个学生进行学习之后必须经历的步骤，让学生在学习排球知识和技术动作的时候形成较大的心理压力，长此以往，会让学生对于学习活动出现严重的恐惧心理。而对于高校新型排球教学评价体系的构建，实现了对传统评价体系所具备局限性的突破，把以往的达标测试当作评价手段当中的一种，让技术考核跟能力评价之间实现了共同发展。利用这样的评价方式，不但可以更好地缓解学生对学习排球的心理压力，不会在学习的过程当中出现厌学心理，而且能够更好地激发他们对于学习排球的兴趣，更主动地融入到学习过程当中，逐渐培养出更为优质的自主学习意识。

（二）提升学生对学习排球的自信心

对教学评价体系的创新最为主要的目的在于破除以往强加给学生的束缚和枷锁，让学生逐渐由被迫学习转化为主动学习，从而使教学活动呈现出更好的人性化特征，更好地彰显出"以人为本"的新型教学理念。而就我国高校排球教学实践的整体情况来说，所应用评价体系过于陈旧，导致学生在学习自信心方面受到了严重的打击。而这种自信心的欠缺，不仅表现在他们因为担心自己不能通过达标测试，继而出现的一种心理上的恐惧，同时也表现在由于自己素质基础比较薄弱，有时很难对一些动作技术要领形成良好的把握，继而形成一种自卑心理。此外，还有些学生由于对排球运动所具备的重要内

涵认识比较肤浅，所以在实际学习的过程当中表现出了很大的迷茫和困顿。所以，依据学生具体的素质特征以及发展方向，在教学过程及教学评价体系设置的工作当中，应该将人文元素充分地融入到其中，从而建立起能够显示出更好实效性及适应性的教学评价体系。在此种新型评价体系的促进之下，学生将会对学习排球更加充满信心，继而让教学评价呈现出更好的实用效果，促进高校排球教学更为健康地发展。

（三）和谐排球教学氛围的构建

优质的师生关系属于对和谐、健康教学氛围加以营造，继而获得更好教学效果的前提和基础。而在高校排球教学实践当中，由于传统教学评价标准相对来说较为苛刻，导致有很多体育教师为了保证教学效果，让达标率能够符合教学评价需求，继而向学生强制性传授和规范一些内容。而这样的教学方式不仅会影响学生的学习兴趣，还会让学生与教师之间的关系变得十分紧张，导致排球教学活动的开展最终无法呈现出良好的教学效果。所以，对教学评价体系的创新、设置具备人性化特征的评价标准，从而破除由于强制教学手段作用而出现的各种不和谐因素，营造出一种健康、开放、和谐及愉悦气氛的教学环境，让学生与教师之间在信息沟通和情感交流方面更加流畅，继而构建起彼此之间相互信任、尊重、理解和支撑的一种新型师生关系。这对教学目标的实现、教学效果的提升具有非常重要的意义。

三、高校排球教学评价体系创新和发展的途径

（一）构建促进学生综合素质发展的评价理念

传统教育模式下的"唯成绩论"属于在以往应试教育的思想之下而形成的突出功利意识的一种教学理念，而正因为受到这种陈旧教学理念的影响，高校在开展排球教学活动的过程当中，对所有教学环节的设置重心都是对达标率的盲目追求。这也就导致了排球教学在使用价值方面越发低下，教学评价最终呈现结构失真等问题。随着新课程改革的不断推进，素质教育更加强调培养学生的综合能力。在素质教育全面推进和普及的大环境之下，对高校排球教学提出了新的要求，在价值取向方面需要将培养、以及促进学生所具备排球综合素质和能力作为基本目标，对教学体系进行更好的构建和完善，实现高校教学体系的创新和发展。而与教学评价体系相对应的是，应该积极摒弃以往"唯成绩论"形式的评价意识，构建起具有多元化特征的评价目标，从而实现针对学生综合素质和能力培养的新型教学理念，将评价效果作为基础，促进高校排球教学更为健康地发展。

（二）将人文管理元素融入教学活动当中

评价手段单一化及评价标准苛刻化，属于传统高校排球教学活动所应用评价体系当中最为明显的弊端，同时也是导致评价效果失真、评价职能缺陷的重要因素。所以，传

统教育模式下具有强制性特点的评价体系已经显得无法适合教学改革和学生发展所提出的要求，跟"以人为本"的基本教学理念严重背离，成为导致学生出现厌学情绪，教学活动使用价值较低的根源。所以，在"以人为本"现代教育理念的引导之下，应该积极结合广大学生所呈现出的发展需求及兴趣导向，将人文元素充分地融入其中，继而对传统评价体系形成全面的优化、重组及创新，显现出对教育行为主体的尊重和肯定，积极利用更为人性化的教学手段，更好地促进学生在自主学习、自我发展方面意识和能力的形成，促进教学效果进一步提升。

总而言之，排球教学对于学生综合素质的培养具有十分重要的作用，只有切实从教学理念的革新入手，对教学评价体系不断地做出创新，继而促进教学活动更为高效地开展，才能获得更为优质的教学效果。相关教育工作者需要积极探索，对国外的一些教学方法和教学理念加以借鉴，继而与我国高校整体排球教学的实际情况相结合，创建出一套更加符合我国国情的教学评价体系，为国家教育事业的发展注入源源不断的活力。

第五章 高校排球教学多元化模式的应用

第一节 高校体育教学模式的构建

一、身体锻炼体育教学模式

（一）含义及教学指导思想

以发展学生的身体素质为主导，遵循学生生理、心理起伏变化规律和负荷与休息合理交替的规律，把教学过程分为准备、负荷、调整、负荷、恢复等几个阶段。在教学过程中，发展学生身体，增强学生体质，全面完成体育教学任务。这种思想主要源于传统的体育观，主要受体制教育思想影响较大。

（二）教学过程的结构特征

教学的单元设计是以某一项运动技能学习为主线，然后根据所教运动技术的特点组织相应的一套身体素质练习作为锻炼身体的内容。在每一节课的后半部分，加进一个"身体锻炼"的环节，时间在5~10分钟，要求锻炼的内容与运动学习的练习相对应，追求身体的全面锻炼，多采用循环练习法等。

二、快乐体育教学模式

（一）含义及教学指导思想

快乐体育教学模式是近年在国内外的快乐体育思想下形成的教学模式。其教学指导思想是让学生在掌握运动技能和进行身体锻炼的同时体验到运动的各种乐趣，并通过对运动乐趣的体验逐步形成学生终身体育的习惯。该教学模式主要是遵循运动情感变化规律来设计单元和教学课的。

（二）教学过程的结构特征

由于运动的乐趣来源于多方面，因此，使学生体验乐趣的教学途径也比较多样，类似的教学模式也比较多。但其教学过程的共同特点是具有一个或几个体验运动乐趣的环节，有时这些环节互相连接、层层递进，使学生能体验到运动学习、挑战、交流和创造的多种乐趣。这类教学模式多采用游戏法、挑战性法、集体性比赛法、小群体学习法等教学方法。

三、成功体育教学模式

（一）含义及教学指导思想

这是近年来在国内"成功体育"教学思想指导下逐步形成的教学模式。在国外，如日本和澳大利亚，都有类似的体育思想和相近的教学模式，这是一种主要面向学习有困难的学生，主张让每个学生都体验到运动学习乐趣，积累小的成功为大的成功，以形成学生从事体育运动志向和树立学习自信心的教学模式。该教学思想有如下特点：

（1）主张让学生多体验成功但不否认过程中的失败。

（2）既强调竞争的作用也重视协同的作用。

（3）主张将相对评价与绝对评价相结合。

（4）主张营造温暖的集体学习氛围。

（5）强调既懂又会的学习效果。

（二）教学过程的结构特征

其教学过程结构的特点是在单元的前期和后期都有一个经过改造的练习或比赛方法。这些方法多采用"让位""相对评价"等手段，将练习和比赛变成一个使不论技能好坏的学生都能参加和享受到成功乐趣的活动。通过引进环节使每个学生都有一个针对自己条件的努力目标，帮助学生建立起学习自信心，最大限度地激发学生的学习积极性。

第二节 情景教学模式

一、情景教学模式的定义

所谓情景教学模式，即教师通过对教学目标加入形象生动的场景，来引发学生身临其境的体验和感觉，并引导学生积极思考、理解教学内容的一种教学方式。它能够帮助学生快速地理解教材内容，充分调动学生学习的主动性和积极性，挖掘学生自我潜能，从而达到教学目的，提高教学效果。

情景教学模式具有三个特点：①直观性：教师在教学过程中根据相关内容，利用学生已掌握的理论知识，通过具体的影像、图片等，增强学生对事物的直接感官经验，使理论形象化、具体化；②趣味性：教师可以利用新闻、比赛、案例等与教学内容相结合，通过生动幽默的语言表达方式活跃课堂气氛；③生动性：教师在教学过程中要善于利用肢体语言、示范动作和教学的方式方法等，调动学生的情绪，激发学生学习的兴趣。

体育教师合理运用情景教学模式能够很好地激发学生学习排球的兴趣，与传统体育教学不同的是，它更好地迎合实际训练教学目的，提高学生参与排球运动的兴奋度，产生良好的师生互动效果。并且，情景教学模式的针对性极强。在情景教学中，体育教师不仅可以根据模拟训练中可能产生的问题（如发球技巧、运动损伤等），进行一一解答，提高教学质量，还可以培养学生的实际操作能力，充分调动学生的互动性和参与性。

二、排球教学中情景教学模式应遵循的原则

在高校排球教学过程中，体育教师使用情景教学模式时要注意与排球运动和训练技术的特点相结合，积极引导学生学习排球的兴趣，帮助学生树立自信，以培养更多优秀的排球运动选手。

（一）遵循排球运动和排球技术的特点

体育教学一般是参照该运动项目和其技术的特点开展的。因此，教师需合理利用这些特点设计教学内容，有针对性传授理论知识和实践经验，对相关问题逐一击破。这可以让学生更快速地参与到排球训练和竞赛中。

1. 排球运动的特点

（1）群众性：排球运动的场地设备比较简单，比赛规则也容易被人们掌握。不论比赛还是训练，排球运动受场地约束较小，适用于不同年龄、体质、性别、水平的人。

（2）全面性：根据排球运动的规则，每个队员都要进行位置轮转和跑位。因此，这需要每个队员都完全掌握所有位置的技能，便于集体内部的密切配合。

（3）技巧性：根据排球比赛规则规定，比赛中球不能落地，不允许持球、连击。击球时间非常短暂，击球空间又有多变性，这决定了排球具有高度的技巧性。

（4）对抗性：排球比赛中，双方的攻守互动一直在激烈的对抗中进行。高水平比赛中，对抗的关注点在拦网和扣球上。在一场比赛中，每夺取一分时长需要经过多个回合的较量。技术水平越高的比赛，双方的竞争抢夺也越猛烈。

2. 排球技术的特点

（1）完成各种技术动作的时间短促。

（2）各种技术动作都是球在空中飞行时完成。

（3）大多技术具有攻防两重性（如拦网、传球、垫球）。

（4）身体各部位都能触球。

（二）重视学生的能动性

体育教师在使用情景教学模式时，可以利用排球比赛的纪录片或者真实案例，在课堂上与学生共同探讨比赛和案例中出现的失误、原因和规避措施，从而引导学生思考问题的主动性和探索性，培养其学习排球技能的兴趣。因此，这也要求教师在备课时需提前预设好提问的问题和相关答案。

（三）教师要积极鼓励学生

在排球技能训练中，因受到学生对理论知识吸收程度和体质等因素的影响，体育教师的教学效果反馈是不同的。有些学生因体质较差而跟不上训练的节奏，心里容易产生落差，从而易厌烦和抵触排球运动。而情景教学模式可以在课堂中模拟演练，体现出学生训练时的薄弱之处。教师能够更有针对性地解决其问题并提高学生的技术能力。此外，教师还需要在训练中主动褒扬学生的细微进步之处，对学生正确的设想要给予肯定，不正确的做法及时纠正，积极发现学生的潜在能力，帮助学生树立自信，培养学生积极参与的主动性，从而提高教学质量和效率。此外，通过教师的激励，学生慢慢积累实践经验从而达到由量到质的转变。这不但能够充分激发学生学习排球技术的兴趣，还能提高其心理素质。

（四）善于归纳和总结教学经验

体育教师应在课后或者训练后积极总结自己的教学经验。教学效果决定了是否达到了教学目标。好的教学效果包括学生积极参与并回答问题，热烈讨论并对深层次的知识进行探究，师生互动频繁，等等。反之亦然。因此，教师要对自己的教学内容设计和教学方法不断进行自省，并对不好之处及时改进。教师不断归纳总结教学经验，不仅有助于培养学生理论知识和技能，而且能够提高自己的专业水平，丰富自己的阅历。

三、情景教学模式要与教学实践相结合

（一）用心备课

体育教师在备课时，要对教学大纲和教材进行全面分析。根据学生实际的技术和体质水平等设计教学目的、重点和模拟竞赛情景，并预设好相关的问题和解决方案。同时，体育教师需要不断提升自身专业知识，研究排球运动的技术、战略和练习方式，方便日后的教育教学。

（二）善用多媒体教学

传统教学注重排球技术理论知识的讲解，教学方式比较单一，学生在学习过程中容易产生厌学的情绪。相对而言，多媒体教学较为形象具体，更贴合实际训练内容，能够调动学生学习的积极性和主动性，激发学生的内在学习动力，从而提高教学的效率。体

育教师可以利用课余时间制作多媒体课件，帮助学生更好地学习和掌握排球技术，对常见错误动作进行强调和纠正。例如讲解正面传球技术时，很多学生在训练过程中都会出现动作不规范的问题。再如，在扣球运动变化中，如何改变扣球方向，避开对方拦网。教师可以在课件中体现这方面的相关教学内容，帮助学生掌握技术要领，纠正错误行为。另外，课件中也要体现运动损伤相关知识内容，重点强调运动安全问题，保证学生吸取知识的同时，培养其安全意识。

（三）合理分组

为了培养学生在比赛、训练中的合作意识和默契，教师在训练教学过程中可以将水平相差较大的学生分为一组。这不仅可以促进学生之间的情感交流，还可以实现双方互助，共同提升，从而提高教学效果。教师对学生合理分组不但有利于学生突破学习难点，激发其潜在能力，还有利于使教师的教学内容更有针对性，更有效地提高教学的质量。

（四）巧妙运用模拟演练教学

在进入高校之前，大部分学生的排球技术水准都比较低。在进入高校后，他们才开始真正学习排球技术。为了加强排球的系统理论知识学习和实战水平，体育教师可以根据教学环境在课上进行模拟演练教学，创造比赛氛围。比如在模拟比赛中，其中一名队员拦网起跳过早。教师同时作为裁判员和解说员，可以对旁观比赛的学生进行拦网技术讲解并针对拦网技术常见错误和改正方式进行指导。又如，如何在比赛中进行发球个人战术。教师可以现场对不同的发球技术加以演示。教师要合理利用比赛教学、现场演示等教学方法，帮助学生快速理解掌握其诀窍，从而提升学生的技术水平。

（五）教师要注意自身动作的规范性

对学生而言，体育教师在排球技术训练中的每个动作都是具有示范性的。所以，教师在应用情景教学模式时要与学生共同训练。在练习过程中，教师可以在实战演练中利用自身专业水平优势，对学生言传身教，实际指导。这可以帮助学生更准确地掌握要领技巧，从而提高教学质量和效率，完成教学目标。与此同时，这也要求体育教师要不断进行专业练习，提高自身专业素养和水准。

四、排球情景教学的目标

排球运动是一个团体性的竞赛项目。它不仅要求队员掌握每个位置的技能，还要求队员之间要相互配合。在情景教学模式下，学生不但要从内在动力出发系统学习排球理论知识，而且要培养自己的合作意识。

（一）提高学生学习排球技能的兴趣

教师应充分利用情景模式教学的特点，丰富教学和训练内容，从而激发学生的内在动力，使其对排球运动产生浓厚兴趣，积极参与比赛和训练，提升教学效果。

（二）培养学生的合作意识

训练和比赛是建立在有效地掌握理论知识基础之上的。通过多次的训练和比赛，教师可以培养学生相互之间的信任和合作意识。好的排球战队需要队员之间密切配合，才能赢得比赛。这也对学生未来的全面发展有着不可忽视的作用。

第三节 团队教学模式

现阶段，高校在展开体育排球教学中还存在实践教学缺乏的情况，导致体育排球课程无法发挥出应有的作用，大学生身体素质无法得到提升。因此，教师需要创新公共体育排球教学模式，在公共体育排球教学中使用团队教学模式，让大学生展开小组学习，在小组学习过程中发挥学生集体优势，为社会培养更多人才。

一、团队和团队精神

（一）团队的含义

目前关于"团队"并未形成统一定义，对于团队的定义有许多种，如"团队是由两个或两个以上的人组成，通过彼此之间的相互影响、相互作用，在行为上有共同规范的一种介于组织与个人之间的一种形态""在一个特定的工作环境中，由一些技能、知识乃至气质上互补的人员，为了达到一个相同的目标而一起工作、共同担负责任的一种小型群体""团队由一群能够共同承担领导职能的成员组成，他们共同努力，以各自的方式在所处的环境中共同完成预先设定的目标"。国际知名的《团队的智慧》的共同作者琼·R.卡曾巴赫、道格拉斯·K.史密斯对团队做了如下的定义："团队就是由少数有互补技能，愿意为了共同的目的、业绩目标和方法而相互承担责任的人们组成的群体。"斯蒂芬·P.罗宾斯的看法为："团队是由两个或两个以上相互作用、相互依存的个体成员组成，并按照一定规则和目标而结合起来形成的组织。"

群体与"个体"相对，是指由一定数量的个体组成的聚集体。这些个体都具有共同特点且互有联系。人们在较长一段时期内都将"群体"和"团体"混为一谈，直到20世纪90年代初，斯蒂芬·P.罗宾斯首次提出了关于团队的概念和看法，他认为"团队"是一种"正式群体"，由具有共同目标且相互协作的个体组成。由此可以看出，"正式的群体"是形成"团队"的一个基础。

"团队"与"群体"之间是有差异的，美国著名创造力教学研究专家F.E.威廉姆斯对这种差异进行了研究。他认为组成群体的成员形成一个团队的基本条件，然后催化出群体内成员之间的相互依赖性和集体合作性，最终形成了一个团队。我国的相关学者对此予以肯定，认为正式群体在发展过程中产生自主性与协作性，而以此为基本条件，逐步成长为团队。由此可见，虽然"群体"和"团队"都是由协作的个体组成，但是"群体"所包含的意义与范围更广，可以认为"团队"是在"群体"基础上组建的。

（二）团队精神的含义

团队精神是一种集体意识和协作精神，也是一种自我价值的集中体现。个人的目标实现与团队发展形成一致性是团队精神的基础，即在团队中个人能力可以得到尊重和发挥，并且和团队的发展密切相关；团队精神的核心是协同合作和集体与个人利益的统一，所有个体的发挥形成统一体，而这种强大的凝聚力和向心力，能保障高效率地实现目标。团队精神要激发的是一种强大的精神动力，这种动力可以让个体自愿为团队发展做出相应努力，甚至有所牺牲，能够最大限度地将团队与个人结合在一起。

二、团队教学模式

（一）团队教学模式的界定

总结以往各方研究经验，根据本次研究，将团队教学模式定义为：注重培养和发挥学生团队精神，把学生分成若干个学习团队，依照学习目标，在教师指导与监督下，各学习团队自主制订学习目标和计划，进行自主学习和练习，教师评价、学生自我评价、学生互相评价相结合，成员之间相互帮助和相互竞争的教学模式。

（二）团队教学模式的教学指导思想

《全国普通高等学校体育课程教学指导纲要》（下文简称《纲要》）中关于高校体育教学的要求，应使课堂教学与课外体育活动有机结合；教学方法要讲究个性化和多样化，加强指导学生学习和练习方法，提高学生自学和自练能力；学生的学习评价内容、方式和方法应多样化，在评价中要淡化"甄别"和"选拔"功能，强化"激励"和"发展"功能，要将学生"进步幅度"纳入评价的内容。另外，《纲要》通过教学目标等的设置，充分体现了"健康第一"和"终身体育"的体育教学指导思想，这是高校体育教学中的基本理念，需要在日常的教学计划中充分考虑，在这些理念下进行体育教学设计。

排球运动核心价值理念：排球运动的核心价值就是参与者以团队形式，通过密切的配合进行比赛，这种团队精神的培养过程具有重要的教育意义。只有在这种理念的指导下进行教学，才能够让学生真正体会到排球运动的魅力所在，才能够发挥出排球运动最核心的价值。

关于团队的理论：团队可以理解为正式的群体，和群体相比有着显著的优势。团队成员在"参与愿望""奉献程度""对他人的支持"三方面表现更积极；团队成员的"沟通效率"更高，"沟通方法"和"模式"更加多样化和专业化；团队成员之间的"依赖度""信任度""亲密度"加强，使集体整合为"超级个体"，最终的成绩就远远高于个体的成果总和。

（三）团队教学模式对高校排球教学的重要意义

在我国教育行业不断改革的背景下，体育教学的受重视程度逐渐加重。体育教学力求每一位大学生的身体素质都能得到提高，满足社会发展的用人需求。但是现阶段，我国高校在展开公共体育排球课程教学过程中，还存在课堂教学效率低、教学方法使用不规范等问题，导致高校公共体育排球教学无法取得良好的效果，也难以很好地提高大学生身体素质。面对此种情况，要想让大学生在公共体育排球课程学习过程中始终充满激情，做到注意力集中，教师就需要改进教学方法，在教学中合理使用团队教学模式，通过团队教学模式让大学生可以在学习过程中学会竞争与合作，做到主动学习，保证每一位大学生在公共体育排球课堂上都能积极参与活动，发挥集体力量，充分展现出凝聚力和向心力，从而学会打排球的技巧，提高公共排球教学质量。

三、团队教学模式在高校排球教学中的应用探讨

（一）高校注重公共体育排球课程指导思想的改革工作

在全民健身盛行的背景下，人们对体育课程的重视程度逐渐提升，此种情况下，高校要想顺利落实公共体育排球课程，就需要注重公共体育排球课程指导思想的改革工作，具体可以从以下两个方面入手：一方面，高校需要培养大学生"终身锻炼"的好习惯，鼓励大学生多参加体育活动，培养身体素质；另一方面，高校需要培养大学生树立正确的生活方式，并不断加强大学生心理素质、生理健康等方面内容的教学，根据大学生身体情况，针对性制定公共体育排球课程教学体系，从而保证公共体育排球课程能够顺利展开。

（二）高校注重公共体育排球课程教学内容的调整工作

现阶段，教育行业的改革对高校公共体育教学又提出了新的要求，要求培养大学生的实践能力、创新能力。面对此种情况，高校在展开公共体育排球课程教学时，就需要对教学内容进行适当调整，在排球课程教学中将重心落实到大学生，根据每一位大学生的身体需要，合理制定排球课上的训练内容，并适当融入一些操作性强的教学内容。在这种情况下，就可以充分调动每一位大学生对排球课程的学习兴趣，让大学生迅速融入公共体育排球课堂中。

（三）高校完善公共体育排球团队的教学模式

团队教学模式作为一种全新的教学模式，在教学中强调大学生集体学习，力求培养大学生团队协作能力。面对此种情况，高校要想在公共体育排球课堂上顺利使用团队教

学模式，就需要完善公共体育排球团队的教学模式，具体做到以下几点：第一，高校需要在教学过程中注重从多层次、多方面让大学生接触排球，让大学生在接触排球的过程中享受到排球带来的快乐，帮助大学生找到学习排球的动力。第二，高校需要完善排球课程的团队教学评价方式，在排球教学中注重综合性考查，对大学生展开主动评价，确保团队教学评价方式合理，能够顺利完成排球课程的教学指标。第三，高校在排球课程教学模式创新过程中，需要充分做到与时俱进，合理改善教学方式，教学中以学生为本，促使每一位大学生在排球课程学习完毕后都能提高综合素质，进而提高教学质量。

（四）高校需要注重排球教师的培训工作

教师要想保证公共体育排球课程中顺利使用团队教学模式，就需要在教学前期对排球教师展开培训工作：一方面，加强排球教师服务意识，让其在排球课程教学过程中可以做到始终为大学生服务，让大学生在排球课堂上处于主动位置；另一方面，高校需要让排球教师与大学生建立良好的师生关系，让大学生充分信任教师，愿意与教师展开团队学习，确保团队教学模式的顺利使用。需要注意的是，排球教师在团队教学模式下，需要引导大学生主动参与排球学习，为大学生设置不同的问题，让大学生通过团队合作解决问题，培养大学生团队协作能力，养成大局观念。

总而言之，在高校公共体育排球教学中采用团队教学模式是时代发展的必然趋势，不仅可以活跃公共体育排球课程的课堂氛围，还可以让每一位大学生都能掌握传球、垫球及发球的技术，让大学生在排球课堂学习过程中更加主动。与此同时，团队教学模式还可以帮助大学生实现全面发展，让大学生增强团队意识，并不断提高对身体素质的认识，在排球课堂上可以始终集中注意力，从而保证公共体育排球课程教学质量，实现教学目标。

第四节　兴趣教学模式

一、兴趣与兴趣教学

（一）兴趣

兴趣本身是一个很复杂的概念，含义十分丰富，与很多心理现象相联系，但又不简单地等同于其他心理现象。由于兴趣这一心理现象本身的复杂性，难以全面地对它进行把握与测量，很多研究者认为，兴趣是一个难以捉摸的概念，很难明确地规定。笔者研究的兴趣是指个体在自我选择的基础上，自觉专注于某一对象、投入某一活动，并伴随着强烈的情感体验和积极认知探究的心理状态。

（二）体育兴趣

体育兴趣是人们积极认识和优先从事体育活动的心理倾向。它是同参与体育活动的需要相联系的意向活动。一个人如果对体育活动感兴趣，就会积极参加，全力投入，活动的结果将是需要的满足并由此得到积极的情绪体验。所以，体育兴趣是体育参与的基本动力之一，它影响着人们体育参与的具体活动方向和强度。

（三）兴趣教学模式

兴趣教学模式就是指在教学过程中，针对教学的重难点、要点及阶段教学目标任务，遵循运动技能形成的规律，以趣味性的原则和思路设计练习，使学生在趣味、愉快的氛围中学习掌握基本技术的一种教学形式和与之配套的系列趣味性练习方法。

二、兴趣教学模式的实践意义

（一）激发学生的学习兴趣

兴趣是激发学生学习潜能的重要的内在动力性因素。排球兴趣是吸引学生从事排球运动的基础动力，也会直接影响到学生学习排球的情绪与效果；是促进学生参与体育活动最积极的因素，也是影响学生学习排球态度的重要因素。由于受排球技术特点要求的限制，排球技术的教学往往是枯燥乏味的，加之传统教学模式单一、缺乏创新性，容易使学生产生疲劳，降低学生的学习兴趣。因此，想要学生积极主动地参与排球运动，就必须先激发学生的学习兴趣。兴趣教学模式通过有趣的练习方式，能让学生在游戏中潜移默化地学习排球技术，在技术练习过程中感觉不到枯燥，从而激发学生的学习兴趣，促使学生积极主动地参与到排球教学中。

（二）提高排球课的教学质量

在排球教学中，兴趣能促使学生对排球运动产生良好的情绪体验，克服和战胜各种困难，增进练习技术的信心和勇气，对促进各技术全面发展起着良好的动力性作用。兴趣教学模式以其自身的趣味性、娱乐性转变了学生对排球课基本技术教学的传统看法，使他们不再认为排球基本技术的练习是枯燥乏味的。趣味性的练习方法将学生的注意力吸引到排球技术的练习当中，通过在游戏中学习排球技术，能够满足学生追求愉悦、快乐的心理需求，淡化传统的学习排球技术的痛苦思想，使学生在愉悦的氛围中学习排球技术，有利于发掘学生探究性学习的能力，促使学生自主地去学习，从而提高排球课的教学质量。

（三）促进学生学习排球技术动作

兴趣教学模式针对排球各基本技术，遵循排球运动技能形成过程的特点，设计了一系列的趣味性练习方法。各种趣味性练习方法设计的基本素材均来自排球运动基本技术动作,因此,学生在学习排球各技术动作时,都能找到与之匹配的趣味性练习方法。而兴趣教学模式趣味性练习方法的设计,又遵循排球运动技能形成过程的特点,学生在学习排球技术时,无论是技术动作的泛化阶段、分化阶段,还是自动化阶段,都能找到关于各技术动作的练习方法,有利于促进学生学习排球技术动作机制的形成。

三、兴趣教学模式在高校排球课程中运用的设计

(一)构建兴趣教学模式

兴趣对任何个体的学习都具有以下功能:其一,促进个体对事物的探究功能;其二,促进个体自主学习功能;其三,促进个体学习热情的可持续功能。可见,兴趣是个体参与或学习某一活动的直接动力。学习兴趣的提高,可以激发学生学习的主动性,挖掘学生探究性学习的潜能,从而促进教学质量的提高。本书通过搜集资料,咨询专家学者,并根据排球运动技能形成过程的特点,针对教学的重难点及阶段教学目标任务,设计了一套科学的、有趣味性的教学模式,即兴趣教学模式。所谓兴趣教学模式,就是指在教学过程中,针对教学的重难点、要点及阶段教学目标任务,以趣味性的原则和思路设计练习,使学生在趣味、愉快的氛围中学习、掌握基本技术的一种教学形式和与之配套的系列趣味性练习方法。

(二)明确兴趣教学模式运用的控制

兴趣教学模式在教学方法的设计上具有针对性。根据不同的教学阶段,为排球各基本技术的练习设计了不同的趣味性练习方法,让学生在练习过程中,不只是为了游戏而参与游戏,而是通过游戏对各技术进行学习。由于兴趣教学模式具有趣味性的特点,在课堂中运用时,学生兴奋性容易过高,导致学生的注意力集中在玩游戏上,或者是在有竞赛性的趣味性练习中一味追求胜利,而忽略了动作的质量和规格。为了解决这一问题,就要求教师在运用这些教学方法时注意强调练习的要求。同时,教师除了对练习要求的实施进行监督,还要在学生练习过程中,不断对学生的动作进行纠错,使学生及时改进错误动作,掌握正确的技术动作。

(三)兴趣教学模式的设计思路

在对实验班进行教学时,教师根据排球选修课的教学内容和教学目标任务,选择有针对性的趣味性方法,并按照一定的教学程序进行教学。首先通过准备部分选择合理的游戏活动,然后按照教学目标任务选择有针对性的趣味性教学方法,接着运用这些教学方法实施教学,最后控制教学方法的实施并完成教学目标。

1.遵循排球运动技能形成的规律设计兴趣教学模式

运动技能在时间和空间的结构上具有固定不变的特性。以巴甫洛夫高级神经活动学说为基础,运动技能形成的过程可划分为三个阶段:"泛化过程—分化过程—巩固最终

达到动作自动化。"因此，排球基本技术教学中兴趣教学模式系列方法的设计思路，需遵循并反映运动技能形成过程各阶段的特点，具体表现如下：

（1）遵循排球运动技能形成泛化阶段的特点设计趣味性练习方法。学生刚开始学习体育动作时，很容易对具体动作产生感性认识。学生在对具体动作产生感性认识的过程中，容易引起大脑的兴奋性。但是身体内部因素对大脑皮质的抑制因素是未知的，所以大脑皮质中的兴奋与抑制都呈现扩散状态，使条件反射暂时不稳定，出现泛化现象。在排球运动技能形成的泛化阶段，学生通过一段时间的练习，对排球运动有了最初的认识，如对一些基础性技术有了初步感知。但此阶段学生对排球运动认识并不深刻，尤其是早期排球基本技术的练习较为枯燥甚至艰苦，对其机体所要承担的运动负荷与技巧性难以产生良好的情绪体验，常常让初学者对排球运动的第一印象与最初的认识出入较大，而这一阶段也是学生对排球产生第一感觉或印象，并决定是否持续参与运动需求的关键时期。可见，在排球运动技能形成的泛化阶段，要有兴趣作为内在的"激素"来激发学生的学习热情。因此，这一阶段的技术学习需要兴趣导入，来调动学生练习的积极性和主动性。

（2）遵循排球运动技能形成分化阶段的特点设计趣味性练习方法。通过反复不断的练习，初学者能够初步了解排球运动的基本技术。在练习过程中，学生会逐渐改正错误动作，而像协调性差之类的问题也会得到解决。在这一阶段，大脑由于抑制过程的逐渐加强，使分化抑制随之得到发展，条件反射趋于稳定，大脑皮质的活动渐渐由泛化阶段进入分化阶段。在排球运动技能形成的分化阶段，学生通过一段时间的技术学习后，会出现很多困难。常见的有对于能否正确掌握一些难度较大的技术动作缺乏必要的信心和勇气，甚至是心理障碍，等等。如按传统的教学方法或在教学中单纯地加强学生意志品质教育去增强学生的信心，往往是克服了一个困难，还会出现新的困难，学生会继续产生新的畏难情绪，而最终导致教学工作事倍功半，无法取得满意的效果。在这一阶段，可以将难度较大的技术采取分解，使其简单化后再以游戏设计的原理，在这些技术练习中融入趣味性元素，学生在排球技术的练习中较容易获得成功体验，从而不断增强自信心，消除各种畏难情绪，战胜学习掌握技战术过程中的一些心理障碍。

（3）遵循排球运动技能形成自动化阶段的特点设计趣味性练习方法。经过一段时间的练习后，学生对排球技术的掌握程度有所提高，由此会对排球运动产生良好的情感体验，以直接兴趣为动力的学习动机开始起主导作用，对某一项技术可能会产生较大的兴趣，但对某些技术又可能产生忽视现象或厌烦情绪。如愿意练发球技术，而不喜欢接发球技术；愿意练扣球技术，而排斥防守技术练习，等等。究其原因，还是接发和接扣这些抗打击性技术练起来艰苦又乏味。为了克服这些不良现象，可以使这些防守类技术的练习趣味化。在趣味化的教学中，可驱使学生由被动的"要我练"转化为主动的"我要练""要练好"的积极的状态;让学生认识到抗打击类技术技能的价值,最终使练好这类技术成为一种内在需要。

综上所述,兴趣在排球学习的各阶段,都可以使学生对排球运动产生良好的情绪体验,克服和战胜各种困难,增进训练的信心和勇气,促进各技术全面发展。而兴趣教学模式及教学方法的设计就是根据排球运动技能形成的这三个阶段,设计不同的、有趣的练习方法,这将对教学质量的提高和学生参与排球运动的可持续性有着促进作用。

2. 遵循各教学阶段的要求对排球基本技术设计趣味性练习方法

"运动技能是指按一定要求完成动作的能力。"运动技术技能的教学是体育教学的主要形式。但是普通高校体育选修课的主要目的是培养学生对体育运动的兴趣,让学生在体育运动中达到锻炼身体的效果。针对普通高校排球选修班的学生,在教学过程中,应以排球基本技术为教学的主要内容,同时运用趣味性的教学方法,使学生既享受到运动带来的快乐,又能使身体素质各方面得到提高。由于学生对排球技术的掌握是一个从不会到会的循序渐进的过程,所以本实验考虑到学生的兴趣以及排球运动技术技能形成的规律等各方面的因素,在兴趣教学模式中教学方法的设计与运用都遵循由简单到复杂的教学过程,把整个教学实验过程分成三个阶段实施:掌握基本技术阶段、巩固提高技术阶段、技术运用阶段。针对排球的各项技术和学生学习排球动作过程的不同阶段,设计了一系列趣味性的教学方法,在教学过程中,将这些方法贯穿课堂之中,其中,在各个教学阶段具有代表性的练习方法设计如下:

在排球教学技术掌握阶段,学生处于学习排球技术技能的初级阶段,也处于动作技术技能形成过程中的泛化阶段。根据动作技术技能形成过程泛化阶段的特点,这一阶段的主要教学任务是使学生对所学技能有所了解,能建立正确的动作影像,初步学习技术动作。一方面,通过使学生做一些多接触球的练习,让学生熟悉球性;另一方面,多做一些抛接动作,配合简单的步法游戏。针对本阶段排球动作技能形成的特点,对排球各基本技术做出了以下趣味性练习方法的设计:首先在课的准备部分可以结合排球器材设置排球操,排球操的设置既可以使学生不断地接触排球,培养学生的球感,还可以作为每节课的准备活动。其具体做法是每个人持一个球,在老师的带领下做以下动作:①左右手交换持球做肩绕环。②振臂扩胸,左右交换持球。③左右手交换持球做转体。④全蹲把球放在地上,起立双臂上举,再全蹲持球起立并两臂上举。⑤高抬腿,膝在腹前触球。⑥前后交换腿做弓步,将球从腿下穿过交换左右手。练习要求:学生听老师的口令做动作,动作要规范。

准备姿势与移动。正确的准备姿势和快速及时的移动是完成排球发球、垫球、传球、扣球等各技术的前提和基础。因此,为了使学生形成正确的身体姿势,同时加强对学生进行移动步法的练习,可以运用"运西瓜"这一练习方法对排球的准备姿势和移动进行练习。其练习方法为:将学生分为若干队,每队以排球场的端线为起点,中线为终点,听到信号后,排头做好准备姿势,然后手拿一个排球在胸前,做交叉步或者并步向前移动,至终点后迅速返回,在端线处将球交给下一位同学,全队依次进行,最先完成的队伍获胜。练习要求:移动过程中必须运用并步或者交叉步;到端线处将球交给下一位同学。

在对准备姿势和移动的练习过程中,还可以进行通过"推拨球接力赛"来解决学生在移动过程中出现身体重心过高的现象,培养学生的控球能力。练习方法:将学生平均分成两组,成纵队站于端线后,每队第一人低蹲,手里持一球。听到信号后,第一个人将球推滚前进,滚至中场绕过障碍后返回,将球给本队的下一个人,然后站到队尾。全队依次进行,速度快的队伍获胜。在练习过程中,可以用两个球做地滚球,以增加其难度。练习要求:不许持球跑,否则重做;触球时手要始终摸到球。

(四)实施兴趣教学模式的注意事项

兴趣是最好的老师,有趣才能使学生情绪活跃,全身心地投入排球技术的学习中。趣味也是调动学生积极主动性的有力杠杆,缺乏趣味性的练习方式将会从根本上失去对学生的吸引力。但在提高和加强练习趣味性的同时应注意以下几个问题:①在排球课教学过程中教师要避免使各种趣味性练习方法成为学生单纯的玩耍娱乐游戏。②按排球基本技术技能形成的规律和各教学阶段的教学任务设计趣味性练习方法,练习过程中应体现教师与学生之间的互动、纠错、指导、语言提示等教学环节。③教师在运用趣味性练习时,要注意引导学生将注意力与思维活动集中于学习排球技术动作环节上。④在兴趣教学模式运用的过程中,要注意将学生在趣味性练习中的热情与兴趣转化为"自主式""探究式"学习,启发与调动学生学习的潜能。

第五节 分层互助教学模式

随着教育制度的改革,人们更加注重教学模式的创新,只有改变和创新以往落后的教学模式,弥补教学中存在的弊端,才能始终满足现实教学的需要。对于大学排球教学来说,传统教学模式比较单一枯燥,学生缺乏参与运动的积极性,教学效果不好。将分层互助教学模式进行合理运用,可以将学生依据个体差异分为不同层次进行教学,提出适合的要求,使所有学生获得成功的喜悦,这可以为学生终身体育锻炼打下良好的基础。

一、分层互助教学模式的概念与指导思想

(一)概念

所谓分层互助教学模式,就是教师在教学中要关注每个学生在学习兴趣、能力水平、基础掌握等方面的差异,将所有学生划分为多个不同的层次,为每个层次的学习都制定

科学适宜的教学目标,运用恰当的教学指导方法,鼓励学生之间共同讨论交流、相互帮助,同时还要注重做好对学生反馈信息的收集和分析,进行有针对性的指导,让每个学生都能够得到相应的进步和提高,从而促进教学质量的提高。

(二)指导思想

分层互助是一种新型的教学模式,其指导思想就是要充分发挥不同层次学生之间互动交流的社会性作用,引导学生之间进行相互帮助,从而促进学生学习积极性的提高,在提高教学质量的同时,也能有效培养学生的社会性,提升学生的人际交流能力和团队协作精神。具体来说,主要包括以下几个层次:一是重点强调同一层次学生之间应该进行良好的团结合作,不同层次学生之间也要注重公平竞争;二是将同一层次学生放在同样学习环境条件下,鼓励他们之间进行公平的竞争学习,激发其学习兴趣和动力,实现内部的良性互动发展;三是不同层次之间的学生应该是相互帮助、相互竞争的,培养学生未来适应社会的能力。

二、大学排球教学中分层互助教学模式的应用

(一)以学生为教学主体,坚持因材施教原则

依据现代教育理念的要求,学生在教学中占据着主体地位,教师的所有教学活动都应该围绕学生这个核心进行科学的设计,充分发挥学生的主观能动性,才能从根本上促进教学质量的提高。对大学排球教学来说,一个班级内所有学生的排球基础和技能水平是不一样的,如果教师没有做到以学生为主体,忽视了他们的个体差异,还是采取以往统一化的教学模式,很多时候都难以照顾到那些基础水平差的学生,也无法满足一些学生排球发展的个性化需求。因此,教师就需要将分层互助教学模式合理地加以运用,坚持因材施教的原则,对不同层次的学生进行针对性的教学。对于基本层次的学生,可以先加强排球理论知识的讲解,逐步要求其掌握排球技法,关键是要培养其兴趣和信心;对于高等层次的学生,需要进行排球技能上的强化训练,鼓励交流切磋,提高排球竞赛技能。另外,还要注重倡导"一帮一"的学习模式,排球基础能力强的学生应该帮助其他在这方面较差的学生,形成强弱搭配的学习模式,这样有助于促进基础较差的学生提升排球水平,也让排球水平强的学生得到进一步的基础巩固,同时锻炼和提升表达能力,增进同学情,营造出和谐浓厚的学习氛围。

(二)做好动态化调整,增强学生的竞争意识

任何事物都是在不断发展变化的,在大学排球教学中开展分层互助教学模式,也不能在层次划分之后就始终不变了。学生通过分层教学的指导,在排球水平上都会实现相应的提升,当然有些学生也可能不思进取水平下降,所以教师应该根据具体的实际学习

情况，跟随学生学习状况的变化，做好相应的动态化调整，确保学生始终处于适当的层次上。经常调整变动不同层次的学生，也是对学生学习状况的一个有效评价，这有助于调动所有学生学习的积极性，学生的竞争意识和团队合作精神进一步增强，从而促进学生的排球水平和综合素质的提升。

第六章 排球训练基础概述

第一节 排球训练概述

一、排球训练课种类

（1）身体训练课。课的主要任务是提高身体素质和身体机能。其中有一般身体训练课，如发展一般速度、力量、灵敏、柔韧、协调和耐力；专项身体训练课，如弹跳力、起动速度、移动速度、起跳速度、爆发力、速度耐力……有时也可使一般身体训练和专项身体训练相结合进行，为参加比赛打下良好的基础。

（2）技术训练课。课的主要任务是学习、掌握、巩固、改进、提高各项基本技术。重点是提高各项基础技术和应用技术，以及有关创新技术。

（3）战术训练课。课的主要任务是集体战术的串联与配合，即各种进攻战术和防守战术。通过战术训练，达到巩固、提高战术的运用目的。

（4）综合训练课。在一次课中，既有身体训练，又有技、战术训练，有时还结合比赛进行。这种课的内容多，每项内容练习时间短，容易提高训练课的兴奋性和兴趣性，但应注意提高课的训练效果。

（5）比赛课。以对抗比赛的形式出现进行训练提高。通常有单项技术比赛、攻防对抗比赛、教学比赛、友谊比赛等。有时也可采用个人比赛、小组比赛和全队比赛的形式进行。

（6）测验课。对运动员进行各种身体素质和基本技术的测验（或技评、达标）。如1992年全国青年男、女排身体测验内容有：助跑摸高、100米、五级蛙跳、6米×16次移动、斜板收腹。1994年全国甲级男排冬训身体素质测验内容有：助跑摸高、三级跳、100米、6米×16次网下移动、2000米。1995—1996年全国甲级女排身体素质测验内容有助跑摸高、100米、6米×16次网下移动、五级蛙跳、快速挺举、"米"字移动、负重背肌。1996—1997年全国排球联赛（男、女）体能达标测验内容有助跑双脚起跳摸高、连续5次助跑双脚起跳摸高（攻手及接应二传）、网下6米×16次移动计时（二传手）、800米跑。内容少的可一次课测完，内容多的可分几次课测完。

二、排球训练方法

由于运动训练经验的积累和科学训练方法的增多，排球运动训练方法也发生了日新月异的变化，目前所了解到的排球运动训练方法有以下几种：

1. 身体训练方法

（1）杠铃训练法

这是发展大肌肉群力量和关节力量的有效方法。古巴男、女排球队采用这种方法收到良好效果。男队员助跑摸高可达3.72米以上，女队员助跑摸高可达3.37米。中国男排助跑摸高达3.63米，女排助跑摸高达3.26米。这种训练要因人而异。不同民族、不同性别、不同素质的人应有不同的要求。不能过分追求大力量，否则超过人体力所能及的范围，极易造成拉伤、扭伤、撕裂；或易使肌肉缺乏弹性，造成过分僵硬等。在进行杠铃训练时，一般负荷重量以本人最大量的1/2或1/3力量为宜。训练方法可用向上提拉、翻腕、抓举、挺举、推举、肩负杠铃稍蹲、半蹲、深蹲、起立和跳跃、负重提踵……可采用逐渐减重量或采用完成总重量办法进行；也可采用有效组数（规定指标组数）和有效次数训练（规定指标次数）。在训练中注意强度（标幅大小）和速度（动作快慢）刺激，否则效果不明显。训练中注意力要集中，体力较好时训练。练力量后可多做跑动或徒手跳跃练习，以增强肌肉弹性。对新手要注意循序渐进，不要使重量增加过猛。注意肩、膝、腰、腕、踝关节的保护工作。

（2）静力训练法

一般采用徒手静力，如徒手半蹲30秒、60秒之后结合起跳和负重静力训练，如负重6秒后做半蹲起立或半蹲跳跃，负重10秒后做半蹲起立或半蹲起跳。每组练习6~10次，可练若干组。

（3）循环训练法

在一定的时限内把许多单个动作练习编串在一起，按先后顺序进行反复训练，即为循环训练。它可以发展一般身体训练和专项身体训练。有时也可使二者结合起来。循环训练可使身体获得全面训练效果；也可使身体某一部位或某项素质得以加强，并可提高训练的兴奋性、兴趣性以调动积极性。循环训练可以徒手练习，也可带器械练习。可发展肌肉力量和耐力、速度爆发力和耐力、速度灵敏性和耐力……如力量循环训练：①50公斤杠铃卧推5次；②60公斤杠铃向上提拉翻腕10次；③80公斤杠铃卧推3次；④仰卧收腹15次；⑤双手提哑铃（10公斤）下蹲跳起10次；⑥肩背负重5公斤沙袋俯卧撑 10 次；⑦双手各持哑铃做原地向上跳跃 10 次；⑧腰缠 5 公斤沙袋跳上、跳下跳箱 10 次。之后循环再做第二、第三次。

采用循环训练法时应注意：①一般隔日训练为好。每次训练要统计时间，从完成动作质量和时间评比进步。② 1~3 个月后进行测验对比，从中总结经验，吸取教训，找出问题，提出改进办法。③采用循环训练一般要连续完成 3 个以上的循环，以便提高各种耐力。

（4）间歇训练法

多次重复做某一动作若干次为一组；多次重复若干组。各组之间有一个短暂的间歇，这种训练方法即为间歇训练法。间歇训练法的特点是：在间歇时没有完全恢复疲劳的情况下，再做重复的练习，以便促进专项耐力机能的提高。如规定时间若干，用中速跑完 500 米，之后休息 2 分钟；再跑 800 米，之后又休息 2 分钟。连续做 4~6 组。又如规定时间若干，做 3 米间左右移动 36 次为一组，每做一组后休息 2 分钟。共做 4~6 组。

采用间歇训练法时应注意：间歇训练对心血管系统、呼吸系统要求很高，一定注意训练后的脉搏变化。心跳频率 30 次/10 秒左右即可。通过休息后恢复至 20 次/10 秒左右。否则应调整其训练内容或休息时间。

（5）重复训练法

在进行某种素质多次重复训练达到较大的运动量后，进行休息，待消除疲劳后再进行同样方法训练即为重复训练法。这种训练法的特点是：每组训练间隔时间不固定，一般为训练时间的 2~3 倍。训练内容、方法相同，运动量大小相仿，在疲劳恢复的基础上进行，适用于速度、力量、耐力等素质训练。如 30 米冲跑，10 次为一组，之后休息恢复疲劳，共做 3 组。

采用这种训练法时应注意：保证动作质量；不降低动作速度；一般重复组数 5~10 组为宜；不能在疲劳时采用；可在规定距离内缩短时间；或在规定时间内增加动作次数（或延长规定距离）。这种训练方法比较单调，尽可能与其他训练法相结合使用。

2. 技、战术训练方法

（1）重复训练法

这种训练法不仅适用于身体训练，也适用于技、战术训练。如发球训练，规定正面上手发球，总量 100 次，20 个好球为一组，共发 5 组，每组间适当休息。又如 4 号位正面扣球，3 人一组，每人扣好球 10 次为一组，共扣 5 组。每组间适当休息，换另外 3 人扣球。

（2）变换训练法

在进行某技、战术训练时，为了广泛适应各种情况变化而进行的训练即为变换训练法，如变换训练内容，把原地垫球变换为移动垫球、跑动垫球、滚翻垫球等。又如变换训练强度，把简单条件下练习变换为复杂条件下练习，制造困难，增设障碍，加大幅度。再如变换训练组织结构，增加人数的串联配合，减少人数的串联配合，加长距离防守，缩短距离防守，集中与分散练习；全队、小组、个人练习，以及各种对称训练。这种训练方法可以提高练习兴趣，防止单调、枯燥。关键要提高训练质量。

（3）串联训练法

把两种或两种以上的技、战术串在一起进行训练即为串联训练。如单项技术与其他技术串联：发球后—保护；发球后—防守；发球后—插上二传；发球后—后排攻。又如一传与二传的串联训练；一传、二传、扣球的串联训练；一传、二传、扣球、拦网的串联训练。再如进攻与防守的串联训练：进攻、防守、反攻的串联训练；接发球进攻训练；接扣球进攻训练；接拦回球进攻训练；接其他球进攻训练等。采用串联训练法时应注意：必须有较好的单项技术，才便于串联训练。

如果基本功不扎实，很难进行串联。串联技、战术，必须从实践需要出发，从现有水平出发，否则达不到串联目的和效果。串联训练时，应由易到难、由简到繁、由少到多、由技术到战术。随着技术水平的提高，不断增加串联的数量和难度。

（4）多球训练法

利用多球对某一练习进行训练提高的方法即为多球训练法。这种训练方法可以节省间隔时间，增加训练密度、难度，加快训练节奏，更有利于形成条件反射，建立动力定型，形成自动化。采用这种训练法，应注意严格要求、严格训练、严格管理，培养队员吃苦耐劳和艰苦奋斗的作风。组织好队员主动捡球，防止踩踏球受伤事故发生。在训练中可对全队、小组、个人进行多球训练。特别是对个人补课、个人加量、区别对待等效果更好。

（5）极限训练法

这是大运动量训练的一种方法。为培养顽强的意志和拼搏精神，采用一种密度大、强度大、时间长、质量高、尽全力完成练习的方法即为极限训练法。如单人6米横向移动往返滚翻防守，连续起球50次或80次、100次。完不成任务不停止训练。采用这种训练方法时，应正确掌握运动负荷量。过少达不到效果，过大有损身体健康。为此，要因人而异，区别对待。训练后尿样检查有血尿、尿蛋白增高等。脉搏检查可高达220~240次/分；体重检查可减轻0.5~1斤。通过观察可见：脸色苍白、口唇发乌、呼吸困难、高度缺氧、汗流浃背、筋疲力尽。过去日本女排教练大松博文运用此法训练较多。其目的在于向人的"惰性"做斗争。

（6）分组训练法

将学生分成若干人一组进行训练即为分组训练法。这种训练法有利于不同位置分工、不同技术重点、不同运动水平，充分利用场地、器材，增加运动负荷。也可采用分组轮换训练、分组同时训练、分组多场多网训练。采用分组训练时，不同人员不同组别可做不同要求；分组同时训练，或多场、多网训练时，应全面兼顾，有所侧重，并培养好组长与助手。遇有错误动作时，可集中或分散纠正。

（7）竞赛训练法

以竞赛形式出现提高技、战术训练水平的即为竞赛训练法。如各项基本技术竞赛（发球比赛、扣球比赛、传球比赛……）、发—垫对抗比赛、扣—拦对抗比赛、攻—防对抗比赛、教学比赛、检查比赛、友谊比赛、测验比赛等。这种训练方法的特点是以竞赛的形式、对抗的局面，争夺胜利。可以提高训练的兴奋性、兴趣性，更好地调动积极性，在心理上、形式上、环境上更接近实践。采用这种训练法时应注意：预先订好规则，有裁判判断，公布胜负结果，给予表扬或奖励。可采用个人比赛、小组比赛或全队比赛、一组对二组的均权比赛。

（8）游戏训练法

以游戏形式进行训练的方法，即游戏训练法。这种方法既可进行身体训练，也可进行技、战术训练。其特点是气氛活跃、竞争性强、有规则和胜负区别，可以调动学习的积极性。如将球传入目标。学生距篮圈6米分散站在其周围，每人自传3次后，将球传入篮圈。取前3名先入圈者。又如将球发入目标、扣入目标、垫入目标……均可运用游戏形式进行。又如每队用3个球参加比赛。裁判鸣哨后，队员可将本方的3个球传给对方，对方也可将3个球传给本方（只准利用上手传球），待某一方同时出现6个球在一方场地上，裁判判该队失误。之后比赛重新进行。采用游戏法训练时应注意：紧密结合技、战术的实际需要；两队的水平相接近；严格执行游戏规则；善于控制时间进程，做好讲评和小结。

（9）循环训练法

这种训练法不仅适用一般身体训练和专项身体训练，而且也可运用于技、战术训练，如①队员在1号位接扣球防守一次；②之后迅速向前跑动做保护吊球一次；③之后向5号位跑动防扣球一次；④之后向前移动在4号位扣球一次；⑤之后向3号位移动扣快球一次；⑥之后拦网一次；⑦之后向2号位移动做扣球一次。这种练习可连续2次、3次、5次进行循环训练。这种训练法的特点是一环扣一环，没有停滞现象。还可加大训练密度，调节运动训练负荷。采用这种训练方法时应注意：选好练习内容，结合比赛实际按规定程序训练。队员的练习难易度，都决定于教练的给球情况。运动负荷的大小与训练动作节奏和移动、跑动距离有关。

（10）节奏训练法

心理学认为，某种声音相隔同等的时间重复出现的现象叫作节奏。人们在生理上对这种节奏所产生的反应，叫作节奏感。利用节奏进行训练，即为节奏训练法。加拿大排球教练洛恩·萨渥拉发明了排球比赛得、失分和得、失权的比赛节奏起伏曲线图；日本排球教练松平康隆称排球运动是有节奏的运动。把排球比赛比作大海的波涛，时起时伏，一浪接一浪。打顺了，打上节奏就胜利了；打不顺，失去节奏就失败了。因此，节奏训练十分重要。

排球规则规定：球队的击球每队最多击球3次过网（拦网除外），其节奏是有规律的。除发球外，其他攻、防战术一般都是3次击球过网。排球各项技术动作都有一个动作过程，有过程就有顺序、时间、变化等。正确的节奏，代表着正确的技术动作和正确的持球时间、击球时间、起跳时间。节奏好，协调性就比较强。排球训练和比赛一般有三种节奏，即快节奏（快攻）、慢节奏（高举高打）和一般节奏（半高球进攻）。为了适应比赛，应进行各种节奏训练。节奏训练法不仅可以运用于一般性身体训练和专项性身体训练（结合音乐、舞蹈动作练习协调性、灵敏性和节奏感），而且也可以运用于技、战术训练。如原地发球的节奏为一抛一击。跳发球的节奏为抛球、助跑、起跳、击球。一传的节奏为移动和击球；扣球的节奏为助跑、起跳、击球……又如快攻节奏，要求一传的弧度稍低、球速稍快、落点较准。二传的弧度低、球速快、有时可跳起传球；扣球者起跳快、下手快、击球准。节奏训练法的特点是有慢、有快；该慢则慢，该快要快。根据具体情况采用快、慢节奏。采用这种方法训练时应注意：根据本队的技、战术指导思想进行训练；根据队员的身体素质和技术水平进行训练。节奏训练可以进行调节和控制。主要调节球的飞行弧度、速度、距离和落点。在比赛中还可通过暂停、换人、局间休息等进行调节。

（11）模式训练法

根据控制论的理论，运用数理统计中的多变量分析法，对某一运动成绩发展所需要的各项因素按其作用大小排列，但成为一个控制系统，制定成训练模式，按其训练即为模式训练。如弹跳力模式训练，即训练30米、负重深蹲、腰背肌力量、三级跳、原地纵跳等；又如固定击球点、固定击球用力；再如技术模式教学，建立正确的动作概念，在简单条件下学习，在复杂条件下学习，在比赛中巩固提高。

3. 排球运动员心理训练方法

（1）排球运动员心理训练概述

心理训练是指对运动员在心理方面有目的地进行定向训练的过程，也是有意识、有目的地对运动员施加影响，使其在心理状态方面发生变化，达到最适宜的程度，以提高运动技术水平的过程。虽然目前国内外对心理训练的概念含义的理解仍有不同看法，但对于运动员进行针对性的心理训练，培养运动员的最佳心理状态，帮助他们在重大比赛中取得最好成绩的认识是基本一致的。

排球运动员的心理训练就是根据排球运动的特点和运动员心理活动规律，有目的、有计划地培养运动员在训练和比赛中所需要的心理品质和个性特征，使运动员学会控制和调节自己的心理状态，确保最佳竞技水平的获得和发挥。总之，为提高运动成绩，创造有利的心理条件,通过系统训练,消除不利心理因素(如焦虑、过度紧张、情绪不稳定、信心不足等)以促进运动技能的提高。

(2)排球运动员心理训练分类和任务

排球运动员的心理训练分类可根据训练、比赛和任务要求不同,分为三类:第一,长期的心理训练,这是指运动员在整个运动经历的每次训练中都要进行的心理训练。第二,为准备大型比赛的心理训练,这是指运动员要参加国际或国内的大赛,如奥运会、世界锦标赛、世界杯赛、全运会、甲级联赛等进行的心理训练。第三,短期的心理训练,这是针对某次比赛任务进行的心理训练。三者是互相联系、相互制约的,互为条件、相互结合、彼此促进、共同提高。

长期的心理训练,主要发展和改善运动员参加比赛所需要的心理素质和能力。它的主要任务是:培养适合排球运动的良好心理品质和个性特征,如有良好的动机,为祖国的最高荣誉而自觉地勤学苦练;有良好的态度,敢于承担大运动量训练,敢于吃苦,愿意吃苦,以苦为荣,以苦为乐;有良好的性格,热情、开朗、敢于斗争;发展专门知觉(球感、时间感、空间感、节奏感),发展注意力,发展快速和准确记忆动作的能力,提高思维的敏捷性和灵活性,发展良好的意志品质。

准备大型比赛和某次比赛,主要形成运动员对参加比赛的心理准备。在比赛中能有效地控制和调节自己的行为和情绪。激发比赛动机,树立取胜信念,消除心理障碍,控制调节心理状态。

(3)排球运动员心理训练的意义和作用

世界体育运动训练的发展,经历了自然发展阶段、新技术阶段和大运动量训练阶段。目前已进入多学科综合利用阶段。排球运动也不例外,也必将走科学化训练的道路。心理训练是科学化训练的要素之一。心理训练是20世纪70年代末才逐渐形成和发展起来的。

20世纪50年代,强调运动员为达到比赛目的而用自己的道德意志去克服困难,60年代,开始强调情绪在运动活动中的重要地位,使人们逐步认识到运动成绩的取得,不仅仅决定于意志品质,而且与情绪有关。70年代体育界从精神治疗手段中引进了催眠、自我暗示和放松训练方法,逐渐形成和完善了心理训练。80年代,体育界更加注重了心理训练,特别是对高级运动员的心理训练具有明显的效果。目前许多国家(如俄罗斯、德国、美国、加拿大等)非常重视心理训练。加拿大教练协会(CAC)规定了教练员要了解心理学者的作用并配合工作,要了解运动的身体需要,影响身体发展和情绪的原因,要了解内在因素和外在因素是同样重要的,即心理因素和身体技术因素同样重要,在优秀运动员训练计划中开始包括心理训练。心理训练学者参与制订训练计划。教练员、心理学家、生理学家、生物力学家、营养学家和队医,形成了一个综合性的训练整体。美国、俄罗斯都成立了心理训练中心。我国排球界对心理训练也十分重视。中国女排取得"五连冠"殊荣，与经常性地进行心理训练是分不开的。袁伟民在《我的执教之道》一书中写了大量的心理训练内容。邓若曾专门写了《搞好大赛前适应环境的训练，是中国女排夺得世界冠军的重要因素之一》。其他各队也聘请专家讲课，进行心理咨询与心理训练。全国体育院校开设了运动心理学课程，有的院校开办了运动心理学系、科，创办了运动心理学研究所，招收运动心理学的研究生。这为今后我国排球运动培养心理训练人才打下了良好的基础。

现代竞技运动对运动员心理素质的要求越来越高。运动员自控能力的提高与心理稳定性的加强是运动员成熟的标志，把握运动员比赛心理活动的规律，在心理上首先战胜对手，是取得优异成绩的重要因素之一。研究表明，心理状态对人的体力活动十分显著。据观察，那些临场心理状态极佳、充满信心的运动员，几乎不会出现什么大的差错和起伏；但是当运动员焦虑不安时，很难做出准确的运动。因此，在训练和比赛中，往往导致动作和比赛的失败。这种情况在高水平的运动员中更为突出。据统计，低水平运动员比赛成功的条件心理因素占20%，而高水平运动员比赛成功的条件心理因素占80%。为此，加强排球运动员在训练和比赛中的心理稳定性是非常重要的。

心理训练的作用有以下几种：

（1）有助于运动员个性心理特征的发展。

个性心理特征是指具体的人不同于他人的较稳定的心理特点，也就是我们常说的一个人的精神面貌。它可以随着训练和比赛的不同，发生变化，有时稳定，有时又转化为不稳定，通过心理训练，可以使运动员控制这种变化，使之保持良好的个性倾向和个性心理特征。这有利于提高运动员的工作能力和训练效果。

（2）有助于运动员心理品质的发展。

①有助于运动知觉能力的发展。排球运动员的身体训练和技、战术训练与精确的运动知觉和准确的时间感、节奏感、速度感、距离感和空间定向能力有关。②有助于运动记忆能力的发展。运动记忆是运动员在训练过程中看过教练员的正确示范后在头脑中所留下的反映。这种反映，使运动员获得身体动作概念准确、表象清晰，并迅速转化为完成这些动作的能力。③有助于思维敏捷性和灵活性的发展。排球比赛是在激烈的战斗中、快速的变化中、连续的动作中和复杂的对抗中进行的，因此，排球比赛是瞬息万变的，这要求运动员具有反应迅速、动作敏捷、随机应变、比较灵活，以及迅速分析对方行为和有效解决战术任务的能力。④有助于意志品质的发展。意志品质是排球运动员不可缺少的心理品质。在比赛中，要求运动员要勇敢顽强地拼搏，当机立断地抢救险球，坚强的意志力和自我情绪控制能力，越是在最困难的时候，越能顶得住，并能尽一切办法克服困难，去夺取胜利。⑤有助于发展各种反应要求的能力。简单反应、复杂反应、超前反应。⑥有助于注意力的分配和集中能力的发展。

（3）有助于运动员专项运动心理能力的发展。

随着现代排球运动的发展，运动员年轻化的趋势越来越突出，要求运动员训练周期短，出成绩的时间提前。这样促使运动员的身体发展、技战术发展与运动心理发展、个性特征发展和专项能力发展均不相适应。为此，有目的、有组织地对青少年运动员进行系统的心理训练，将有助于专项运动心理能力的发展。

（4）有助于消除疲劳，调整身心能力的发展。

排球训练和比赛，不仅消耗大量的身体能量，同时也消耗大量的心理能量。运动实践表明，训练或比赛后，进行短时间的自我心理调整训练，能迅速恢复身体和心理的疲劳。在比赛中同样需要进行自我控制和调整，以有效地蓄积、分配、使用和发展身心能量。这就能保证运动员的适宜心理状态，并为其发挥良好的技术水平创造有利条件。

4. 排球运动员应具备的主要心理品质

（1）精确的运动知觉能力。排球运动员在通过视觉、听觉、肌体觉、动觉、平衡觉、触觉等多种（感觉）信息分析与综合后，产生了专门知觉。这种专门知觉是运动员在长期排球专项训练和比赛中发展和形成，它能对场地大小，球网高低，球的轻重，双方队员场上位置移动跑动、进攻、防守及时空特征等客体作出高度敏锐和精确分化的识别和认知。排球界所说的"球感""场地弹性感""位置感""时间感""空间感"等就是指这种识别和认知。其中"球感"对运动员来说是非常重要的。"球感"主要是手掌的皮肤压觉和手腕部的小肌肉群中的肌梭、肌腱动作差别感受程度发展的反应结果。"球感"也是运动员对来球力量、速度、弧度、角度、落点等各种作用力或反作用力的用力大小感觉，以便能够控制球的正确飞行，更准确地完成各项技术和战术配合。

（2）有良好的思维敏捷性和灵活性。排球运动员的思维活动形式主要是操作思维，即借助于运动操作，根据运动和不同对象的规律进行思维活动（当然也离不开形象思维和抽象思维）。排球运动员思维敏捷性主要表现在个人战术中，如遇有突然变化的情况，能立即做出反应和战术决策。如二传的分球判断，突破口的选择，是传集中球还是传拉开球；是传高球还是传低球。又如扣球，是重扣还是轻扣，是扣直线还是扣斜线。排球运动员的思维灵活性，一般表现在：运动员要学会随机应变，适应各种变化情况。如对方突然改变扣长线打法，我方应扩大后区防守；对方突然改变快攻打法，我方应加强拦网与防守布局；对方加大攻击性发球，我方要加强一传和保护，打好一攻，夺回发球权。这种迅速的思维活动，也就是思维的灵活性。

（3）良好的注意力稳定性与迅速转移能力。注意力是人的心理活动的指向与集中。人们把注意力持久地指向和集中于同一体，这即具有注意力的稳定性。排球比赛的时间一般较长，对注意力稳定性要求较高。因此，在处于疲劳情况下，能够集中注意力，对发挥技战术有着积极的作用。

排球运动员不仅能够把注意力集中在观察、判断对手和同伴以及球的动向和每一个动作上，而且还可以合理分配和迅速转移自己的注意。排球比赛是瞬息万变的，既有技术，也有战术；既有进攻，也有防守。这要求运动员具有善于把自己的有关心理活动意识迅速地从某一事物转向并集中于当时所指向和集中的另一事物上的能力。这是一个排球运动员应具备的珍贵品质。

（4）稳定活跃的情绪和控制能力。情绪是人对客观世界的一种特殊反映形式，是人对客观事物是否符合自己所需要态度的体验。情绪的行为，是一种心理性行为，是由客观环境的特异变化所引起来的。人的大脑特别是第二信号系统对人的情绪有积极的调节作用。

排球运动的训练和比赛，都可以引起运动员的情绪波动。如加大运动量，加大训练课的密度、强度和难度。运动员负担量加重以后，其情绪也会起伏波动。比赛中的得分、失分，是赢球或输球，也都会引起情绪的高涨与低落。实践研究证明，一般比较强烈的情绪，都会引起体内一系列生理变化，并影响技术水平的发挥。排球比赛如能控制和保持稳定而活跃的情绪，就可保证运动水平的发挥。因此，运动员能控制自己的情绪，是难能可贵的。

（5）良好的动作记忆能力。良好的动作记忆能力是建立清晰准确的运动表象的基础，是形成动力定型的重要环节。不论是学习动作或创新动作，都能把运动表象迅速而准确地转化为动作，并按要求准确地完成技术动作。

（6）良好的团结合作精神。排球运动是一个集体项目，队里的每一个成员，都应该具有集体主义的团结合作精神，每个运动员都需要有容忍和理解的品质。遇事互相谅解、相互关照、互相配合、相互弥补，为全队的共同目标而努力奋斗。一个球队不仅要注意教练与队员的团结，更要注意队员与队员之间的团结。如新老队员的团结、主力与替补队员的团结、场上与场下队员的团结。团结就是力量，团结才能同心协力。团结时遇到困难能同舟共济，取得胜利时，能共享欢乐。不团结时，一个队就会精神崩溃，四分五裂，矛盾加剧，意见分歧。哪里还有取胜信念？因此，一个球队，一定要有良好的团结合作精神。

（7）有坚强的意志品质。意志是人自觉地确定目的，并为实现目的而进行自我调节、克服困难的主观能动作用的心理过程。排球运动员需要有坚强的意志品质和顽强的拼搏精神，用积极态度和意志努力去战胜各种困难，夺取胜利。中国女排殊荣"五连冠"都是通过顽强拼搏取得的。她们为排球运动员树立了良好的榜样。

5. 排球运动员在训练和竞赛中的心理影响

身体训练时的心理影响：

（1）力量训练时的心理影响。在进行杠铃训练时，女队员怕形体发胖，怕大腿练粗，怕臀部练大，怕大力量训练拉伤扭伤。在进行单杠引体向上训练时，由于臂力差而信心不足，怕拉不上而丢脸。几次拉不上就失去信心，不想再练。

（2）速度训练时的心理影响。在进行冲刺跑、加速跑、百米跑训练时，怕练的时间长，怕重复次数多，怕跑的距离长，怕跑在最后丢脸，怕枯燥无味的单调重复训练……

（3）耐力训练时的心理影响。怕苦、怕累、怕有规定时间的长距离跑、怕重复800米、1500米或3000米跑，怕受罚。因此，精神紧张，压力较大，吃不好饭，睡不好觉。由于训练艰苦与劳累，训练时出现呼吸困难，心情难受，队员不愿参加训练，甚至有的运动员与教练当场顶牛而不练。

（4）灵敏训练时的心理影响。在进行协调、反应、节奏、灵敏等素质训练时，有些运动员训练时怕自己不协调而引起别人讥笑，怕自己反应迟钝而丢脸，怕自己节奏不合拍而出洋相。因而顾虑较多，练习不积极主动，不认真也没有效果。

（5）柔韧训练时的心理影响。在进行体前屈、后桥、压腿、劈叉、一字八踢腿等训练中，运动员怕韧带拉痛，怕时间练长，怕突然猛拉，怕受伤。

（6）弹跳训练时的心理影响。在进行原地起跳、助跑起跳、负重跳、跳台阶、跳越障碍等训练中，运动员一般兴奋性高，兴趣浓厚，干劲较大，练得认真。但运动员出现"高原"现象时，就易产生情绪低落，信心不足，波动较大。

技术训练时的心理影响：

（1）发球训练时的心理影响。运动员发球前，顾虑重重。一会儿想发攻击性强的球，但又怕失误；一会儿又想发保险球，以将球发过对区，这种犹豫不决、缩手缩脚的表现情况，往往导致心理紧张，肌肉僵硬，力不从心，而最后发球失误。在发球顺手后，又易产生麻痹大意的思想，随随便便，吊儿郎当，不认真，不在乎，也造成失误。

（2）一传训练时的心理影响。怕球发向自己，怕接不好球，怕接平冲飘球，怕抢、让球，怕队员埋怨，怕教练批评，怕连续失误，怕一传不到位，怕自己换下场。一传好的队员，有时也有麻痹大意，满不在乎，也会造成失误重重。

（3）二传训练时的心理影响。怕传球不好，扣球队员有意见，怕和扣球队员配合不好而不能发挥进攻威力。怕一传不好，自己无法组织进攻，怕对方识破自己组织进攻的意图，怕传球失误。

（4）扣球训练时的心理影响。怕二传不好，无法发挥自己扣球威力，怕对方拦死，怕对方防起，怕扣球失误，怕同伴埋怨自己，怕二传不给自己传球。想重扣又怕失误，想吊球又怕对方防起，扣好球趾高气扬，扣坏球垂头丧气，连续扣好球，易麻痹大意，有时扣球想露一手，搞一些高难动作，以显示自己水平，结果造成失误。

（5）拦网训练时的心理影响。怕空跳拦不着球，因而懒得跳，怕对方大力扣球，阻拦不住，手指受伤，怕对方打手出界，怕对方战术变化多，不易识破对方进攻意图，怕无规律的扣球，怕改变进攻节奏快慢不一，无从拦网，怕拦网配合不好，互相冲撞受伤，怕拦网触网或过中线犯规。

（6）防守训练时的心理影响。怕接重扣球，怕球打中自己，怕防守不起球，怕对方扣球中线路变化多，防不胜防。怕练防守、滚翻，怕防守补课，怕教练员"出难题"，怕连续失误，易失去信心，怕摔跤受伤。

竞赛中的心理影响：

（1）领导干部和教练对运动员的影响。赛前领导提出的比赛任务和指标过高，对队员压力大，思想包袱重，怕完不成任务。赛中，由于比赛不慎失分或失权，或出现连续失误，怕遭受指责与埋怨。教练的生硬批评指责或苛刻要求，教练员的情绪激动，行为不安，或在不适当的时机给予暗示，都会额外地增加队员的心理压力，使他们产生忧虑和紧张情绪。

（2）裁判员对运动员的心理影响。遇有裁判错判、漏判、反判时，甚至偏袒对方（尤其在关键时刻），而运动员对此又没有足够的思想准备，就易引起愤怒和不满，或无能为力的消极情绪。对裁判员的印象好坏也有较大影响。如对裁判员印象好，打起比赛信心足；对裁判员印象不好，还未比赛就会失去信心。

（3）不同性质比赛与不同对手对运动员的心理影响。比赛性质不同、级别不同、规模不同，对运动员都有影响。如世界大赛争夺出线权，或争夺冠亚军，全国甲级赛决定升级或确定运动等级等，都会给运动员增加压力，造成过分紧张的心理状态。对待强队，运动员易产生害怕感；对待弱队，运动员易产生麻痹大意。如1977年以前，中国女排从未战胜过苏联队，因而始终认为苏联女排力量强，不易打败对方。但在1981年世界杯比赛中，中国女排以3：0战胜苏联女排以后，才解除了这块"心病"。又如对名将队员的恐惧。中日女排比赛，日本队怕郎平的重扣，在防守前就心有余悸，有时郎平扣球攻击力不强，也往往能得分。

（4）场地、器材和比赛时间安排对运动员的心理影响。排球比赛的时间地点与场地器材情况，也易影响队员的心理变化。如在某个场馆打胜过球，就对这个场馆很感兴趣。凡在这个场馆比赛，信心十足，干劲很大，因而成绩也打得很好。在某个场馆输过球，就对这个场馆很厌烦，未打比赛就情绪不高、信心不足。又遇有地板较滑或灯光太强或太弱，或比赛时间安排不习惯（有的队喜欢白天比赛，有的队喜欢晚上比赛），都易产生不同想法，影响运动员的技、战术的正常发挥。

（5）气候、时差、饮食、睡觉等对运动员的心理影响。天气过热或过冷；时差很不习惯，乘车、船、飞机的旅途颠簸、疲劳、晕车、呕吐以及饮食不佳、睡觉不好等，都会影响队员精神不振，体力不佳，情绪不好，信心不足。

（6）观众、噪声、啦啦队对运动员的心理影响。新队员参加比赛怕见观众，观众越多，心理越紧张。有时在场上晕头转向，搞不清场地方向和位置。即使有经验的队员，遇到观众的震天呼叫和各种形式的加油声，也会受到影响。如1982年世界锦标赛，美国女排对秘鲁女排的比赛。按实力，美国女排较强，但秘鲁女排在天时、地利、人和的优越条件下，特别是在啦啦队的呼叫下，终于战胜了美国女排。

比赛结束后，美国女排教练塞林格对记者说"我们不习惯这种噪声，所以输了"。据了解，噪声超过85分贝时，多数人就会感到烦躁不安。这可导致运动员心理起伏大，不稳定，不能更好地发挥技、战术水平。

从以上情况可以看出，排球运动员的身体训练、技术训练和比赛的心理影响是多方面的。其中害怕因素和情绪又是诸多因素中影响较多的。对有些运动员来说，并非如此，他们发挥正常，受干扰影响不大。因此，要正确了解一个队员的心理变化、情绪变化是否稳定，除考虑共性外，还要考虑其个性与特殊性。

6. 排球运动员心理训练内容

排球运动员心理训练内容根据不同任务、不同对象应有所不同。一般来说应包括：运动员成就动机与必胜信心（理想、信念）稳定而增加的情绪，勇敢顽强战胜困难的意志；出色的专项认知能力（注意力、记忆、想象、思维、运动感知觉等）；良好的人际关系与社会适应能力；优良的个性品质等方面的培养和训练。

7. 排球运动员心理训练方法

为了正确地调整和控制运动员在训练和比赛时的心理活动，使运动员的中枢神经系统达到最适宜的兴奋状态，一般可采用以下三种综合性的调整手段。

第一，生物学手段。主要通过植物性途径来调节中枢神经系统的兴奋性。如运动员的营养、睡眠、兴奋剂和各种药物以及气功。

第二，生理学手段。主要是通过来自本体感受器、皮肤感受器和其他分析器第一信号冲动来影响兴奋性。如按摩、水浴、音乐等。

第三，心理学手段。主要是通过语言，通过第二信号系统来调节中枢神经系统兴奋性，在这里语言刺激不仅起着心理治疗的作用，而且有助于运动员控制和调节参加比赛的心理活动。

1. 一般心理训练的方法

（1）放松训练。放松训练是运用自我暗示的语言，调节和集中注意力，使肌肉得到充分放松的方法。这种方法，可有效地消除训练和比赛中的紧张状态。运动实践表明，运动员优异的成绩和自身的最佳状态经常是在心理和肌肉融合为一体时才能体现。所以运动员在训练和比赛中使自己放松，并在心理上保持稳定，对获得优异成绩是十分重要的。放松训练的方法有以下几种：

A.肌肉紧张放松法。使自己某一肌肉群，保持紧张约10秒钟，然后尽量放松。放松时，可从上肢开始，过渡到头部、颈部、肩部，然后从腹部到背部、髋部、大腿和小腿。在每次紧张和放松时，都要把注意力同紧张和放松的感觉紧密地联系在一起。练习时还可与深呼吸相结合进行。

B.不进行肌肉紧张的放松法。即要求注意力集中，放松主要肌肉的感觉或情绪。顺序可按肌肉紧张放松相结合做，也可先放松不紧张的部位，再放松紧张部位。放松时的口诀提示为："放松、镇静。"每提示一次，深呼吸一次，在默念口诀后，使身体有关部位充分放松。时间10~15分钟。

C.语言暗示放松法。选择一个幽静而安闲的环境，运动员可坐、卧在凳子上或床上，闭上眼睛，使全身处于放松状态。这时进行自我暗示默念几遍："我很安静""全身放松""我呼吸舒畅""我感到舒服""我轻松极了"。放松过后，还要进行自我动员，暗示"我有力量""我感觉良好"。放松时可以检查身体的紧张部位，肩颈部是很好的检查点。如还有没放松的部位，就迅速消除紧张情绪。

D.模拟比赛放松法。由于参加比赛而造成的焦虑，可在模拟比赛下进行放松。即从模拟过渡到比赛实际。例如测验、选拔赛、问答提问等。只要一意识到自身紧张的信号，马上就要进行深吸气、慢呼气，并默念放松，即可出现放松的反应。

（2）想象训练。想象训练是指运动员有意识地在头脑中重现已经形成的运动动作表象或形成熟练的运动动作表象，或以运动经验想象出比赛的情景。良好的想象训练可帮助运动员形成精确的运动知觉、清晰的运动记忆和敏捷灵活的想象能力，可使他们尽快地熟练掌握技术和战术，有利于建立和巩固正确动作的动力定型，并能减少运动员的各种焦虑，克服各种心理障碍，以增强自信心。想象训练的方法有以下几种：

A.通过写日记的办法，把自己积极的运动表象记下来，翻一翻日记，可以唤起生动的运动表象出来。

B.利用多种形式进行想象。在进行想象时，可从外部自动地想象自己（看拍摄自己的比赛录像）或从内部去想象自己（内心体验），或从内外部交替地想象自己。想象越清晰越好。

C.在训练和竞赛期间进行想象。如队员练习正面扣球技术，在练扣球之前，先叫他们把整个动作的全过程想象一下，之后再进行练习。练习之后，再利用想象和思维及内部语言简述自己在练习扣球中的体会。并使他们知道对在哪里错在哪里、如何改正，这对形成正确的动作有促进作用。

D.借用直观形象进行想象。如利用电影、录像、挂图、照片给运动员看郎平的扣球技术，使他们在头脑中保持住这些运动表象。然后，再让他们想象自己以同样的力量进行扣球。要求他们准确地复制这种扣球的助跳、起跳、击球、落地动作方法和节奏，这种想象训练方法是行之有效的。

E. 模拟想象。在训练中，运动员经常是伴随着模拟动作来完成内心想象的。如在练习接发球时，队员边练一传，边想象一攻的战术配合。特别是接一传后，就积极准备上步扣球。这对复制出鲜明、生动的运动感觉和情绪体验有积极作用。

F. 胜利情境想象。用想象胜利形象，去鼓舞斗志，增强信心，消除心理障碍，是一种好办法。它可使那些怯场或害怕失败的运动员消除失败形象，而转变为胜利形象。

想象训练的过程是从内心想象开始，之后进行实际训练、模拟训练，最后再实际运用。想象训练可从简单、最熟悉的情况开始，之后，逐渐提高想象的难度。想象训练对头脑中的图像越清楚越完整越好。

（3）自我暗示训练。自我暗示训练是用语言揭示（第二信号系统）对自己的心理施加影响过程的一种方法。这种语言提示由运动员自我在内心进行，即为自我暗示。

自我暗示训练的目的是调节人的心境、情绪、意志和信心，可以促进新陈代谢，也可以提高动作的成功率和控制动作的稳定性。自我暗示训练，要有针对性和诱导性。练时要有诚恳的态度，要相信这种方法，即心诚则灵。否则是没有效果的。

自我暗示训练，可与放松训练、想象训练相结合使用，对调节运动员的临场状态有积极作用。自我暗示的词语，要尽量简短、具体，暗示语要与行动相联系，并应该是肯定语句，如"我的注意力非常集中""我一定接好球"。肯定性暗示可使运动员劲头十足、信心倍增，也可消除焦虑和其他心理障碍。对恢复体力也会产生显著作用。

下面介绍几种训练和比赛中自我暗示的事例：

A. 发球事例。在运动员比较紧张、信心不足时，可暗示"冷静、沉着"、"一定发好球"；在运动员出现技术问题时，可暗示"抛好球"、"击准球"；在运动员出现连续失误时，可暗示"要发过"、"不失误"；在运动员出现连续得分时，可暗示"要认真"、"不松劲"。

B. 一传事例。在运动员接球前，如暗示"球必来我处""我一定接好球""移动取位""对正击准"；在击球的一刹那，运动员可将暗示喊出来"到位"，以壮胆助威，建立必胜信念，提高一传的准确性。

C. 扣球事例。在运动员扣球前，可暗示"我一定扣好球""我要打死对方"；在击球瞬间，运动员可以将暗示喊出来，"打死"或喊出"嘿"，以锐不可当的士气压倒对方，以增强信心。

D. 防守事例。防守前，运动员可暗示"球必到我处""我一定防起球"。在击球的一刹那，可以将暗示喊出来："好球""防起"。

（4）集中注意力训练。集中注意力训练，是坚持全神贯注于一个确定目标，不为其他杂念所干扰而分散的一种能力。集中注意力训练是一种综合性训练过程。注意集中的强度依赖于精神机能，注意力的保持与延长取决于肉体机能。当精神疲劳时，注意力的集中强度减弱；当肉体疲劳或有伤病时，注意力集中的延长机能就会降低。

因此，集中注意力训练，既要解决精神机能，也要解决肉体机能。

造成运动员注意力分散的原因很多，如疾病、失眠、疲劳、急躁、轻敌、过分计较个人得失，以及环境的变化等，都会妨碍注意力的集中。集中注意力训练的方法有以下几种：

A. 视物法。把注意力集中在一体物上，使自己的思想同其他事物隔绝，以便把全部工作集中在客体上。如自己面前放一个排球，观察其形状、颜色，由多少块皮子做成，每块皮子的形状等观察5秒钟，然后闭目重视5秒钟，再看有无遗漏。如果一样，则可转向重视另一个复杂的物体，随着注视的物体结构复杂性的增加，集中注意的能力也得到提高。

B. 看表法。看着手表的秒针一秒一秒地移动，最好能坚持看60~90秒。连续3~4次。每次练习休息10~15秒。当能注视秒针达到5分钟后，即可转入注视分针。集中注意力的时间将会得到延长。

C. 游戏法。通过做游戏，使运动员集中注意力。如"老鹰捉小鸡""十字接力跑""互相追逃""单、双数报数"等。

D. 音量法。教练员讲话时voices嗓门大些，引起运动员注意听；有时讲话声音小点儿，运动员要听清，就必须高度集中注意力。

E. 调整呼吸法。运动员用鼻子慢慢进行深呼吸。吸气数一，呼气时数二，如此类推，一直数到10次，之后再重复2~3次全过程。

F. 黑数字表法。不按秩序排列互不相同的数字表4张，表上共25格，格内写有1至25的黑色数字。运动员从1开始，依次寻找1、2、3、4等数字所在，边指边读出。看数完1~4张所需用的时间。如每张所需要时间相同或逐渐缩短，表示注意力稳定性良好；如每张所需的时间越来越长，或显著波动，表示注意稳定性不良。

集中注意力训练，不仅重视注意力集中，而且还要重视注意力的分配和转移。排球比赛既要注意力集中，做好动作，又要将注意力从一个动作转移至另一个动作上，即做好串联与战术配合。另外，还要注意训练运动员的注意范围，即扩大视野的训练。要求运动员能够把自己的注意范围由大到小地不断变化模拟训练。

（5）模拟训练。模拟训练是将训练安排在与比赛条件相似的环境下进行的一种训练方法。其目的要使运动员形成"先期适应"，即对临场状态的适应，提高比赛水平。

模拟训练有两种：一种是实践模拟；另一种是通过语言、图片、录像、电影等进行模拟。

A. 实战模拟。中国女排为夺取世界冠军，曾聘请江苏男排（甲级队冠军）做陪练进行实战模拟训练。江苏男排有的队员模拟美国女排海曼和克劳克特的凌厉扣杀，有的模仿日本女排的快速反击和出色的防守，这样使中国女排在训练上更有针对性。日本女排为争夺第23届奥运会冠军，不但组织了男子陪打队，而且让6名男队员穿上写着"郎平""张蓉芳""周晓兰"……中文字样的背心，在场上模拟中国女排的进攻和防守、特点和弱点，以适应我国女排的打法。

更耐人寻味的是，日本队总教练山田重雄还把这些陪打队的人员全部带到洛杉矶奥运会上，并准备随时进行模拟训练。

B.语言形象模拟。这是由教练员向运动员提出问题，由运动员进行准确回答问题的一种心理训练办法。如在准备会上，教练员提出："对方扣直线怎么办""对方轻打吊心怎么办""对方打双快一游动怎么办"等。这时运动员能以比较正确的理解给予回答，以做好心理上的各种准备，并能够掌握克服心理障碍的方法。

（6）意志训练。意志训练是决心克服各种困难，以实现既定目标的心理过程。意志对排球运动员来说是一种十分重要的心理品质。

培养意志品质主要通过克服运动实践本身的困难和教练员有意出难题进行的，在克服困难训练中可采用以下几种方法：

A.激励法。表扬本队中意志坚强的运动员，介绍排球界意志坚强的人和事，激励运动员相互学习、共同提高，从而达到培养意志品质的目的。

B.诱导法。激发和诱导运动员的事业心和责任感，把运动训练提高成绩与祖国的荣誉结合起来，从而使运动员产生强大动力，为事业去战斗，为理想去拼搏。

C.刺激法。通过大运动量训练，使运动员能承受大强度、大密度、大难度考验，以增强克服困难的勇气和信心。特别是在疲劳的状态下进行这种训练，对运动员的意志品质培养有积极的促进作用。

D.强制法。教练员下达命令，提出训练规定要求。运动员必须保质保量去完成。如练习低姿防守，每人完成10组，每组10次防守要求起好球6个。完不成任务不得换项，或不得下课。通过完成以上要求，去培养运动员的顽强意志。

E.处罚法。如在3000米耐力跑中，对运动员进行计时跑，若超过规定时间5秒，则补跑一个400米；超过10秒，则补跑两个400米，以此类推。通过惩罚补课，培养运动员的意志。

意志训练，关键是运动员本人是否有对意志品质自我培养的自觉性。只有有了这种要求和愿望，才能收到良好的效果，否则是徒劳的。

2.赛前心理训练方法

赛前心理训练的主要任务就是使运动员进入战斗准备状态。其训练方法有以下几种：

（1）模拟训练。

A. 对手特点的模拟。模拟对手的技术、战术打法特点、技战术比赛风格、训练比赛作风，以及气质表现等。具体方法是让队友扮演对手的活动，通过模拟，了解和适应对手的比赛情况，以便采取有效对策，加强赛前的准备。

B. 反败为胜的模拟。在练习比赛中，规定主力队员一方为10分，非主力队员一方为14分。比赛开始后，双方进行激烈争夺。经过反复训练，在比分落后的情况下，培养运动员不惊慌失措，增强反败为胜的信心。

C. 裁判不公的模拟。在练习比赛中，在双方比分接近的情况下，裁判员有目的、有计划地进行错判、漏判或反判，培养运动员能经受挫折的刺激，而不埋怨、不激怒，不分散注意力，不影响自己的情绪，继续打好比赛，以激励自己前进。

D. 气候条件影响的模拟。在大赛前，应选择与比赛地点相同的气温进行实战训练。或以超难度的条件进行训练，以提高运动员的比赛适应性和充分做好心理准备。

E. 对观众影响的模拟。在大赛前的训练比赛，可有目的、有计划地组织观众看球，并组织一些啦啦队，专门为对方加油助兴。或在比赛中播放有噪声的录音带，使噪声超过85~90分贝。利用观众的震耳欲聋的呼喊声、加油声、吹哨声、小号声及观众不同的态度和倾向，使运动员情绪紧张、烦躁不安、注意力分散、技术失常。

F. 对"时差"和地理环境的适应模拟。参加大型的国际比赛，国与国之间有着不同的时间差别。时差多的可达11~14小时。如果对这样的时差不能很快调整过来，就会给运动员带来生理上的极度不适应，引起失眠、头晕、四肢无力，甚至呕吐，以致体力下降，竞技状态减退，心理上产生畏难情绪和恐惧心理，从而失去比赛的信心。

一般来看时差在6小时以上，需要3~4天恢复；时差在10小时以上的需要6~8天恢复。在调整时差时，可抓紧时机进行适量训练。不管旅途如何劳累，都要进行适量训练。在训练中要高标准、严要求，用强制的办法，把运动员的思想、精力集中到训练上来，使运动员到入睡时感到精神、体力上的极度疲劳，尽快入睡。可坚持中午不休息。开展谈心活动，或开会、看书、写日记等，强制运动员感到兴奋。总之，使运动员情绪稳定，安静入睡。

G. "拉练"式比赛模拟。大型国际比赛，在比赛的时间、地点上往往都不是理想的。比赛时间有上午、中午、下午和晚上，比赛地点也经常变动，有时打一场球就换个城市。为了适应比赛，改换中午不休息而进行训练或比赛。锻炼运动员的意志，改变运动员的习惯，以适应比赛。1981年为适应第七届世界杯在日本的"拉练"式比赛，中国女排赛前先后转战于北京—石家庄—天津；南京—苏州—南京—镇江；打一场换一个地方，锻炼了队伍，习惯了变化，适应了环境，发挥了水平，也夺取了世界冠军。

（2）放松训练。为了使运动员保持赛前心理愉快、情绪平衡，对运动员可采用放松训练。

A. 转移注意。赛前把运动员的注意力转移到与比赛无关的刺激物上去，使运动员在心理上获得放松。这样可保证运动员在精神、心理上的清晰和保持心理的能量。如大赛前进行各种娱乐活动，看电影、电视、录像；下象棋、打扑克；看有兴趣的书籍、杂志、画报，听有节奏的音乐，或有兴趣的歌曲，让运动员做他最感兴趣的事，使其精神轻松、心情愉快、情绪稳定。但是不能搞得筋疲力尽，要保证良好的休息。

B. 自我暗示放松。常用的语言模式是：

我安静了，很安静了。

我的双手放松了，暖和了。

我的双手完全放松了，暖和了，不能动了。

我的两腿放松了，暖和了。

我的两腿完全放松了，暖和了，不能动了。

我的肩、背、腰都放松了，暖和了。

我的肩、背、腰完全放松了，暖和了，不能动了。

我的颈部放松了，暖和了。

我的颈部完全放松了，暖和了，不能动了。

我的脸部放松了，暖和了，不能动了。

以上主要放松手、腿、腰、背、肩、颈、脸等部分的肌肉，采用这种办法，可以消除疲劳，恢复体力，克服恐惧感。研究表明，利用以上训练方法等进行 5 分钟放松训练，几乎和平时休息一小时的效果一样。

C. 活动调节训练。采用不同速度、幅度、强度和节奏的动作练习，可以调节运动员的情绪。当情绪过分紧张时，可采用一些强度大、幅度小、速度和节奏快的动作练习。活动调节法可在赛前训练中应用，也可在赛前准备活动中使用。

D. 呼吸调节训练。当情绪紧张、激动时，呼吸较短促，这时采用缓慢的呼气和吸气练习，可以放松情绪。当情绪低沉时，可采用长吸气与有力的短促呼气，能提高情绪的兴奋水平。

E. 表情调节训练。面部表现与情绪有着密切关系。当情绪紧张时，要有意识地放松面部肌肉，当情绪低沉时，有意做出笑脸，强迫自己微笑，或想想自己过去高兴时的样子，以调节自己的情绪。

F. 鼓励调节训练。领队和教练要善于发现运动员的情绪变化，并及时给予鼓励，使运动员从紧张状态中解脱出来。如"要敢打敢拼，不要背包袱，打坏我负责""你只管大胆扣，现在你什么都不想，努力打好每一球"。

（3）赛前心理准备。教练员要帮助运动员正确地理解比赛任务，形成争取达到目的的动机，并做好参加比赛的心理准备，以预防和调节运动员在复杂的比赛条件下可能出现的不良心理状态。对比赛任务，既不能提得太高，也不能无所作为。"压力"对运动员是有害的，缺乏上进心也是无益的。

教练员要对自己队员了如指掌，并能掌握他们的心理活动规律。对每场比赛都要收集对方的情报，以便详细地了解对方的比赛作风、意志品质、身高、年龄、身体素质、基本技术、战术配合、比赛经验和过去的成绩，使队员做到知己知彼，心中有数以外，要告诉运动员参加比赛的时间、地点、比赛性质、规模大小、参加对象、录取名次、比赛方法，使运动员有高昂的情绪和坚定的信心参加比赛。

开好赛前的准备会，是赛前心理准备的重要环节。成功的准备会，对稳定全队情绪有着重要的作用。在准备会上，要客观分析敌我双方的实力，摆正自己的位置，提出切实可行的目标。同时对比赛中可能出现的问题做出充分估计，分析和提出解决问题的办法，并使每个参赛运动员心里十分明白。

3. 赛中的心理调整

（1）赛中的准备活动。准备活动做得好坏，对运动员的情绪有一定影响。准备活动充分了，运动员比较兴奋，情绪高昂，信心十足。准备活动最好集体做，可结合呼叫，以提高兴奋性，减轻恐惧心理。教练员要积极参加准备活动，要创造一种气氛，克服赛前的不良状态。第九届世界女排锦标赛和第11届亚运会排球赛，各队教练都亲自带队员做准备活动。先做一般活动，再做专门练习。之后，教练员进行发、扣、吊、扔，运动员进行接、防、摔、救……边做，边呼叫，有呼有应。气氛十分浓厚。这样大大调动了队员的积极性，提高了兴奋性，较好地进入了竞技状态。准备活动的时间长短、速度节奏，应视运动员心理状态而定。教练员发现运动员准备活动不认真、活动不充分，可不让他上场比赛，以免影响比赛成败。

（2）赛中教练员的语言提示。教练员用客观、准确的语言，说明比赛的目的、意义，帮助运动员调整比赛心理，调动积极性，活跃情绪，为祖国为集体争荣誉。

当教练员发现运动员过分紧张，要讲一些幽默的话，分散运动员的注意力，帮助解除紧张情绪。

教练员用鼓励性的语言，肯定运动员的优点和成绩，不随便否定一个运动员，对有时发挥不好的运动员要"安慰"，甚至说几句替运动员"解脱"的话，以使运动员充满信心，减少精神压力。教练员在制定正确的战略战术时，能扬长避短，能击中对方的要害，使队员充满胜利的信心。

在赛前出现不良情绪，如出现情绪冷漠时，教练员应用语言激励、动员、鼓动运动员积极性。如出现"情绪过分激动状态"，教练员用语言调整比赛动机和期望水平，使其恢复适宜状态。如出现"盲目自信状态"时，教练员要对运动员进行作风、责任感方面的说服教育，使其明确肩负重任，认真地参加比赛。

（3）暂停与换人。每一局比赛都有两次暂停机会，要充分合理地运用暂停。暂停时，教练员要把运动员集中一起，由教练员指出比赛中存在问题，如何攻击对方的薄弱环节。在连续丢分，场上队员过分紧张时，在比分落后时，为了改变战术打法时可叫暂停，以增加动力、增强信心、稳定情绪。

教练员的外部感情表现、语言声调大小、心情是否激动、态度是否积极、信心是否充足……对运动员都有直接影响。教练员暂停质量与平时训练有关。只有经过训练的运动员，才能很快地领会教练意图，一旦教练暂停，队员能立即安定下来，聚精会神地听取教练指导。在任何情况下，运动员之间不能互相指责和争吵。教练员的暂停，不仅在心理上给队员以安定和鼓舞，更重要的是给予具体措施和战胜对方的办法。教练员暂停的时机很重要，要掌握火候，恰到好处。如在连续失误的情况下，队员阵脚慌乱、信心不足、不知所措时，或需要改变战术打法时，或布置新的任务时，可要求暂停。一方面告诉运动员应付对策，稳定情绪，增强信心；另一方面也要起到破坏对方的发球和比赛节奏，以造成对方发球失误。另外，教练员还会利用对方的暂停，分析对方的意图，提出注意问题，使队员早做准备，做到心中有数。总之，教练员在30秒钟的暂停时间内，要做好以下四点：A.带着好的情绪走上去；B.语言要精练；C.肯定场上成绩，讲清场上主要问题；D.教给运动员具体办法和对策。

每一局比赛，都有6次换人，换人也要进行训练。首先教育运动员要正确对待换人，树立全队一盘棋的指导思想。谁打得好，谁应上场比赛；谁打得不好，谁应被换下来。上场与下场是一个正常现象，不存在丢脸问题。这个问题解决好，运动员之间就不会出现上、下场的矛盾。被换下场的队员就不会背包袱。在场上打不好球的队员也不会过分紧张。另外，换人要有准备，要提前告诉运动员被换上场的位置、任务、要求和注意事项。换人的时机要恰当、果断。队员要在换人区预先等候。换上场的运动员要有信心。如1984年第23届奥运会，中、美国女排决战，最后关键时刻换上侯玉珠发球。两个发球都成功了，赢得关键的一局。

（4）局间休息。每赛完一局，中间有3分钟交换场地和短暂休息时间，打成2∶2平局时，中间可休息5分钟。这时教练员要充分利用这段时间做好临场指导和心理调整。教练员要降低运动员身体疲劳和心理上的紧张。着重指出上局的问题，重点指出下局是如何打法，使队员心中有数，充满信心。防止运动员之间相互争论，各执己见。对打得好的运动员给予鼓励，对打得不好的运动员不要直接批评或责备。要从另外一个角度去听取他的意见，这样可以减轻队员的心理负担，使运动员在纠正自己的失误时更有信心。

（5）相互呼应。比赛中要相互呼应。打好一个球互相鼓励，相互拍手，以示庆贺，扣死一个球后本人可在场中跑一圈，与每个队员相互击掌，鼓舞斗志，增强信心，消除紧张，高度集中，积极呼应在心理上可以产生一种压倒对方的气势。目前，日本、韩国、美国女排等队在训练与比赛中，呼叫积极，有呼有应，声音洪亮，气势磅礴，使一个队生机勃勃，充满了胜利信心。中国各队都应培养这种作风，使心理训练达到更高境界。

4. 赛后心理恢复

比赛是运动员在极度紧张和兴奋中进行的，将消耗大量的身体能量和心理能量。因而赛后要进行恢复、消除身心疲劳，以利于下一场或下阶段的训练或比赛。其恢复方法有：

（1）赛后进行专项训练。如进行游戏性训练、慢节奏训练，以及按摩放松和其他球类项目、田径、体操、游泳训练等，使运动员消除紧张，轻松愉快地进行训练。

（2）正确对待胜负，认真总结经验，吸取教训。比赛有胜有负，胜利了会高兴，心情愉快，气氛活跃；失败了，会忧虑悲伤，心情不快，闷闷不乐。因此，要学会调节心理。从失利中去找积极因素，把情绪扭转过来；从胜利中找不足，以防骄傲自满。这有利于赛后心理恢复。

（3）转移兴趣练习。把比赛中的紧张情绪，转移到其他有兴趣的活动上去，如参加书法、绘画、歌唱、跳舞等活动。

（4）减少运动量训练。训练时间适当减少，训练强度和难度适当降低，对竞争和对抗性练习方法，串联方法与战术训练都应适当减少，以便调整身心疲劳。

排球运动员心理训练程序和注意事项：

1. 排球运动员心理训练程序

（1）对运动员进行心理诊断，这是对运动员进行科学训练的基础。对运动员进行心理训练，首先要对运动员进行心理诊断，找出运动员心理上存在的主要问题，运动员心理训练的指标与方法有以下几种：①注意力的集中与分散稳定诊断；②反应能力的诊断；③运动感知觉的诊断；④运动记忆诊断；⑤本体感觉诊断；⑥操作思维诊断；⑦动作稳定性诊断；⑧技能学习能力诊断；⑨仿真能力诊断；⑩主体视觉能力诊断；⑪神经系统、精神运动特性诊断。

（2）根据心理诊断，分析评定运动员的心理特点。如评定运动员的感知水平，心理特点，属于内向型或外向型，属于紧张型或冷静型。

（3）根据诊断和分析评定的练习，对不同心理特点的运动员，制订不同的训练计划，并采用不同的实施方案进行训练。

（4）及时对心理训练效果进行检查、了解、掌握情况，以便调整训练计划。

2. 排球运动员心理训练应注意的问题

（1）讲清道理，消除疑虑。对排球运动员进行心理训练时，应遵循"心诚则灵"的原则。由于心理训练要经过长期的训练才有成效，故教练员、运动员易产生怀疑思想。因此要讲清心理训练的科学依据和训练的长期性，如果这个认识、信念不解决，心理训练是搞不好的。要坚持经过长期的、系统的、科学的、有计划地进行心理训练是可以起积极作用的，也是可以收到显著效果的。

（2）要当先生，先做学生。对运动员进行心理训练以前，教练员要较熟练地掌握心理训练的各种理论知识与方法，要以身作则，身先士卒地进行心理训练。只有本身体会深有感受，再去对运动员进行心理训练，才会有成效，才知道哪些地方可行、哪些方法无用。

（3）循序渐进，区别对待。对排球运动员训练时，要循序渐进，由易到难、由简到繁、由浅入深，逐步进行。由于每个运动员的个性特征（性格、气质特点等）不同，心理差异不同，心理变化的起因也不尽相同，因此，必须根据不同原因，采用不同方法和措施按不同类型区别对待（性别、年龄、经验及教育程度等）。

（4）持之以恒，长期训练。在经常性的心理训练基础上，进行准备比赛的心理训练，使二者有机地结合起来。

（5）心理训练一定要与身体训练、技、战术训练和比赛相结合，在实践中运用提高，不能单一地为心理训练而心理训练。

（6）把心理训练列入整个训练计划内容之一，严格按计划进行。

（7）教练员与运动员心理学工作者长期合作，相互结合，使心理训练紧密结合实际。既是科学研究，又是心理训练。为不断总结我国排球运动中的心理训练探索出一条宽阔的道路。

第二节　排球训练计划

一、排球训练计划概述

1. 定义

排球训练计划是对未来训练过程所预先做出的理论设计。这种设计是在以往训练实践的基础上，加以不断总结，吸取成功经验，抛弃失败教训，以利于提高运动水平的一种科学手段。

2. 特点

（1）连续性和阶段性。科学训练的基本原理就是训练的不间断性和周期性，而且是长期地进行。其目的在于确保运动训练的最佳竞技状态。

（2）多变性和可控性。运动训练过程是由多种因素构成的，它将受训练体制、组织领导、竞赛制度、奖励办法、生活保证、场地器材、气候环境、社会、家庭、心理等各种因素的影响，以及各个阶段、周期和课训练计划的变更，故容易造成预先设计的计划与运动员状况不相吻合，这即需要对原制订计划进行调整和修改。由于科学的发展，使人们认识到：要想取得较好成绩，必须对运动训练进行有效控制。要进行控制，必须高度重视训练信息的收集和运用，并采取多种方法诊断，从中了解运动训练过程中的诸多因素变化，以便及时对运动员训练给予变更。

3. 目的

制订训练计划的目的在于科学地、合理地、迅速地提高运动训练水平。通过训练计划，可使教练员、运动员、科研人员、工作人员、医务人员等有统一的认识和行动。以明确目的、端正态度、调动积极性。并可对各阶段训练进行诊断，对各个环节做出评定，以便进一步修改、充实、完善训练的全过程。

4. 分类

根据训练组织安排的特点进行分类：

（1）个人训练计划。排球运动虽然是以集体训练为主的项目，但由于每个人的具体情况不同、训练水平不同、训练年限不同，故不能用一个完全相同的计划进行训练，必须考虑区别对待和合理安排运动负荷，以特殊的训练安排和要求进行个人训练（含身体训练、基本功训练、技术训练等）。

（2）集体训练计划。集体训练是主要的训练形式，如串联训练，小组训练，成队攻、防配合训练，各种比赛训练，对抗性的竞争训练等。为此，集体训练计划占有极其重要的地位。

（3）混合型训练计划。即把个人训练计划和集体训练计划交叉结合在一起进行训练。如练习形式相同，但完成的练习组数、次数、质量、负荷可不同。总之，既集体训练，又便于区别对待。

根据训练时间长短的不同进行分类：

（1）多年训练计划。它是一个多年的总体设想（奋斗目标）和指导性计划文件，是制订全年训练计划和阶段性训练计划的依据，具有较强的战略意义。

（2）全年训练计划。它是以一个年度为一个周期进行的训练计划，也是承上启下的中间计划，是制订大周期（阶段）训练计划的依据。

（3）大周期训练计划。它是全年训练中某个阶段的训练计划，是紧密联系竞赛阶段较细致具体的训练计划。一般有3个时期，即准备时期、竞赛时期和过渡时期。

（4）小周期训练计划。它是在数天完成的一种训练计划，一般采用7天制训练，该周期对每天的训练内容、次数、时间、负荷等都做出较细的安排。一般有4种类型，即基本训练周、赛前诱导周、比赛周和恢复周。

（5）课训练计划。它是每一次训练课的教案安排。课的结构有准备部分、基本部分和结束部分。训练工作的好坏关键在训练课的质量。课训练计划要有足够的难度，要适合队员训练水平。

5. 依据

从本队的实际情况出发制订计划

本队的实际情况包括：队员年龄、身高、身体素质、基本技术、战术、比赛水平、心理因素、作风、智能、特点、潜力以及过去比赛所取得的名次等。训练目标定高了达不到，易失去信心；训练目标定低了容易完成，没有上进心和积极性。为此，在现有的基础上，通过一定的努力能达到目标是比较恰当的。如国家女排，1976年组建后曾提出"冲出亚州，走向世界"。1979—1980年，又提出要争夺世界冠军。1981年夺取世界杯冠军后又提出要争夺世锦赛和奥运会冠军，以后获得了"五连冠"称号。

从国内外排球运动发展趋势考虑制订计划

制订训练计划，要适应国内外排球运动的发展趋势。对技术、战术、比赛、身体素质、心理、智能训练方法手段和各种趋势要了解。过去强调日本"大松式"的极限训练，现在强调科学化训练。过去对心理训练不够重视，现在要列为重要内容之一。过去对跳发球、后排攻训练比重不大，尤其是女队，现在必须加强训练。过去对中、小个队员训练经验丰富，但对高大队员训练缺乏经验。为此，制订训练计划应重视这些因素。

从排球运动有关发展规律考虑制订计划

（1）从得失分规律考虑。排球比赛胜负的得失分规律是：多得分、少失分，首先得满胜局分。加强得分技术训练，提高失分技术和关键环节的训练；加强关键球、关键局和开局训练。

（2）从攻、防转换规律考虑。排球运动攻中有防，防中有攻，攻防随时转换。应树立以攻为主的训练指导思想，形成自己的特点和风格。加强一攻、反攻、推攻、保攻各个环节的训练。

（3）从规则发展规律考虑。有利于公平竞争，有利于攻、防从平衡—不平衡—再至平衡。有利于观众欣赏，有利于电视台转播，有利于比赛时间控制，排球规则正向着竞技排球、观赏排球和大众排球方向发展。

（4）从比赛制度规律考虑。排球比赛制度一般有：循环制（单循环、双循环、分组循环……）、淘汰制（单淘汰、两败淘汰、三败淘汰……）、混合制（先分组循环，后交叉赛；先分组淘汰，再循环）和主客场制（主客场单赛制、双赛制）等。比赛时间和地点，既可集中，又可分散，或进行拉练式比赛。为此，应熟悉有关制度，平时应加强适应性训练。

从参加竞赛和主要对手状况考虑

（1）国家队参加主要大赛。亚洲锦标赛、世界大奖赛和各种邀请赛、选拔赛，以及4年一届的世界杯赛、世界锦标赛和奥运会等。

（2）各省、市队参加大赛有：全运会、全国锦标赛、全国排球联赛，以及各种邀请赛、选拔赛，各种青少年排球赛等。

（3）主要对手的分析。组建时间、成长过程、取得成绩、打法特点、队员年龄、身高、身体素质、基本技术、战术、作风、心理、比赛经验、轮次打法、后备力量、教练水平……通过了解分析，进行针对性训练。

从比赛时间、地点、气候、设施和竞赛规程要求考虑

（1）比赛时间的确定，是制订训练计划的关键所在。比赛时间以前的阶段为准备时期，比赛时间阶段为竞赛时期，比赛时间以后阶段为过渡时期。一切训练计划的制订均须考虑比赛时间。

（2）比赛地点的确定。以便了解当地气候状况、生活习惯、观众动态、场地器材，为适应环境条件做好赛前准备。

（3）竞赛规程及要求。了解参赛规程、规定和规则，参加人数、报名条件、报到日期和比赛服装规定，做好赛前准备。

从竞技状态形成的规律考虑

训练的主要目的是使运动员获得最佳竞技状态，在比赛中取得优异成绩。竞技状态的形成发展过程是：

（1）首先获得竞技状态，应具备的条件是：提高运动员的健康水平，全面发展运动员身体素质和意志品质，改进原有和掌握新的动作技能和技巧，提高各器官的机能能力。加强专项素质和技能的训练，使其高度完善。但是，如果训练不当，伤病事故频发，生活缺乏规律，初步形成的竞技状态也会受到破坏。

（2）保持竞技状态，在训练中要注意合理调节训练内容、负荷大小、方法手段、训练时间等，防止偶然因素影响（气候、交通等）。加强心理、智能和作风培养。

（3）竞技状态暂时消退。是因为训练和比赛的负荷强度达到极限水平，神经系统的调节能力衰退，故竞技状态也暂时消退。为此，要改变训练安排，向新的阶段过渡。

6.制订训练计划应注意的问题

制订多年训练计划应注意的问题

（1）训练过程要逐渐强化。总训练量要有计划地增长，运动专项给予强化，训练课的次数要逐渐增多，训练负荷要逐渐加大，加速恢复过程的补充手段，加强有比赛气氛的心理紧张程度训练，制定硬性的训练制度等。

（2）不能急于求成拔苗助长。对青少年不能采用极大训练量，不能搞专项狭窄训练。即使有特殊天赋的运动员，也不能搞极度紧张的训练和比赛负荷。同样，也不能过早地采用硬性制度训练。

（3）多年训练中的负荷变化，应严格遵循训练负荷逐渐提高的原则。一般从三个方面进行。第一，增加总训练量。第二，增大训练强度。第三，在总训练量中增加强化训练的比例。

（4）构成运动员竞技能力的体能、技能、战术能力、智能和心理能力都需要经过长时间的训练才能得到改善和提高。其变化特点具有周期性（或阶段性）。最佳竞技阶段是训练的核心阶段。其他阶段的安排和要求都应服从该阶段训练任务的完成。

（5）对于出现过度训练或严重伤病的运动员，应采取果断措施，保证充分恢复健康和进行适当的训练调整。

（6）队伍组建调整时，注意新老队员的搭配比例。最佳竞技阶段选手（成年队）中骨干队员约占60%，专项提高阶段选手（青年队）中骨干队员约占25%，竞技保持阶段选手（成年队）中老队员约占15%。队伍的更新方式可采取重建式或微调式。

（7）排球运动取得最高运动成绩所需要的时间一般为：3年打基础，5年见成效，8年出成绩。青少年规划可定2年至3年，高级运动队应定4年为好，如奥运会、全运会均相隔4年一届。

制订全年训练计划应注意的问题

（1）制订单周期训练计划，其准备时期和基本时期可长达10个月。易出现生理和心理负荷过度积累，导致竞技能力下降。可采用单周期双高峰安排（第一比赛期和第二比赛期）。

（2）制订双周期训练计划，它有两个准备时期、两个基本时期和两个过渡时期。可在稍短的时间内，做好准备，并具有较好的竞技能力。但必须抓好训练重点和内容比例安排。特别要抓好心理因素的影响。对青少年的训练，处理好训练与文化学习的关系。全年运动训练负荷高潮应安排在假期中。考试之前，应调整训练安排。

（3）制订多周期训练计划，应注意科学训练方法的运用，恢复手段要有效，训练条件要好，可以有效提高竞技能力。

制订大周期训练计划应注意的问题

（1）准备时期要培养、促进竞技状态的形成，着重发展基础性能力。重视发展新技术和战术的训练配合，如采用双周期的大周期训练，冬春大周期准备期时间较长，夏秋大周期准备期时间较短。这个阶段训练负荷量安排较大，强度相对较小。

（2）比赛时期应注意发展专项竞技能力，为参加比赛做准备。这个阶段，要安排好训练负荷节奏，使队员处于超量恢复状态。通过有关热身赛，激发队员的比赛欲望。

采取有力措施，鼓励队员为取得优异成绩做出贡献，并处理好赛间的训练。训练负荷强度较大，负荷量较小。

（3）过渡时期应注意休息，但要保持一定的训练活动。即积极性休息，以达到消除疲劳的目的。安排训练方法可采用游戏法、变换法进行训练。

制订周训练计划应注意的问题

（1）不同训练内容和不同训练负荷应交替安排，以便在较短的时间得到更快的恢复。

（2）不同年龄、不同训练水平，周训天数和时数也不相同。青少年每周训练4~6天，每天训练1~2次，每次训练1~2小时。高水平队最高周训练6~7天，每天训练2~3次，每次训练2~3.5小时。

（3）不同周型，负荷量和强度的变化节奏也不大相同，应大、中、小相结合。

制订课训练计划应注意的问题

（1）先安排复习教材，再安排新教材。注意轻、重技术结合，上、下肢动作结合，不要造成局部负担过重。

（2）保证训练课质量必须明确制定出训练课的目的、任务、要求，特别是训练时间、组数、次数和动作质量指标要求。

（3）高水平运动队每次课训练时间应保持在3小时左右。运动负荷相对较大，青少年训练时间应保持在1.5~2.5小时。运动负荷相对减少或降低。

（4）训练方法手段，要结合实战，联系实际，解决问题。易增加队员的兴奋性、兴趣性，以便调动积极性，教案要文图并茂。

（5）练习形式可采用个人练习、小组练习和全队练习，严格训练、严格要求、严格管理。注意因人而异，区别对待。

（6）注意作风培养和意志品质训练。

二、排球训练计划制订

1. 多年训练计划制订

多年训练计划是对运动员多年训练过程的蓝图设计，即远景规划，也是多年训练活动的预测框架。对于全年训练、周期训练（阶段训练）等都有积极的指导作用。只有在多年训练计划的基础上，才能更好地制订全年或周期训练计划。全年和周期训练的目标、任务，是多年训练计划的组成部分。

多年训练计划是培养高水平优秀运动员的可靠途径。经过多年系统的、科学的训练，可使运动员在竞技能力、身体能力、技术能力、战术能力、心理能力和运动智能上得到明显改善和提高。发展竞技能力是一项长期而艰巨的任务。在掌握高质量的各种基本技术的基础上，进一步学习、发展和创造新技术，并形成牢固的动力定型，使技术动作达到自动化。另外，竞技能力的提高，还具有周期性（阶段性）。各个阶段训练均有自己的特殊任务、内容和负荷要求。加之，运动员在不同年龄阶段，有不同的训练重点，其进展速度也不相同。

多年训练计划的阶段划分

（1）开始训练阶段。根据排球教学训练大纲规定，排球运动员的选材，可分为3个阶段，即初选阶段（儿童时期10~12岁）、复选阶段（少年时期13~15岁）和精选阶段（女15岁，男17岁）。初选阶段的训练内容是：增进健康，全面发展身体素质，弥补不足，学习辅助性及专门训练的各种最基本最简单的技术练习或游戏性练习，广泛掌握多种多样的运动动作，为今后的发展和提高打下有利的基础。这个阶段，一般训练2年左右，每周训练4~5次，每次训练时间60~90分钟为宜。可与学校的体育课相结合，还可利用寒暑假集训。

（2）基础训练阶段。这个阶段，可分一般基础训练和专项基础训练。年龄在13~17岁，是排球运动员的复选（乙组）和精选（甲组）阶段。训练时间3~5年。一般基础训练阶段，要全面学习各种运动技能和技术，全面发展各种身体素质。专项基础训练阶段，要围绕专项所需要的各种能力进行训练，并着重抓好基本技术训练，加强"球感"训练。在运动负荷上，要量、度适宜，循序渐进。

（3）专项提高阶段。这一阶段的训练年龄在18岁左右，是我国青年排球队训练年龄阶段。训练时间3年左右。训练内容是：努力发展专项身体和技、战术水平。发展心理品质，学习训练理论知识等。这一阶段通常要准备参加全国青年排球比赛和有关邀请赛，在运动负荷上，明显地、逐步地加大专项训练负荷，有时可呈波浪式发展，使训练有张有弛，保持明显的节奏，以便运动员有充沛的精力参加比赛。

（4）最佳竞技阶段。在这一阶段，运动员集中进行专项训练，并积极参加运动竞赛，以提高运动成绩达到最高水平。在总的训练量中，要大大加强专项训练比例，增加比赛次数。训练量和强度要达到高点，更多地安排各种大负荷的训练课（强度、密度、难度、时间、质量）。

（5）竞技保持阶段。在这一阶段，要利用原有训练负荷（保持强度、适当减量）以保持原先达到的运动训练水平，并注意改进技术、战术和身体训练水平。进一步加强心理的稳定性，学习训练理论知识。

2. 全年训练计划制订

全年训练计划即是一个年度的周期训练计划，是多年训练计划的组成部分。它既不像多年训练计划那样带有战略意义，又不像周期训练计划那样具体。它是承上启下的中间计划。它主要是提出全年训练的周期划分，训练的总任务、目标和内容，以及对全年训练重点和比赛安排，各周期的训练重点、内容、比重，身体训练、技术训练指标和负荷安排等。

全年训练周期性安排依据

年度训练过程具有周期性。运动员竞技状态发展过程，首先形成竞技状态，之后保持竞技状态，最后竞技状态暂时消退。这三个阶段是一个完整的训练过程。

（1）运动员要获得竞技状态，必须提高健康水平，全面发展身体素质和意志品质，改进原有动作，掌握新的技能和技巧，提高各种比赛机能能力。还要加强专项训练和专项素质的发展与提高，使技、战术达到高度完善。

（2）运动员要保持竞技状态，在训练方面注意合理调节，使各系统保持协调，并注意偶发因素的影响（如气候、伤病等），以最大的努力争创好成绩。

（3）运动员竞技状态暂时消退，是由于训练和比赛负荷达到极限水平，在生理和心理方面将会消耗极大的精力和能量，易产生极大的疲劳，神经系统的调节能力也不可能维持很久，故全年训练计划应分别组织准备时期、比赛时期和恢复时期的训练。

全年训练大周期安排状况

（1）单周期。全年训练按一个大周期安排即为单周期训练。其训练结构可分为：准备时期（约6个月）、比赛时期（约4个半月）和恢复时期（1个半月）。由于前两个时期的训练和比赛时间较长，运动员易出现生理和心理负荷过度积累，易造成竞技能力下降。故排球训练单周期安排已很少采用。

（2）双周期。全年训练按两个大周期安排，即为双周期训练。其训练结构：每一个大周期的准备时期为2~3个月，比赛时期为1.5~2个月，恢复时期约1个月。青少年训练，可结合在校的学期制定双周期训练。课外训练时，妥善处理训练、假日与文化学习的关系，比赛、考试与总体负荷的关系。

（3）多周期。全年训练按两个以上大周期安排，即为多周期训练。一个大周期的训练时间在3~4个月内。这即要求更加科学地训练，有效地提高竞技能力。

3. 大周期训练计划制订

采用大周期训练是为成功地参加1~2次重大比赛而制定训练模式，其目的是为形成保持竞技状态和完成比赛任务而采取的措施。实践证明，使运动员的机体达到良好的竞技状态，训练时间一般不少于2~3个月。周期过长不符合形成竞技状态的生物学规律，也不符合人的生理和心理规律。

大周期训练日期的确定

（1）确定比赛日期。过去我国甲级排球队通常将全年训练分成三大周期训练。第一大周期于11—明年3月（冬训），是针对4月份第一阶段甲级联赛；第二个大周期于4—

7月（夏训），是针对7月份的全国锦标赛；第三个大周期于8—10月，是针对10月份第二阶段甲级联赛。

（2）确定比赛阶段和比赛时期。一般比赛阶段可持续4~6周，比赛阶段前为准备时期，比赛阶段为竞赛时期，比赛后阶段为过渡时期。最后把3个时期的时间加在一块，即为大周期训练的总时间。

大周期训练计划内容

（1）准备时期。准备时期总任务是培养发展竞技状态，其时间长短，不同周期，也不尽相同。单调期可为5~7个月，双周期可为4~5个月，多周期可为3~4个月，否则竞技状态的基础得不到牢固发展。准备时期可分为三个阶段：

①开始阶段。运用一般身体训练方法手段，全面发展身体素质，并加强专项素质的提高。另外，还要发展非专项的技能、技巧，并逐渐加大运动量。训练方法手段，以求内容广泛，形式多样。比赛性训练逐渐加大，但以加量为主。②中间阶段。进一步发展身体素质，加强专项身体训练。通过有关比赛性练习，结合运动实践，掌握比赛技术和战术，并增加全队的战术配合训练。继续扩大理论知识范围，进一步提高带有针对性的心理训练。这个阶段负荷量减少，负荷强度明显增加，密度加大，但专项比赛强度不宜过大，也不宜过分激烈，否则易造成伤害事故。③赛前阶段。主要巩固提高复杂条件下所掌握的技术和战术。确定球队参加比赛成员，加强配合练习。参加检查性比赛，如友谊赛、邀请赛等。在身体训练上加强专项素质训练，并注意作风培养和意志品质训练。增强比赛信心，加强全队团结合作，形成一个有战斗力的集体，以便更好地培养发展竞技状态，为参加比赛做好准备。

（2）比赛时期。这个时期的总任务是：保持巩固良好竞技状态，进一步提高专项身体素质和技、战术水平，顺利参加比赛，以获得优异成绩。

比赛时期的长短，主要取决于比赛日程。一般由赛前的最后一段时间至比赛结束的一段时间。单周期4个月，双周期2个月，多周期1~1.5个月。

比赛时期一般分为三个阶段

①开始阶段。身体训练以专项为主，保持一般身体训练水平。巩固已掌握的技能技巧。发展战术思维，深化专业知识，加强战术配合，使之达到熟练、默契，并注意个人战术的培养提高，加强意志品质培养，建立必胜信念，做好思想教育工作，防骄破满，正确对待胜负。增加专项比赛和测验。通过比赛环境训练，使运动员更好地适应比赛。这个阶段的负荷量略有减少，但专项训练强度增至最高点，并在这个水平趋于稳定。在赛前2~3天，不采用大负荷量训练，但强度可大些，以便出现超量恢复。②中间阶段。这个阶段是参加比赛阶段。从第一场比赛开始，就进入竞赛时期的中间阶段。注意防骄

破满和队员的伤病。对替补队员加强训练并保持一定的量。最好以比赛的办法进行训练，以提高兴奋性和兴趣性。便于调动积极性，使全队达到较好的竞技状态。对薄弱技术和各种战术环节进行弥补性训练，并带有针对性。注意合理安排训练，以便适应比赛。另外，还要注意各种生活制度，加强医务监督，减少队员伤病，对参加比赛有重要意义。③结束阶段。这一阶段是比赛的决胜阶段（最后几场比赛），特别注意队员的健康和疲劳。为提高队员训练的兴奋性，训练中可采用游戏性的练习。要注意总结经验，吸取教训，稳定情绪，鼓舞干劲，调动积极性，打好最后几场比赛。

（3）恢复时期。整个比赛结束以后（约一周），即转入恢复时期。单周期时间较长，双周期和多周期往往与下个周期的准备时期相接合。恢复时期的主要任务是：消除疲劳、积累力量、向新的大周期过渡，并做好一切准备。在训练负荷量和强度上都有明显下降。恢复时期可分为两个阶段：

①开始阶段。以积极性休息为主，并安排必要的休息时间。另外，要进行总结，做好下一段的训练准备。在训练中以一般训练内容为主。训练方法手段以游戏性、辅助性练习为主。有时还可专项训练，如爬山、游戏、划船、篮球、足球、自行车等。②结束阶段。可适当安排一定的专项训练。如专项柔韧性、力量性练习，或以专项的完整动作形式为基础，降低速度和力量练习，但专项比重不要超过训练总时数的20%。在这个阶段，还要加强思想政治教育，动员队员为下一周期训练做好充分准备。

4. 小周期训练计划制订

以7天左右时间制订的训练计划为小周期训练计划。小周期训练计划任务根据阶段训练任务而确定。根据任务、内容不同，小周期训练计划种类有：基本训练周、赛前诱导周、比赛周和恢复周四种类型。

·基本训练周

（1）目的。提高竞技能力。

（2）作用。在全年训练中采用最多；在准备时期中，是最主要的周型，在比赛期赛前和赛中阶段也经常运用。

（3）内容安排。不同训练内容和不同训练项群交叉安排。这样既能使运动员所需要的各种竞技能力得到全面的综合发展，又可避免负荷过于集中而引起过度训练。经实践证明，在一次训练后，人体有些系统会产生很深的疲劳，而另一些系统只会产生中度或轻度的疲劳。如耐力性训练，以有氧供能为主；速度性训练，以无氧供能为主；速度耐力以无氧乳酸供能为主。从生理系统看，技术训练要求中枢神经系统与骨骼肌肉系统的高度协调性，耐力训练要求呼吸与心血管系统能承受高度的负荷。为此，交叉安排训练内容和项群，有助于恢复和运动水平的提高。

（4）负荷安排。一周中大负荷的训练课，不同年龄、不同水平有不同的要求。成年队可安排3~5次。小负荷的训练课可安排2~3次，其他为中等负荷课。负荷量和强度的变化，根据需要，可加大量，但强度不变或下降；如加大强度，其量不变或减小；或量和强度均保持不变。

·赛前诱导周

（1）目的。使队员适应比赛要求，为比赛创造条件，打好基础。

（2）作用。用于比赛前的专门训练准备。在准备时期的后期，竞赛时期之前运用较多，有时可连续安排几个赛前诱导周。

（3）内容安排。训练内容更加专项化。训练手段和组织接近比赛特点。在身体训练上，一般素质训练减少，专项素质训练增加。在技术训练上，分解训练减少，完整训练增加。在战术训练上，攻、防配合训练多、实践训练比例增多。在训练负荷上，强度提高，量适当减少，并注意加强恢复措施。

·比赛周

比赛开始前一周时间为比赛周。比赛时间的长短，对比赛前一周的训练有很大影响。

（1）目的。培养与调整运动员的最佳竞技状态，准备参加比赛，以取得优异成绩。

（2）作用。用于比赛前一周的训练。参加各种训练性比赛、对抗赛、友谊赛、检查赛、完成训练目标的重要比赛。

（3）内容安排。训练内容更加专项化，训练方法手段和组织形式以对抗性、比赛性为主。身体训练以专项素质为主；技术训练以串联技术和薄弱技术为主；战术训练以一攻和防反为主，并熟练轮次打法及变化。作风训练进一步培养顽强拼搏精神。心理训练加强意志品质和心理调控能力，增强比赛信心。在训练负荷上，把无氧代谢训练、速度、力量训练、高强度的专项训练，安排在周前3~5天进行。

把有氧代谢训练、中低强度训练安排在赛前2~3天中。

·恢复周

（1）目的。通过降低训练负荷，采取恢复措施，消除运动疲劳，促进超量恢复。

（2）作用。大赛后或连续较长的大负荷训练后，应安排恢复周训练，以使运动员在生理上和心理上得到恢复。

（3）内容安排。多采用一般性身体训练或专项训练，如游戏、爬山、篮球、足球或游戏性练习。采用能引起运动员提高兴趣性的练习。

（4）负荷安排。负荷强度和量大幅度下降，有时可保持一定的训练水平。

5. 课训练计划制订

（1）定义

课是指有固定时间、场地和队员安排，在教练员的指导下，进行有目的有计划有组织的教与学（或教与练）的训练活动。

（2）作用

课与课之间是相互联系互相衔接的训练过程。通过系统的课的训练，可以完成各种训练计划所规定的任务和要求。课训练计划必须制订得详细、具体，在教练员的直接参与和指导下进行。教练员在课中起着主导作用。正确地组织每次训练课，对提高运动员的训练水平有着重要意义。中国女排夺取世界冠军，就是从每一堂高质量的训练课中走出来的。只有每次训练的质量高于别人，才能日积月累地超过别人。

（3）种类

·身体训练课。其特点是提高身体素质和身体机能。通过身体训练，提高一般身体素质和专项身体素质。为进一步掌握技术、战术和参加比赛打下有利的基础。

·技术训练课。课的主要任务是学习、掌握、改进、巩固、提高各项基本技术，重点提高各项基础技术、应用技术，以及有关创新技术。

·战术训练课。课的主要任务是攻、防战术的串联、配合、运用以及攻、防对抗，为实践创造有利条件。

·综合训练课。在一次训练课中，既有身体训练，又有技、战术训练，有时还结合比赛进行。其类型有二：一是按顺序解决任务，二是并行解决各项任务。这种训练课容易提高训练的兴奋性、兴趣性和训练效果。

·比赛训练课。以比赛的形式进行训练提高。通常以教学比赛、攻防对抗比赛，单项技术比赛出现。在其他课的类型中也可结合运用。

·测验课。对运动员进行身体素质测验，达标测验，技、战术规定指标测验，运动员负荷指标测验等。

（4）训练课的结构

训练课的结构，一般由三个部分组成，即准备部分、基本部分和结束部分，每一部分均有自己的特殊任务。在政治思想教育方面，应贯彻始终。

·准备部分。其任务是组织教育工作，集中队员的注意力，在生理和心理方面做好准备，为完成基本部分任务、内容打下基础。

其内容有：整队集合，宣布课的任务、内容和要求，组织队形、队列练习，集中注意力训练、走步、慢跑、各种跑动、各部分关节、韧带、肌肉活动练习，一般身体练习，专项身体练习，各种带球活动练习。

准备活动要求：

①准备活动动作由慢到快，练习顺序由小关节到大关节，量由小到大，逐渐上升，循序渐进；使身体发热，并少许出汗为止；可由队长、队员分工负责或教练亲自指挥。②准备活动内容，应围绕基本部分内容考虑为其服务；为学习、掌握、巩固、提高技、战术训练做好充分准备；一般性和专门性活动相结合。③准备活动要有兴奋性、兴趣性和实用性。方法多样，手段广泛。有成套的场地操、联合动作、基本素质训练，有各种游戏性、竞争性、辅助性练习等。④准备活动时间一般为15~30分钟。随着运动水平的提高，专项活动加大，一般性活动减少。⑤不同时期，课的准备也不尽相同。在负荷量和强度上应有所不同。

·基本部分。其任务是学习、掌握、巩固、提高排球技术、战术和比赛能力，并提高身体素质和运动技能，完成本课的训练任务。其内容有：一般身体训练、专项身体训练、各种基本技术、运用技术、串联技术、各种战术配合、各种比赛、测验和考核等。其安排顺序是：

①身体训练安排。先一般身体训练，后专项身体训练；先速度、爆发力，后力量、耐力。②技术训练安排。准备活动结束后，可立即进行技术训练。先巩固复习已学过技术，后学习新技术；先学简单技术，后学复杂技术。技术教学顺序为：在简单条件下学习技术，在复杂条件下巩固技术，在接近比赛条件下运用技术，在比赛中提高技术。初学者是应先教垫球，再教传球，之后教发球、扣球、拦网、防守、保护等。③战术训练安排。在降低难度的条件下训练串联技术、配合技术和简单战术。在复杂条件下训练战术（对抗性）。在接近比赛条件下运用战术，在比赛中巩固提高战术。在战术训练中，先学进攻战术，再学防守战术；先学个人战术，再不断提高集体战术。战术意识的培养应贯彻始终。④比赛训练安排。如采用综合型训练课，可先安排身体训练，再安排技、战术训练提高，最后安排教学比赛。如采用比赛训练课，可先安排一方攻、一方守的训练，再安排对攻、对守训练。或安排分队比赛训练。比赛训练课，还可安排身体素质比赛、单项技术比赛、攻、防对抗比赛、正规比赛等。⑤训练时间安排。约140分钟左右（3小时训练课）。

结束部分。其任务是有组织地结束训练。通过整理放松活动，使机体恢复到正常状态。其内容为放松活动。可通过放松跑、走动各部分关节放松，自我心理暗示放松，游戏性放松，队列练习放松，之后进行课后小结。分析训练任务完成状况，找出训练存在问题。表彰好人好事，提出改进办法。时间5~10分钟。

第三节 排球训练负荷的安排、控制与测定

一、竞技状态发展概况

世界体育运动训练的发展经历了自然发展阶段、新技术阶段和大运动量训练阶段。目前已进入多学科综合利用阶段。排球运动训练也不例外，已进入科学化训练时代。由于科学的发展，使人们认识到，要想在比赛中取得优异成绩，运动员必须进行科学训练，以获得最佳竞技状态。

竞技状态，即指运动员获得优异成绩的最佳适宜状态。竞技状态通常保持一定的时间性。在这一阶段时间内，运动员的状态从总体上看，能处于高水平区间范围之中。在这个区间范围下限以上，就可称之为最佳竞技状态。具体表现是：运动器官诸机能有较大提高，并高度协调，能量消耗减少，恢复过程缩短；身体素质与运动技术、战术的高度结合；技术动作准确协调、反应敏捷、心理稳定、球感好；渴望比赛，信心十足。竞技状态形成的发展过程首先是获得竞技状态，之后保持竞技状态，最后是竞技状态的暂时消退。在排球训练中是有一定规律性的。竞技状态形成发展的过程有三个阶段：

1. 获得竞技状态阶段要获得竞技状态，应具备以下条件：

（1）提高运动员的健康水平。

（2）全面发展身体素质和意志品质。

（3）改进原有技术和掌握新的动作技能和技巧。

（4）提高身体器官机能能力。

组成竞技状态的各种因素并不都是同步发展的，有时各种素质上去了，但各种技、战术能力还落后。为此，要加强专项技术和专项素质的发展与提高，并加强相应技、战术的高度完善。只有这样，才能使竞技状态初步形成。但是，如果训练安排不当，伤病事故发生以及生活缺乏规律，这种初步形成的竞技状态仍会受到破坏。

2. 保持竞技状态阶段

在这个阶段，虽然运动员有机体内部的机能改造过程处于相对稳定状态，但又随各种因素的变化而起伏着。因此，运动成绩的起伏也是很自然的。即使出现一时低潮，但经过短时间的调整完全有可能达到高潮。故在保持竞技状态阶段，在训练方面要注意合理调节，并注意偶发因素的影响（如气候条件）。有关研究证明："最佳竞技状态延续时间为7~10天。"因人的神经细胞最适宜工作能力也只能保持这样长的时间，所以各种大型国际和国内比赛，其比赛时间都不超过10天，这是有一定道理的。

3.竞技状态暂时消退阶段竞技状态在保持了相当长的时间以后，出现暂时的消退是必然现象。因为当运动员的训练和比赛负荷强度达到极限水平时，将会消耗极大的精力和能量（生理和心理等方面），运动员不可避免地会产生较大疲劳。由于疲劳的积累，使运动员难以把最佳竞技状态维持下去。加之运动员的训练和比赛负荷量、强度达到极限水平时，神经系统调节各种联系的能力不可能维持很久。这种调节能力的消退，也正是竞技状态的消退。另外，当运动员向更高水平方向发展时，必须打破已经形成的机体内部旧的平衡。获得新的更高水平的平衡，在新的平衡未建立之前，竞技状态也会表现暂时消退。

要科学训练就要广泛运用现代科学技术的研究成果指导训练，从中获得比较理想的训练效果，并能取得比赛的好成绩。科学训练的主要内容包括有：科学选材、科学诊断、科学制订训练计划、科学安排与控制负荷、科学组织竞赛、科学恢复与营养、科学训练管理等。排球运动训练负荷的安排、控制与测定，是科学训练的组成部分。为此，要加强科学的合理安排，要避免盲目性、随意性和主观性。

二、训练负荷概述

1.训练负荷概念

排球运动训练负荷，是指人体在训练中所承受的刺激和压力，即完成的练习。或者说运动员在训练活动中在生理和心理上所能承受的负荷。负荷包括量和强度。任何训练活动都必须通过训练者负荷而产生的训练效应，最终为实现训练目标而努力，训练负荷的外部表现为量和强度，训练负荷的内部表现为心率、血压和血乳酸等。

2.训练负荷的作用

科学合理地掌握训练负荷，可以提高人体机能能力。人体机能能力的提高，就是对刺激的不适应到适应的过程，之后加大刺激水平，不断提高训练负荷，以便获得更高竞技水平。实践证明，逐渐增大运动训练负荷，是提高运动训练水平的主要原因。我国从1972年开始进行排球冬训。不论是成年队还是青年队，不论是女队还是男队，凡参加冬训的运动队收获较大，反应良好。不论是身体素质、技战术水平和比赛经验，都有较大的进步和提高。其中最大的原因是训练负荷较大，即集训期间的训练周时数：成年队最高达56小时，青年队最高可达48小时。加之各队之间都在争着练、比着练，训练要求严格，管理细致，强度大，而平时在家训练，成年队一般不足30小时，青年队不足25小时。加之管理不善，要求不严，强度不够，提高不够明显。但是任何物体，承受负荷的能力都有一定的限度。人在训练过度的负荷下，还会出现劣变反应，即出现伤病或不适应症。如肩、膝、腰部劳损、早衰及慢性体重下降，非受伤引起的关节疼痛和肌肉疼痛，慢性肠功能紊乱，扁桃体及腹股沟淋巴结肿大、鼻塞、发冷、皮疹、疲倦、失眠等。

据有关研究，人在正常的情况下，大约只能发挥自身机能的70%左右，但通过科学训练（或在紧急状态下），人的自身机能可能发挥到90%。如通过兴奋剂可使人体机能发挥到95%~100%。但结果会导致人体机能的衰竭，造成严重后果。为此，在训练过程中，一定要科学合理安排运动训练负荷，不能拔苗助长，不能违背科学。如有的国际强队，采取极限训练曾经取得过一些好成绩，但运动员退役后，不少队员伤病较多。我国一些省、市的优秀运动员，也因训练负荷过大，造成伤残现象的也不乏其人。特别是膝关节、腰椎关节部位等，影响了以后的训练或不能出成绩而退役。

3. 训练负荷量和强度

训练负荷量，是指队员在训练中各种练习机体刺激的数量特征。这种练习刺激比较缓和，适应程度较低，也较稳定，消退较慢。反映负荷量大小的指标有：次数（如训练中的重复次数、练习的总次数）、时间（如一种动作的练习时间，一次课的练习时间，一周、一月、一年的训练时间）、距离（如一个动作、一次课、一周、一月、一年的训练中的走动、移动、跑动距离）、重量（如身体训练中的力量训练，一次上举、一组上举、一次课上举，一周、一月、一年上举的总负重量）。训练强度，是指队员在训练中各种练习对机能的刺激深度。这种刺激引起机体的反应强烈，影响深刻；但适应性不稳定，消退也较快。反映负荷强度高低的指标有：速度、远度、高度、难度和单项训练的负重量等。训练负荷量和强度，二者是相互依存和互相影响的。任何负荷量都是以一定的强度条件而存在，任何负荷强度都是以一定量而为基础。某一方面发生变化，也会导致另一方面的变化。训练负荷量和强度，使队员经过训练后发生一系列生理和心理变化。这些变化可通过各种不同技术手段进行测定。如脉搏指标的评定，可反映运动员心血管系统机能变化。

三、训练负荷的安排

1. 不同年龄、性别、训练年限、健康状况、训练内容，其负荷量不同，如学龄前儿童，6~12岁，轻负荷短时间；少年：13~16岁，适当加大负荷延长时间；青年：17~20岁，进一步加大负荷延长时间。又如各项不同素质的敏感期训练：柔韧素质，8~9岁即可开始训练；速度素质，10~13岁即可开始训练；灵敏素质，12~14岁即可开始训练；力量素质，15~16岁即可开始训练；耐力素质，17~18岁即可开始训练。在敏感期阶段，训练效果较好。

2. 不同训练内容负荷安排不同

（1）身体训练中的速度、力量、弹跳等训练负荷较大；柔韧、灵敏、协调等训练负荷偏小。

（2）排球技术训练中的防守、扣球、拦网等训练负荷较大，而一般传、垫、发球负荷较小。

（3）技术串联、战术配合训练负荷偏小，对抗比赛负荷加大，有观众和无观众的比赛其负荷大小也不尽相同。

（4）训练水平和训练目标不同，其负荷大小也不相同。如争夺世界冠军的训练负荷大大超过争夺甲级、乙级或青年联赛的训练负荷。

3. 不同训练阶段，训练负荷安排不同

多年训练计划阶段划分，是一项非常重要的工作。由于阶段不同，训练任务、方法、手段和训练负荷的安排也不相同。

（1）开始训练阶段。

排球运动员适宜从 10~12 岁开始参加多年训练。这个阶段的训练时间一般为 2 年。每周训练 4~5 次，每次训练 60~90 分钟为宜。有时还可与学校的体育课相结合。寒暑假可集中训练，每年训练总时数 362 小时（第一学期 17 周，每周 5 次，每次 90 分钟，寒假二周，每周 6 次，每次 2 小时；第二学期 17 周，每周 5 次，每次 90 分钟，暑假 7 周，每周 6 次，每次 2 小时，2 年训练总量 724 小时）。

（2）基础训练阶段。

这个阶段年龄一般 13~17 岁，（少年乙组和少年甲组）训练时间一般 3~5 年。在运动负荷上要量、度适宜，循序渐进地进行。

（3）专项提高阶段。

这个阶段年龄一般在 18~20 岁。训练时间一般 3 年，是我国青年排球队训练年龄阶段，在运动负荷上逐步加大专项负荷，有时可呈波浪式发展。

（4）最佳竞技阶段。

在总的训练量中，大大增加专项训练比重，增加比赛次数、训练量和强度达到最高点。更多地安排大运动负荷的训练课。

（5）成绩保持阶段。

要利用原有的训练负荷，以保持原先达到的运动训练水平。训练负荷大幅度的波动，也有利于训练任务的完成。

4. 不同训练时期，训练负荷安排

（1）大周期中的准备时期负荷安排。

准备时期的长短，不同周期也不尽相同。单周期 5~7 个月，双周期 4~5 个月，三周期 3~4 个月。一般来说不少于 3 个月时间。准备时期一般可分为 3 个阶段。开始阶段：运动负荷和强度均逐渐加大，但以量的增长为主。中间阶段：负荷量减少，负荷强度明显增加，密度加大。但专项强度不宜太大，不宜过分激烈，否则易造成伤害事故。赛前阶段：这个阶段以加强配合练习为主，参加检查性比赛为主。训练负荷强度接近最高点。

（2）大周期中的基本时期负荷安排。

单周期4个月，双周期2个月，三周期1个半月。如果每年比赛次数多，竞赛时期的时间还可缩短至2~3周。训练负荷强度加大，节奏加快，负荷量减少。基本时期可分为3个阶段。开始阶段：训练负荷总量略有减少，但专项训练强度增至最高点，并在这个水平上趋于稳定。在赛前2~3天不采用大负荷训练，但强度可大些，以便出现超量恢复。中间阶段：这是参加比赛阶段。从第一天比赛开始，即进入中间阶段。训练时可以攻防对抗或比赛的方法进行。对替补队员加强训练并保持一定的训练负荷。结束阶段：这是比赛的决赛阶段（最后几天比赛），特别注意队员的健康和过度疲劳，训练负荷要适宜。

（3）大周期中的过渡时期负荷安排。

最长的时间1个月左右，最短时间2周。单周期的过渡时期较长，双周期和三周期的过渡时期往往与下一个周期的准备时期相重合。在训练负荷量和强度上都明显下降，过渡时期的开始阶段：以积极性休息为主，并安排必要的休假时间。训练中一般以游戏性、辅助性练习为主，有时可专项练习，如爬山、游泳、打篮球、踢足球等。过渡时期的结束阶段：可适当安排一些专项训练手段，但不超过总训练时间的20%。

5. 不同小周期训练负荷安排

在数天时间完成并解决该阶段各项训练任务的一系列训练课，即为小周期训练。因为小周期与每周的日程在时间上是相吻合的，与运动员的生活制度相一致，故一般周训练即为小周期训练。其中有四种类型：

（1）基本训练周。

在全年训练中采用最多，在准备时期中是最主要的周型。任务是提高竞技能力，特别是训练内容和训练项群交替进行。避免训练负荷过于集中，防止过度疲劳。

成年队在一周的训练中，可安排3~5次大运动负荷训练课。内容有身体训练、技术训练、战术训练和比赛，使之交替进行。有经验的教练员将一周分为两半，周一至周三安排大、中、小运动量，周四至周六安排（有时包括周日）大、中、大、小运动量。

比如周六安排比赛，总负荷是最大的一天。为此，在周一、二逐渐增加负荷，周三达到最大负荷，使肌体受到一次较大的刺激。由于大负荷训练后，需要经过24~48小时的调整休息，才能恢复或超量恢复。故周四开始降低负荷，周五小运动量，周六比赛。

（2）赛前诱导周。

训练内容更加专项化，组织形式接近于比赛特点。一般身体训练减少，专项素质训练增加；技术上分解练习减少，完整练习增多，并提高其成功率和运用能力。配合练习增多，个人练习减少，训练负荷强度加大，量减少。避免二者同时上升，防止过度疲劳。

（3）比赛周。

把无氧代谢训练、速度、力量训练、高强度的专项训练安排在前 3~5 天进行。把恢复性有氧代谢训练、中低强度训练安排在比赛前 1~3 天进行。如晚上有比赛，上午进行适应性训练比赛，在两场比赛之间为休息日，则安排小负荷体能训练，目的为了保持最佳竞技状态。

（4）恢复周。

在负荷量和强度上大幅度减少，安排专项练习或刺激强度不大的游戏性练习。

6. 不同训练日训练负荷安排

（1）少年队一天训练 1 次，一次训练时间 60~90 分。每天训练负荷也不一样，有大、中、小运动负荷之分。

（2）青年队一天训练 2 次，每次 2.5~3 小时。一般上午训练负荷较大，下午训练负荷下降，全国青年排球集训，每天训练 6.5~7 小时，有时每天也达到 3 次训练。

（3）成年队一天训练 3 次，早训或晚训一般 60 分左右，量和强度较小。上午为基本课训练 3 小时，量和强度较大，下午为补充课训练 2.5~3 小时，比上午训练负荷量和强度要小。全天负荷大小还要看周训练负荷的安排。另外，在充分恢复下进行技术训练，耐力性训练安排在下午训练之尾，速度、力量可安排在前。

7. 不同训练课类型、训练负荷安排

课的训练种类有：身体训练课、技术训练课、战术训练课、综合训练课、教学比赛课、标准测验课等，其中还有新课、复习课、提高课。

（1）身体训练课。力量、速度、弹跳训练，训练负荷大；柔韧、协调、节奏、灵敏训练，负荷较小，其中力量以公斤计算，一般力量训练一次 2 小时可完成 1.5 万~2.0 万公斤。而耐力以公里计算，速度以重复次数计算。

（2）技术训练课。扣、拦、防技术训练负荷较大，发、垫、传技术训练负荷较小。

（3）战术训练课。一攻、反攻训练负荷较大，推攻、保攻负荷较小，主要看训练内容再考虑负荷安排。

（4）综合训练课。有身体训练、技术训练、攻防配合或比赛训练，可根据具体内容考虑安排。

（5）比赛课。训练负荷量和强度均可提高（中或大），以便为参加比赛打下有利基础。

四、训练负荷的控制

运动负荷的控制目的在于使运动员训练后能完全得到恢复或超量恢复，逐步增大运动负荷，是运动技术水平不断提高的重要因素。为控制适宜的训练负荷，使之获得竞技状态和提高运动训练水平，以完成预定指标和实现训练最佳化。

1. 训练负荷的调控形式

（1）恒量式。训练负荷保持在相对稳定的水平上，量和强度没有明显变化。

（2）渐进式。量和强度按一定的规律循序上升。持续时间较短，在较短的阶段训练中运用较多，如准备时期中的开始阶段和中间阶段训练多采用渐进式。

（3）阶梯式。训练负荷上升一段时间之后再保持一定训练负荷，之后再上升训练负荷，再保持训练负荷，似如上台阶一样。这种训练负荷的控制适用于赛前诱导周和比赛周的训练。

（4）波浪式。按波浪的起伏上升—保持—下降—再上升的形式增大负荷量和强度，其目的在于调整控制训练负荷。训练的各个时期都可运用。

（5）跳跃式。通过训练负荷的大增大减，量和强度的大起大落，使运动员获得超量恢复。

2. 训练负荷量和强度的搭配形式有以下几种方式

（1）同升同降，即量和强度同时增加或量和强度同时下降。前者多用大负荷训练，后者一般运用于过渡时期训练。

（2）一升一降，即增大量、降低强度或增大强度、降低量。前者多用于过渡期训练或耐力训练，后者常用于比赛期训练或技术训练。

（3）一升一稳定或一降一稳定，即加量、稳定强度或强度稳定、加量。前者多用于准备时期的开始阶段训练，后者多用于准备时期的中间阶段训练。降强度、稳定量或降量、稳定强度，前者多用于过渡时期训练，后者多用于赛前训练。

（4）相对稳定。训练量和强度在一定时期都保持在一定的负荷水平上，多运用于学习、巩固技术动作上。

第七章 排球运动的科学训练

排球运动的科学训练是根据排球的运动特点,从人体的代谢特征出发,通过科学采用专业的训练方法和手段,有效地发展排球运动所需的各种特殊能力。

第一节 排球运动代谢特征与排球运动训练监控

一、代谢特征

排球运动是一项持续时间较长、体能消耗较大、间歇时间较少的运动,需要运动员具备良好的爆发力、力量耐力和速度耐力。排球运动是一项以有氧供能为基础、无氧供能为核心的混合性供能运动。

在无氧供能系统中,又分为磷酸原供能系统和糖酵解供能系统。排球运动过程绝大部分是以运动员的无氧供能系统为主的,而在爆发性的运动过程中则是以运动员的磷酸原供能系统为主的。有氧运动是比赛运动的基础,场上任何激烈攻防转换的间歇,都起着至关重要的作用。在有氧运动过程中,有氧化过程的产物可以通过糖异生恢复补充运动员的肌糖原的消耗。此外,有氧运动能够让运动员调整比赛节奏和心理状态,为下一次激烈的攻防转换做准备。

二、排球运动训练监控

(一)负荷监控的内容解析

1. 血红蛋白

血红蛋白是存在于红细胞中的含铁蛋白,约占红细胞干重的97%,主要作用是运输氧气和二氧化碳,并参与体内酸碱平衡的调节。血红蛋白浓度反映运动员的营养状况和身体机能水平。运动员在大运动量、大负荷强度时会造成不同程度的红细胞的机械性磨损,造成红细胞的溶血增加,红细胞的血色素会不同程度地下降,根据这一标准可以判断负荷的级别。

2.雄性激素与肾上腺激素的比值

血睾酮是体内的雄性激素，具有强烈的同化作用，睾酮水平的提高有助于身体机能水平的发挥。而皮质醇是肾上腺分泌的激素，运动时皮质醇的分泌增加可以加快能源物质分解速率以适应运动的需要。

3.人体中的尿蛋白

运动员安静时尿蛋白含量非常低，需要高精端的仪器才能检测出来。运动性尿蛋白是因为大负荷的运动量所引起的尿液中蛋白质增多的现象。运动员的尿蛋白是一过性的，在运动后经过一段时间即可恢复。

4.人体中的血清肌酸激酶

大运动强度和运动负荷会导致血清肌酸激酶升高，血清肌酸激酶的变化也是大负荷量的结果，根据这个特点，可以制订出相应的评价指标体系。

5.人体中的酮体

酮体是脂肪酸在肝脏中的正常产物，肝细胞的线粒体中含有各种各样的酶类。人体在短时剧烈运动后，不会产生大量的血酮体，可以作为一个运动负荷监控的指标。脂肪的动用不代表就超出运动员的适宜负荷，因此如何建立一个在数据对照等级基础上的适宜的评价指标，是一个值得探索的问题。

（二）训练强度监控内容的解析

（1）血清肌酸激酶。当运动训练的强度过大时，肌细胞膜外力的机械作用受到破坏，细胞膜的通透性增加，大量的肌酸激酶渗透到血液中。血清肌酸激酶是监控运动训练强度的一个重要的指标。

（2）心率指标。在制定有氧耐力训练的过程中，常常以心率作为评价和制定运动训练强度的重要依据。心率的测定与实施比较方便可行，结果的反馈性比较好，所以使用率较大。具体方法是测得运动员安静时的基础心率和最大心率，从而得出心率储备继而得到靶心率，靶心率 = 基础安静心率 +75% 心率储备。

（3）最大摄氧量指标。该指标是制定有氧运动训练强度的指标，测得最大摄氧量后，以最大摄氧量为最大强度，运用最大摄氧量百分比确定相应的训练强度，需要运动员做极量的运动后测得，误差较大，适用于运动水平较低的运动员。测得最大摄氧量后，再测得运动训练即刻的摄氧量，对比得到百分比，得出训练强度。但是最大摄氧量的遗传性较大，所以指标不够准确。

（4）血乳酸指标。乳酸阈强度是有氧训练的最佳强度，不仅可以最大强度地训练机体的能力，而且能够最大限度地减少乳酸的产生，让机体一直处于有氧供能状态，最大限度地训练有氧供能能力。另外，作为一般训练强度的指标，可以首先测得该运动员的最大运动强度（以心率测得）时的乳酸值，然后再测在本次运动结束后3~5分钟后的乳酸值，根据乳酸此时的浓度占最大强度时的比例来确定本次训练的运动强度。

（5）尿蛋白。作为一过性生化指标，与运动强度关系最为密切，可以将尿蛋白在运动后的含量与正常负荷运动后的含量做对比，或者建立相应的负荷强度——尿蛋白含量的对照等级，来监督该次训练课是否超量，甚至也可以通过第二天早上的晨测指标与正常安静状态下的指标做对比，来评价该次课的负荷强度。所以，对运动员1次或1个周期的训练强度的评价可以以此为指标，建立相应的评价等级。

（三）一次课训练成果的监控与解析

（1）尿素氮。一次性的运动后，尿素氮的浓度变化与运动负荷量、身体机能状况密切相关。一般在次日的早晨去测量此时的尿素氮含量，如果此时的尿素氮值超过本人安静时2个单位，那么说明该运动量过大，应该调整运动负荷量。

（2）血清肌酸激酶。运动时血清肌酸激酶活性升高，运动后8~16小时出现峰值，48小时后逐渐恢复至正常水平。运动后血清肌酸激酶变化的幅度以及恢复至正常水平的速率与运动负荷强度、运动持续时间、运动方式、训练水平、身体机能状态有关，运动强度越大、持续时间越长，恢复所需的时间也越长。

（3）尿蛋白。此指标在全身性的运动项目中效果更佳，应用尿蛋白评价一次课的训练负荷强度，一般在运动后15~20分钟后取尿测定。运动强度大、持续时间较长的运动项目以无氧供能为主，由于缺氧明显，尿中蛋白质含量增多，由此可以建立起相应的训练强度——尿蛋白含量的等级评价指标。

（4）血氨。氨是蛋白质、氨基酸和其他含有氨基化合物的代谢产物，氨从组织释放到血液循环中，会对机体产生一系列的不利影响。在一堂课训练结束后，测量此时的血氨水平，需要了解该个体适宜运动负荷的血氨水平临界值，或者建立相应的负荷——血氨水平对应等级指标，来准确判定训练负荷的适宜程度。根据上一节课的指标来确定这次课的训练是否有进步。这种评价体系也可以应用于训练周期效果的评价。

第二节 排球运动的体能与身体素质训练

一、排球运动体能训练的基础知识

体能是指人体各器官系统的机能在体育活动中表现出来的能力，包括力量、速度、灵敏性、耐力和柔韧性等基本的身体素质，以及人体的形态和基本的活动能力。

（一）排球运动的运动强度、运动密度与运动量

在教学训练过程中，负荷量的大小对练习效果有着重要影响，弱负荷的刺激不能引起身体机能的变化，过强的负荷则超过人体的适应能力，会有损健康。

运动强度是指单位时间内所做的功。

运动密度是指每一次锻炼中运动与运动之间间隔的次数和时间的长短。

运动量是指练习所给予人体的生理负荷量，是运动强度、运动时间和运动密度3个部分的总和。

运动的密度、强度与运动量的变化呈正相关，但运动的密度和强度并不呈规律性变化。有时练习的密度大，运动强度却不大；有时练习的密度小，运动的强度却比较大，因此，在安排教学训练时应注意各种影响因素。

（二）排球运动的基本体能训练

一般体能训练是指根据专项体能的需要，在运动训练中以各种身体训练的形式、训练方法和训练手段，来全面提高运动员的基础运动素质，增强各器官系统的一般机能和改善身体形态，掌握一般体能训练的理论与实践知识，为运动员专项体能最大限度地提高，打好多方面的基础。

1. 排球运动中发展力量的基本训练方法

（1）极限训练法。进行重复次数多、速度较慢、负重量为最大重量的50%~70%的练习，做到极度疲劳为止。

（2）大负重练习法。以运动员所能举起的最大重量的80%~90%的负重进行的多次练习。每组到疲劳为止。组间休息4~5分钟，一次练习5~8组。

（3）重复练习法。以极限速度多次克服非极限负重练习。重复次数为20~30次，组间休息2~4分钟，一次练习6~8组。

（4）循环练习法。特点是依次通过几个"站"，在各站上完成具有一定练习作用

的练习。从练习的目的来看，循环练习是与技术练习相结合的力量练习——速度力量练习。

发展力量的练习必须与放松练习相交替，负大重量的练习应间隔1~2天进行。

力量素质又可分为最大力量、速度力量、力量耐力三种类型。

发展肌肉力量的生理过程为：刺激—反应—适应—增加刺激—反应—适应—增长力量。

排球运动员力量训练有动力性、静力性、等动练习，应以动力性练习为主要形式。

2. 排球运动中发展速度的基本训练方法

（1）游戏法和比赛法。在比赛条件下以极限的动作速度和移动速度完成练习，分组完成练习可提高这一方法的效果。

（2）变速法。大强度（进行10~15秒）的动作与小强度（15秒以上）的动作有节奏地交替进行。

（3）重复法。以最快速度重复进行练习10~15秒，每次间隔1分钟以内。

速度能力是指运动员完成运动动作的快慢。速度能力由3个部分组成：第一部分是简单和复杂的动作反应速度，即动作的反应潜伏时间；第二部分是单个动作的速度，即在无外部阻力的条件下完成动作所需要的时间；第三部分是动作频率，即单位时间内完成动作的数量。

3. 排球运动中发展耐力的基本训练方法

（1）匀速练习法。在脉搏为150次每分的条件下，以比较均匀的中等速度进行长时间的练习（20分钟以上）。越野跑、滑雪、游泳等都是这种练习形式。

（2）重复变速练习法。特点是有计划地加快练习的速度，致使产生"氧债"（短时间的），而这些"氧债"应待以后用中等速度进行练习和随意休息时加以消除。提高练习强度之前，应在脉搏为140~160次每分的条件下进行练习；而在提高强度后，应在脉搏为180次每分的条件下进行练习。

（3）循环练习法。依次进行发展力量、速度、灵敏性的练习，可采用不同的结合法。

（4）比赛法。比赛法减少队员配备（3×3、4×4、4×3、5×3等），能控制时间间歇，提高进攻和防守中的小组配合和全队配合，有助于发展耐力。

4. 排球运动中发展灵敏素质的方法

发展灵敏素质应逐渐地由简入繁，要在双人练习和分组练习中加强运动员的对抗性。灵敏素质练习要求运动员注意力集中，动作准确和快速。最好把这些练习安排在练习课的前半部，在运动员注意力集中的时候进行。

发展灵敏素质，一般采用能让运动员借助机智和快速动作解决突变局面的各种练习。在不习惯的条件下或不平常的姿势下进行的排球基本练习也有助于发展灵敏素质。

5. 排球运动中发展柔韧素质的方法

运动员有机体的柔韧素质是指人体各关节的活动幅度和肌肉、韧带的伸展能力，直接影响着技术动作的节奏感、协调性、动作幅度和完成技术动作的效能。充分热身避免在练习时肌肉韧带拉伤。在运动量负荷专项练习之后，专门的动力性或静力性柔韧练习，可以使挛缩的肌肉放松，保持肌肉的弹性。

有弹性的伸展练习可发展柔韧素质，但练习组数及次数不宜多（每组练习重复10~15次），动作速度和幅度逐渐加大。组间休息做一些放松练习。发展柔韧素质的主要手段是小重量的负重练习、双人练习、器械操练习、一般发展练习与排球技术动作相近的练习。

（三）排球运动的专项体能训练

以专项运动动作或与专项运动动作在特点上相似的运动动作为训练形式，采用各种训练方法和手段，提高专项技、战术所需要的专项运动素质、机体各器官系统的专项机能，形成专项身体形态、掌握专项体能训练的理论与实践知识，能最大限度地提高运动员的专项运动成绩。

1. 排球运动的移动练习

（1）看手势信号做急转身跑练习。

（2）距离约2米准备姿势站立，接身后教练以各种变化抛向墙体的反弹球练习。

（3）守门员练习，近距离快速抛出上、下、左、右各种球，要求练习者将球挡出。

（4）接近距离的各种扣球。

（5）隔着幕布接各种抛球。

（6）滑步移动练习，要求步幅小、频率快。

（7）交叉步移动练习。

（8）向一侧晃动变向做滚翻或鱼跃。

（9）36米移动。

（10）快速冲刺30米、60米、100米。

2. 排球运动的弹跳力练习

（1）连续深蹲蛙跳。

（2）连续跳起空中收腹。

（3）跳起单手交替摸篮圈，连续进行。

（4）负沙衣连续直腿跳、半蹲跳、深蹲跳。

（5）双脚起跳连续过栏架。

（6）跳台阶练习。

（7）负杠铃全蹲、半蹲练习。

（8）两腿分立于凳上，手提壶铃蹲跳练习。

（9）负杠铃提踵练习。

3. 排球运动的挥臂用力练习

（1）徒手连续快速挥臂练习。

（2）手持轻杠铃片做扣球挥臂练习。

（3）用扣球手对墙掷垒球、网球等。

（4）徒手用扣球手法挥臂抽击高点的树叶。

（5）用橡皮筋带辅助练习挥臂扣球的爆发力。

（6）持小哑铃或杠铃杆连续做屈腕动作。

（7）杠铃卧推练习。

（8）杠铃连续向斜上方快速推举练习。

4. 排球运动的腰腹部练习

（1）垫上仰卧起坐练习。

（2）背肌练习。

（3）斜板仰卧起坐练习。

（4）肩负杠铃做左、右转体练习。

（5）双手持杠铃片做体绕环练习。

（6）在攀登架上做举腿绕环练习。

二、排球运动中的身体素质

（一）排球运动中发展力量素质的训练方法

力量素质的训练方法多种多样，排球运动员从事力量训练的目的是以力量素质为基础，提高运动员的弹跳力、移动能力和挥击能力。发展力量的目的不同，力量训练的手段与方法也不同。

1. 排球运动负荷的性质

（1）等长力量练习。即静力性力量练习，是运动员克服不可能克服的阻力的练习。等长力量练习的力量可随意调节，静力性力量练习对发展静力性力量是必要的，同时也有助于发展最大力量。

（2）等动力量练习。一种需通过专门器械——等动练习器来进行力量训练的方法。等动练习时肌肉一直以某种张力进行收缩，并且收缩速度始终恒定。等动练习在整个关节活动范围内，在可调节的不同速度条件下，都保持肌肉的最大张力，因而在动作的整个过程中，肌肉都能得到最大力量的有效训练。

（3）超等长练习。即肌肉先做退让工作，并且肌肉被极度拉长，然后尽快转入克制工作。这种练习的目的在于发展爆发力，其生理机制就是牵张反射。

2. 排球运动中的负荷强度

负荷强度主要体现在阻力或负荷重量的大小上。在力量训练中，将负荷分为若干级别。分级标准以最大力量的百分数或竭力重复次数负荷重量的相对值来划分。

力量负荷强度增加，负荷数量必然相对减少，导致负荷总量减少。因此，重负荷的力量训练对人体的影响主要是功能性的，有影响其调节功能、发展最大力量的作用。随着负荷强度减小，负荷数量增加，负荷量加大，对肌肉结构性影响增加，促使肌纤维增粗。同时，对发展肌耐力的作用也增加。轻负荷指一般轻器械练习，轻负荷力量练习的重点在于提高负荷节奏（速度），要求运动员以最大速度完成练习，保证最大功率输出，主要用以发展爆发力。

3. 排球运动中的负荷数量

练习的重复数与负荷强度相关，强度增大，则重复数减少。不同强度与数量的匹配具有不同的作用。发展绝对力量，采用极限强度（90%以上），反复进行1~3次的练习。采用较大强度（75%），快速、反复进行6~8次的练习，主要是改善肌肉内协调能力，发展爆发力。

4. 排球运动中的负荷节奏

采用练习的负荷性质确定之后，便是负荷强度、数量和节奏这3个基本负荷因素的匹配。调节负荷节奏，即完成练习的速度，与负荷强度、数量密切相关。应该指出的是，在完成练习时，对运动员来说，任何负荷强度的练习，都应要求在主观上尽可能地以最快速度完成动作。

5. 排球运动中的负荷方式

负荷方式分为持续或间歇两种方式。力量训练一般都采用间歇训练方式，间歇时间根据训练目标、运动员训练水平、负荷节奏以及发展肌肉的数量而定。

（二）排球运动中发展柔韧素质的训练方法

第一，主动与被动拉伸练习。柔韧练习，根据其不同训练效应，被区别为主动柔韧练习和被动柔韧练习两类，每类练习还区分为动力和静力两种形式。主动动力柔韧练习是练习者依靠自己的力量，将肌肉、肌腱、韧带等软组织拉长，提高其伸展性的方法。

第二，拉长肌肉和结缔组织的训练。拉长肌肉和结缔组织的训练有快速爆发式牵拉和缓慢牵拉练习两种方法，前者在进行牵拉练习时有疼痛感，并且在准备活动不充分时较易拉伤肌肉。缓慢牵拉练习是有关部位肌肉、韧带缓慢拉长至一定程度（有轻微的疼痛感觉），因超过关节伸展限度小，不易引起损伤和疼痛，并可以有意识地放松对抗肌，所以锻炼效果较爆发式牵拉练习好。

（三）排球运动中的耐力素质

耐力素质练习的方法较多，而且各种方法都有其各自的特点。常用的耐力练习方法主要包括以下几种。

第一，持续练习法。指在相对较长的时间里（不少于30分钟），以较为恒定的强度持续地进行练习的方法。持续练习法具有持续刺激机体的作用，有利于改善大脑皮层神经过程的均衡性，提高心血管系统和呼吸系统的功能，能有效地利用体内储备的能量。有利于发展有氧耐力和一般耐力的持续练习法由于持续时间较长，又没有明显的间歇，所以总的练习负荷量较大。但是练习时的强度较小，而且比较恒定，变化不大，一般在60%的强度上下波动，练习对机体产生累积性的刺激比较和缓。持续练习时，内部负荷心率一般控制在140~160次每分为宜。

第二，重复练习法。指不改变动作结构和外部负荷表面数据，在相对固定的条件下，按照既定间歇要求，在机体完全恢复的情况下反复进行练习的方法。

第三，间歇练习法。指在一次（或一组）练习之后，按照严格规定的间歇时间和积极性间歇方式，在机体未完全恢复的情况下从事下一次（或一组）练习的方法。间歇练习法与重复练习法较相似，主要区别在于间歇上的不同要求。重复练习法的间歇是采用完全恢复的间歇负荷和无严格规定的间歇方式（多以消极性的静息为主）进行的。而间歇练习法则是以未完全恢复的间歇负荷和积极性的间歇方式进行的。运动员总是在未完全恢复的状态下进行下一次练习，有明显的疲劳积累，对机体的刺激强度较大，有利于提高机体的心肺功能和无氧代谢能力。

第四，变换练习法。指在变化各种因素的条件下反复进行练习的方法。

第五，放松练习法。指运用游戏或比赛的方式进行练习的方法。这种方法能较快地提高运动员练习的兴趣和积极性，放松并在练习中充分发挥主动精神，使机体能够承受较大强度的负荷，有利于提高有氧耐力和无氧耐力。

第六，高原训练法。主要利用高原空气稀薄，在缺氧情况下进行训练。这有利于刺激机体改善呼吸及循环系统的机能，提高最大吸氧能力，刺激造血功能，增加循环血中红细胞和血红蛋白的数量，提高输氧能力。因而，高原训练具有提高运动员对"氧债"的承受能力，进而提高有氧耐力和无氧耐力的水平。

第七，循环练习法。各项内容及编排必须符合专项特点的要求进行选择和设计，同时应根据"渐进负荷"或"递增负荷"的原则安排练习。

（四）排球运动中发展速度素质的训练方法

一是结合专项需要。速度素质的练习应结合运动员所从事的运动专项进行。

在排球运动中动作复杂多变，要求运动员能在瞬间对各种复杂多变的情况做出应答反应。

二是分解运动法。分解应答反应的动作，在较为简单的条件下，通过提高分解动作的速度来提高反应速度。

三是完善技术法。动作速度的提高在很大程度上取决于完善的运动技术，只有熟练地掌握正确合理的运动技术，善于放松协调地完成动作，才能最大限度地发挥主动肌的功能，从而发挥已有的动作速度水平。

四是结合力量练习。力量练习是提高移动速度的途径之一，尤其是发展爆发力。

五是放松训练法。人体在充分放松的状态下，肌肉张弛有度，能减小肌肉本身的内阻力，增大肌肉合力，使速度素质得到提高。

（五）排球运动中发展灵敏素质的训练方法

一是结合运动技能的目的性。不同的运动项目要求有不同的灵敏技能，获得良好的训练效果，就应当紧密结合专项训练。

二是结合其他项目动作训练，辅助练习，有利于提高排球运动技能。

三是结合反应判断训练。反应可以分为两类：一类是对即将发生的动作有事先预知，并做出规律的动作反应，称为单纯反应；另一类则是动作不预定，依刺激条件而做出下意识的动作反应，称为复杂反应。就对灵敏性的影响而言，复杂反应显然比单纯反应更为重要。

四是结合爆发力训练。爆发力是力量与速度的综合表现，由于在敏捷性的动作表现上，会反复出现起动、制动、再起动的过程，因此具有良好的爆发力对灵敏素质的提高尤为重要。

第三节 排球运动的心理训练方式探究

一、排球运动的心理素质训练

（一）排球运动中运动心理素质训练的性质

在体育运动中的心理素质训练简称为心理训练，有广义和狭义两种。

（1）广义的心理训练是指在体育运动中，有意识、有目的地对运动员施加影响的过程，使其心理状态发生变化，达到最适宜的程度，以满足提高运动技术水平和增进身心健康的需要。

（2）狭义的心理训练是指采用专门性的具体训练方法来改变运动员或学生的某一具体心理因素，以适应体育教学、训练和比赛的需要。

（3）广义、狭义两种心理训练的不同如下：一是广义的心理训练是采用各种方法对运动员的心理施加影响的过程，狭义的心理训练则是采用心理调节的专门技术手段进行训练；二是广义的心理训练着眼于心理状态的普遍适应和改善，狭义的心理训练则要求提高具体的心理素质或克服某种心理障碍；三是广义的心理训练涉及的问题较多，一般短期内不易看到直接效果，狭义的心理训练则要求具有明显而较快的心理训练效果。

在实际应用中，两种心理训练是紧密联系、相辅相成的，不应当人为地把两者割裂开。

（二）排球运动中心理训练的重要作用

心理因素是运动员或学生在教学、训练和比赛中控制、调节自己的生理活动与技术动作的主导因素。原因如下：

一是心理活动水平太低，就不能对生理活动和技术动作进行有效的控制与调节，在这种情况下，即使具有较好的身体素质和技术水平，也不能使其充分发挥作用。

二是如果心理活动水平过高，充足的生理活动能量会冲击心理状态，进而产生心理紧张，冲击肌肉动作，使其用力过大、动作变形，造成比赛或训练的失误。

三是控制心理活动强度。运动实践表明，运动员或学生在竞赛活动中，不仅要付出巨大的体力消耗，心理强度的强弱也是技术动作等能否充分发挥的重要保证。教师在教学和运动训练中，要对运动员或学生进行一定的心理训练，使其心理活动水平适合身体素质、技术动作的同步发展和提高，以适应比赛的要求，始终维持身心力量的协调性。

四是掌握和改进动作技能。在体育教学和运动训练中，学生对运动技术的学习不单是对肌肉活动的训练，也是对大脑的心理机能的训练，运动技术的学习过程实际是智力和体力活动结合的过程。

五是消除疲劳，恢复体力。心理训练有助于帮助运动员或学生消除疲劳和恢复体力。研究表明，大运动量训练后，进行 5 分钟心理自我调整训练，其身心恢复情况几乎和一小时的自然睡眠或传统的恢复手段相同，借助神经与肌肉之间相互适应的现象，对自己的心理施加影响而产生积极作用的结果。

心理训练还能帮助运动员或学生克服恐惧、消除紧张和心理障碍。

（三）排球运动员一般心理训练

1. 排球运动员的放松训练

放松训练是一种专心致志地使自己身心放松的方法，是以一定的暗示语集中注意，调节呼吸，使肌肉得到充分放松，从而调节中枢神经系统兴奋性的方法。

进行放松训练时，一方面，以一定的自我暗示套语使肌肉得到充分放松，体会到四肢的沉重和温暖感，同时由于呼吸频率放慢而对心率、血压等植物性机能产生良好的影响。另一方面，当身心处于放松状态时，大脑皮层的兴奋度降低，同时借助重复默念有积极肯定愿望的公式套语使意念更集中到放松的感觉上。

心理放松训练可以有效地消除紧张情绪和神经系统的疲劳现象，是调节身心、控制情绪的最好方法之一，需要坚持系统的反复训练，才能达到预期的效果。

2. 排球运动员的生物反馈训练

生物反馈是利用电子仪器将与心理、生理过程有关的机体生物学信息加以处理，以视觉或听觉的方式显示给人信息反馈，训练人们通过对这些信息的认识，有意识地控制自身的心理、生理活动。

在耐力性项目的运动中，使用心率监测仪使运动员能够直接听到自己的心率变化情况，以便调节和控制练习的强度。

生物反馈训练不仅可以稳定运动员的情绪，消除紧张心理，而且能加速消除疲劳。

3. 排球运动员的表象训练

表象训练也称念动训练、回忆训练或想象训练。表象训练主要是运动员或学生有意识地、积极地利用自己头脑中已形成的运动表象，并配合适当的语言暗示进行训练的一种方法。这种内部重复演练动作表象的训练过程，能使表象过程中相应动作部位产生肌电活动。有关研究资料证明，进行表象训练时，只要运动员或学生能准确地进行表象活动，这种训练就是行之有效的。

4. 排球运动员的认知调节训练

认知调节训练能够提高运动员的情境评价能力与问题处理能力，以便在复杂的比赛情况下依靠运动员自己解决问题。

认知调节行为过程有 4 个阶段。第一个阶段是探查阶段，此时，心理学家要了解服务对象各方面的情况；第二个阶段是教育阶段，此时，心理学家帮助服务对象建立一种新的认知模式，把问题看作是可以解决的，并采用具体的方法解决问题；第三个阶段是巩固阶段，继续进行帮助；第四个阶段是评价阶段，评价帮助措施和服务对象的行为变化在他生活中的意义。当然，这 4 个阶段并无明显区分，新问题的产生或旧问题的解决都可能导致人们在这 4 个阶段之间的不断跨越。

5. 排球运动员的暗示训练

暗示训练是利用言语等刺激物对运动员的心理施加影响，进而控制行为的过程。自我暗示能够提高动作的稳定性并能增加成功率。

6. 排球运动员的模拟训练

模拟训练实际上是一种适应性训练或叫脱敏训练，这是将训练安排在与比赛条件相似的环境下进行的一种训练方法，能使运动员逐步适应比赛的特殊环境，有利于提高临场的表演效能及比赛水平。

7. 排球运动员的注意力集中训练

注意力集中是坚持全神贯注于一个确定的目标，不被其他内外刺激干扰而产生分心的能力。这种能力一般包括 4 个方面：意愿的强度、意愿的延长、注意力集中的强度和注意力集中的延长。

运动员注意力的集中是非常重要的。根据实验研究，注意力集中能力对射击运动员提高运动成绩十分重要。注意力集中的强度依赖于精神机能，而注意力集中的保持和延长却取决于肉体机能。当精神疲劳时，注意力集中的强度就变弱；当肉体疲劳或有病时，注意力集中的延长机能就降低；当情绪不好、杂念多时，注意力也难以集中。因此，注意力的训练是一个综合的努力过程，所采用的训练方法也是多方面的。

（四）赛前心理训练

1. 排球运动员赛前模拟训练

模拟比赛对手的技、战术特点，对比赛环境、条件进行预先适应性训练。

2. 排球运动的语言提示

（1）排球运动中关于"摆正位置""端正动机"方面的积极提示。教练正确、客观地分析双方实力对比，使运动员摆正自己的位置。若实力势均力敌，或稍弱一点儿，要用积极、正面的语言启发运动员立足于"拼"，使队员获得"增力"情绪。若稍强于对手，要用中肯的语言使运动员做好充分的面对困难的准备，树立起在"拼搏"中取胜的信念。教练用客观、准确的语言说明比赛的目的、意义，帮助运动员调整比赛动机，使个人动机和社会动机统一起来，达到情绪活跃、斗志高昂的最佳赛前状态。

（2）排球运动中关于增强信心方面的积极提示。教练用鼓励性的语言，多多肯定队员的优点和成功，不轻易地、笼统地否定一个队员，要让队员对自己充满自信。教练应用准确的语言实事求是地分析双方实力对比，使运动员心里踏实，有信心。教练制定正确的战略战术，扬长避短，能击中对方要害，使队员既充满必胜的信念，又有实现胜利的步骤和方法，就会形成高涨而稳定的情绪。教练用激励性的语言激发队员的斗志，使其具有信心。教练还可采取某些措施并结合语言提示来进行，会收到更好的效果。

（3）排球运动员自我积极暗示。运动员在对自己的实力和发挥产生怀疑时，就会出现信心不足。增强信心的自我暗示可从以下方面进行：不轻易地否定自己，不怀疑自己的成功；相信自己，允许自己有失误；从以往的成功中寻找出自信心；挖掘自己的潜力，相信自己有很大的潜力可挖等。运动员在进行自我暗示时，一定要用积极的语言进行。

（4）排球运动员之间进行的积极提示。队员间的积极语言提示效果非常好，尤其是队员间使用的语言常常很形象、很深刻，因而效果很好。队员间的语言提示可以以两人谈心、3~4人小组或者6个主力队员在一起的方式来进行。

（5）排球赛前运动员出现不良情绪的对策。临赛前夕，运动员出现情绪过分激动状态时，教练要用语言调整比赛动机和期望水平，使其恢复至适宜状态。用转移注意力、放松训练、安慰疗法等方法来逐渐缓解过激情绪，尽量使情绪恢复至正常状态。

赛前出现情绪冷漠状态时，教练要用语言激励、动员，调动其参赛的积极性。对信心不足的队员除鼓励外，还要帮助他做实际的分析，制定具体的对策。对由于过度疲劳或伤病造成对比赛情绪冷漠的队员，要主动安排他们进行积极休息和治疗。

赛前出现盲目自信状态时，教练要对队员进行作风、责任感方面的说明教育，使其明确自身肩负的责任，从而做到认真地参赛，还要全面地向运动员分析形势、分析情况，使运动员既看到自身的长处，也看到自身的短处；既看到对方的短处，也看到对方的长处，以清醒的头脑去参加比赛。

（五）排球赛中运动员的情绪控制

1. 排球运动赛中教练的语言提示

（1）在运动员发挥基本正常时，教练要用积极的语言肯定队员在场上的现状。如果双方实力相当，即使比分暂时落后也要肯定和鼓励，以稳定场上情绪。

（2）在比赛十分紧张时，教练对队员提出具体的指示，甚至可以具体到是扣还是吊；吊球吊到对方什么地方，把球给谁扣等。

（3）对一时发挥不好的队员要安慰，甚至说几句替队员解脱的话，以减轻队员的精神压力。

（4）对在场上松懈、不认真的队员，教练的批评要中肯，表情要严肃，也可以用激将法。

2. 排球运动中教练的行为暗示

（1）以教练的情绪感染队员。人的情绪有易感性，教练情绪稳定会感染队员，使队员的情绪稳定下来。

（2）教练语言既精确，又有条理，可使运动员沉着、冷静，情绪稳定活跃。

（3）暂停，换人恰当、及时，可使队员感到比赛井井有条，充满胜利的信心，有助于在场上保持活跃的情绪。

（4）及时改变预定打法转变场上情绪。打法不对，比赛受挫，会引起情绪波动，教练必须迅速准确地改变原定打法，扭转场上的被动局面，才能使场上队员情绪稳定，保证正常水平的发挥。

3. 排球比赛中队员间的语言调节和行为暗示

（1）场上队员间互相大声鼓励，场上与场下互相鼓舞、呼应，使全队形成整体冲击力。

（2）队员间用行动互相弥补、减少场上漏洞，提高整体的战斗力。

4. 排球运动中队员的个人调节

（1）成死球时做放松跑动和几次深呼吸。

（2）自我语言暗示。

（3）强制自己集中注意力、顽强拼搏等，对裁判的误判和队友的失误，也强制自己不受干扰，继续努力。

此外，运动员积累的压力在赛后可通过语言暗示、转移注意力、生物反馈训练法、想象放松、催眠、音乐等调节方式进行心理的康复。

第四节 排球运动损伤的科学预防工作

一、排球运动损伤的科学预防

（一）损伤原因

排球运动中产生损伤的主要原因可归纳为以下几个方面。

（1）不合理的设施和器材。

（2）不合理的技术动作。

（3）力求完美，超越人体极限。不论身体素质如何，总会出现伤情。

（二）竞技排球运动中常见的损伤和治疗方法

1. 常见的擦伤

擦伤是皮肤受到急剧的摩擦所致。可用消毒水清洗创面，再以无黏性的绷带包扎即可。夏天，创面不大的话，用消毒水清洗干净，抹点儿碘酒即可。

2. 常见的水泡

由于挤压、摩擦和湿气等造成的皮下淤水小泡，常见于手上和脚上。选择的鞋子一定要合脚，夏天打球出汗后最好及时擦干手臂、手腕上的汗水，避免手心流汗。

3. 常见的挫伤

挫伤是由于钝器打击或剧烈碰撞等所引起的。抬高患肢、冷敷、加压包扎，尽量减少出血。24小时后，对挫伤处可进行热敷或按摩。

4. 常见的扭伤

扭伤是因动作幅度较大或过于急剧而给关节造成的扭曲和伤害。当关节受压力较大时就会出现扭伤。扭伤出现后，应立即停止运动，尽快就医。

5. 常见的跟腱炎

由于运动强度过大或时间过长，造成跟腱负担太重而引起的各种炎症。运动员快速移动时脚部着地的部位不对，扁平足，足部韧带脆弱，鞋子不合脚，场地地面太硬等都是造成跟腱炎的原因。预防跟腱炎，在排球训练和比赛前应充分做好准备活动。患病后，可用冰块按摩或使用消炎注射剂、包扎医疗绷带等方法，严重的必须做手术。

6. 常见的腰疼

脊柱负荷过重、腰部肌肉紧张过度、脊柱出现畸形或腰椎间盘突出等是造成腰痛的原因。腰痛的症状表现为腰部僵直，严重的刺痛，无法做简单的转体动作。

7. 常见的肩关节痛

肩关节痛的主要原因是肩关节的屈伸肌、固定关节的韧带及关节囊等软组织运动负荷量过大，多是发球、打高压球用力过猛造成的。症状表现为肩关节在发球、高压球、击球的过程中出现疼痛，并使手臂痉挛。出现肩关节痛时，应立即停止训练或比赛，短时间固定肩关节。

8. 常见的肌肉拉伤

背肌损伤多是在下蹲击球或转体动作时造成的；腹部肌肉损伤是发球或打高压球用力过猛所致，或是肌肉负担过重引起的；症状表现为肌肉有轻微的撕裂感。

9. 常见的膝关节痛

膝关节是人在运动中用得最多，且最容易受伤的关节之一。膝关节的疼痛是由于膝关节韧带紧张过度、场地地面坚硬以及先天性膝关节脆弱。症状表现为剧烈运动或负荷过重时疼痛并伴有水肿。

10. 常见的半月板损伤

主要原因是屈膝制动击球，为了抢占最佳位置，变向而膝关节同时完成快速伸膝并伴随有旋内旋外的动作。症状表现为半月板突出、变形、剧烈疼痛等。如出现损伤应立即包扎后就医。

（三）排球运动中的其他运动损伤

1. 运动员中暑损伤症状

（1）大汗淋漓、发冷和头部阵痛。

（2）恶心、高烧和心率加快。

（3）精神错乱或失去知觉。

2. 运动员运动过量的损伤原因

运动过量的损伤是技术不好或运动员缺乏足够的力量和柔韧性来承受紧张连续的运动负荷引起的。这类损伤包括胫骨骨折、肌腱炎和滑囊炎。

3. 运动员的劳损和扭伤原因

导致劳损和扭伤的原因包括：①缺乏柔韧性；②技术与身体素质不好；③疲劳；④未做准备活动；⑤原来的损伤未得到适当的治疗；⑥急停或起动。

4. 运动员在运动中的痉挛原因

（1）遗传：一些运动员反复在同一肌肉群发生痉挛。这些人一般来说肌肉发达，有可能是遗传在这一现象中起作用。

（2）疲劳：在肌肉反复活动后发生痉挛。产生的原因可能是重复的肌肉活动导致肌肉电解质和能源物质的耗竭。

（3）直接的击伤或损伤：经受剧烈运动的肌肉在损伤后常常出现痉挛。

（4）炎热的天气：最常见的痉挛是热痉挛。在炎热的天气下比赛时，人体使用其主要的排汗机制，导致水分丢失以及电解质失衡。

5. 运动员在运动中击伤的治疗方法

（1）直接按住伤口，压住伤口的边缘止血。

（2）用流水和消炎药粉或消炎溶液清洗伤口。

（3）切勿使用乳剂。

（4）在伤口上敷药。

（5）有些击伤需要医务人员处理。

（6）皮肤已经破裂，可能发生破伤风。每一个从事体育运动的人都应该接受医生的定期检查，确保他们具有良好的破伤风免疫力。

（四）运动员的其他类型损伤

1. 防晒预防

（1）经常使用能防止紫外线 A 和紫外线 B 辐射的用品。

（2）检查运动员是否涂上防晒霜，准备一瓶防晒霜备用。

（3）当运动员出汗时，确保按时再抹防晒霜。

（4）不透水的衣服比不透汗的要好。

（5）排球活动尽量安排在早晨和晚上，避开 10 时至 15 时的阳光。

（6）避免用皮革坐垫。

2. 眼睛的防护

（1）不直视太阳。

（2）应选用一副太阳镜，使眼睛随时得到适当的保护。

（3）球击中眼窝造成的损伤可能产生严重的后果，发生这种情况时应立即进行医治。

3. 排球教练的职责

教练应熟悉当前禁用的所有药物，并对运动员和他们的家人进行相应的教育，他们必须了解并熟悉排球运动员常被发现使用与误用的药物和药品。

（五）排球运动中损伤的预防在竞技排球中的实际应用

（1）教练、医生和理疗师必须相互了解对方在损伤的预防、治疗和恢复过程中的职责。

（2）确保所有运动员定期接受医务检查。

（3）确保设施、场地和器材安全可靠。

（4）教练可帮助预防常见损伤。

（5）对损伤立即进行处置，教练应让运动员休息，并对运动员进行冰敷、加压及抬高患肢处理等。

（6）在安置受伤的运动员时，教练应定期探视、鼓励运动员，并为其制订恢复训练计划等。

（7）教练应密切注意损伤的主要起因，这些起因包括不合理的设施和器材、不合理的训练和较差的身体素质。

（8）下肢损伤是排球运动中最常见的损伤，其次是上肢和躯体、背部与腹部的损伤。因此，应确保运动员做充分的准备活动，很好地伸展这些部位。

（9）确保运动员使用强效防晒物品进行自我保护。

第八章 排球运动的战术透析

排球战术是排球运动比赛中根据排球竞赛规则和排球运动规律、比赛双方的具体情况和临场竞赛的变化,合理运用个人技术及集体配合所采取的有意识、有组织的行动。前提是掌握基本技术。

第一节 排球运动基本战术

一、排球运动中的基本战术

排球基本战术是指运动员在比赛规则允许的条件下采用的各种合理的击球动作和配合动作的总称,其是排球运动的基础和重要组成部分。

排球基本技术有两种:一种是无球技术,包括准备姿势、移动、起跳及各种掩护动作等;另一种是有球技术,包括发球、垫球、传球、扣球和拦网。排球技术主要由步法和手法组成,同时与视野活动、躯干活动和意识活动配合融合为一体。

(一)排球运动中的无球技术

1.排球运动的准备姿势

运动员在启动、移动和击球前所采用的合理的身体姿势,称为准备姿势。按照身体重心的高低,准备姿势可分为一般准备姿势、后排防守准备姿势和前排保护准备姿势三种。

第一,一般准备姿势。

技术要点:两脚左右开立与肩同宽。一脚在前,两膝微屈。身体重心位于两脚之间,并稍靠近前脚,后脚跟稍提起,上体稍前倾,两臂放松,自然弯曲置于腹前。两眼注视球并兼顾赛场上情况,两脚保持微动状态。

技术运用:当对方正在组织进攻,或球虽在本方但离自己较远不需要及时移动击球时,以及在进行二传、扣球和接速度较慢、弧度较高的发球时,可运用一般准备姿势。

第二，后排防守准备姿势。

技术要点：两脚开立略比肩宽。两膝弯曲，脚跟自然提起。上体前倾，重心靠前，膝部的垂直线应在脚尖前面，两臂放松，自然弯曲置于腹前。两眼平视，注意来球。两脚始终保持微动。

技术运用：后排防守准备姿势是排球比赛中最基本的准备姿势，在接发球时运用最多，在传球、拦网时也常运用。同时，为短距离移动防较低的来球做准备。

第三，前排保护准备姿势。

技术要点：身体重心比后排防守准备姿势更低、更靠前，两脚左右、前后的距离更宽一些，膝部弯曲的程度大于后排防守准备姿势，身体重心要更靠前，肩部垂直线过膝，膝部垂直线越过脚尖。两手臂置于胸腹之间。

技术运用：前排保护准备姿势主要运用于后排防守（接扣球）、前场保护（接拦回球）以及接低远球和衔接各种倒地动作的接球，以扩大防守范围。

2.排球运动员的移动

移动的完整过程包括启动、移动和制动三个环节。启动是移动的开始，在准备姿势基础上交换身体重心的位置，破坏准备姿势重心的稳定，使身体便于向某一方向移动步法。移动则是在启动的基础上，利用脚步动作来改变运动员在场上的位置，完成技术动作和战术配合的行动。移动是为了及时接近球，保持好人与球的位置关系以便击球，同时也是为了迅速占据场上的有利位置。制动是移动的结束，要及时克服身体的惯性冲力，保持好击球前的身体姿势。

（1）排球中的启动。启动是指从静止到移动发力动作的过程，是移动的开始，是在准备姿势基础上变换身体重心的位置，破坏准备姿势的平衡，使身体向目标方向移动。

技术要点（以向前启动为例）：在正确的准备姿势基础上，迅速抬起前腿，收腹使上体向前探出，同时后腿迅速用力蹬地，使整个身体急速向前启动。启动的快慢是移动的关键，启动的速度取决于反应能力和腰腿部的速度力量。

（2）排球中的移动步法。启动后，应根据临场技、战术的需要，灵活地采用多种移动步法进行移动。移动的主要步法和动作方法如下。

1）排球中的并步

技术要点：两脚前后站立与肩同宽，两膝微屈，上体稍前倾，两手自然放松置于腰腹。并步时，前脚向来球方向跨出一步，后脚迅速蹬地跟上并做好击球前的姿势。

并步的特点是容易保持身体平衡，便于做击球动作。并步可向前、后、左、右各方向移动。

技术运用：并步主要用于近距离地移动，如传球、垫球、拦网等技术。同时，并步经常与跨步或其他倒地击球技术结合使用。

2）排球中的滑步

技术要点：连续并步就是滑步。

技术运用：滑步主要用于短距离移动，即来球距体侧稍远，并步不能接近球时运用滑步移动接球。

3）排球中的交叉步

技术要点：两脚左右开立。向右侧交叉步移动时上体稍向右转，左脚从右脚前向右交叉迈出一步，然后右脚再向右侧方向跨出一大步，同时重心移至右脚，身体转向来球方向，保持击球前的姿势。

交叉步的特点是：步子大，动作快，便于制动。

技术运用：交叉步主要用于体侧2~3米的来球或二传手和拦网者在网前移动及防守两侧来球时运用。

4）排球中的跨步

技术要点：跨步前，膝部弯曲，上体前倾，身体重心移至跨出脚上。跨步时，一腿用力蹬地，另一腿向来球方向跨出一大步，后腿随重心前移自然跟上，两臂做好迎球动作。

跨步的特点是：跨距大，便于向前、斜前方降低重心进行低点击球。

技术运用：跨步移动可以单独使用，也可与滑步、交叉步、跑步的最后一步结合使用。当来球低、速度快、距离身体1米左右时跨步移动运用较多。

5）排球中的跑步

技术要点：跑步时一只脚蹬地启动，另一只脚迅速向前迈出，两脚交替进行，两臂配合摆动。球在侧方或后方时，应边转身观察球边跑。

跑步的特点是：移动速度快，便于随时改变方向。

技术运用：跑步移动经常与交叉步、跨步等结合起来运用。当向侧方跑步时，常采用交叉步转身的方法来启动，在接近球时，又常用跨步、倒地和各种跳跃动作来制动，以完成击球动作。

3. 运动中的制动

由快速移动转为突停状态的过程称为制动。制动是移动的结束，也是击球动作的开始。制动的方法有一步制动法和两步制动法。

（1）一步制动法。技术要点：一步制动时，在移动的最后跨出一大步，降低身体重心，膝部和脚尖适当内转，全脚掌横向蹬地，以抵住身体重心继续的惯性。同时，以腰腹力量控制上体，使身体重心的垂直线停落在脚的支撑面以内。

（2）两步制动法。技术要点：两步制动时，在倒数第二步开始做第一次制动，紧接着跨出最后一步做第二次制动，同时身体后倾，回膝弯曲，重心下降，双脚用力蹬地，使身体处于有利于做下一个动作的状态。

（二）排球运动中的发球技术

1. 运动中的正面上手发球

正面上手发球是指发球队员面对球网站立，具有较大的攻击性和准确性。正面上手发球的技术动作环节如下。

（1）准备姿势：面对球网，两脚自然开立，左脚在前，左手托球于体前。

（2）抛球与引臂：左手将球平稳地抛于右肩的前上方，高度适中，同时右臂抬起，屈肘后引，肘与肩平，上体稍向右侧转动，抬头、挺胸、展腹，手掌自然张开。

（3）挥臂击球：利用蹬地，使上体向左转动，同时收腹，带动手臂向前上方快速挥动。在右肩前上方伸至手臂的最高点处，用全掌击球的后中下部。击球时，手指和手掌要张开与球吻合，手腕要迅速做推压动作，使击出的球呈上旋飞行。击球后，随着重心前移，迅速入场。

2. 运动中的正面下手发球

正面下手发球是指发球队员面对球网，初学者学习这种技术后，有利于进行接发球练习和训练比赛时使用。正面下手发球的技术动作环节如下。

（1）准备姿势：面对球网，两脚前后开立，左脚在前，两膝弯曲，上体前倾，左手持球置于腹前。

（2）抛球：左手将球轻轻抛起在体前右侧，球离开手约一球高度，同时右臂伸直，以肩为轴向后摆。

（3）击球：右脚蹬地，身体重心随着右臂由后向前摆动而前移，在腹前以全手掌击球后下部。击球后，随击球动作重心前移，迅速进场比赛。

3. 运动中的侧面下手发球

侧面下手发球的动作较简单，容易掌握，可借助转体力量来击球，便于用力，适合女子初学者。这种发球失误少，但攻击性不强。侧面下手发球的技术动作环节如下。

（1）准备姿势：左肩对网，两脚左右开立，约与肩同宽，两膝微屈，上体稍前倾，重心落在两腿之间，左手持球置于腹前。

（2）抛球：左手将球平稳上抛于胸前，距身体约一臂远，球离手高度约一个半球。抛球同时，右臂摆至右侧后下方。

（3）挥臂击球：利用右脚蹬地向左转体的力量，带动右臂向前上方摆动，在腹前用全掌、虎口或掌根击球后下方。击球后，身体转向球网，并顺势进场。

4. 运动中的正面上手发飘球

这种球使接发球队员难以判断其飞行路线和落点。由于发球队员是面对球网站立，便于观察情况和瞄准目标，所以攻击性和准确性较高。其目前在各类水平的比赛中均被男女队员广泛采用。正面上手发飘球的技术动作环节如下。

（1）准备姿势：近似正面上手发球，但左手持球的位置较高，约在胸前。站位离端线的距离变化较大，可站在靠近端线处，也可站在离端线8米左右处发球。

（2）抛球与引臂：左手将球平稳地抛在右肩前上方，高度应稍低于正面上手发球，并稍靠前些。在抛球的同时，右臂上举后引，肘部适当弯曲，并高于肩，两眼盯住球的击球部位。

（3）挥臂击球：与正面上手发球一样做鞭甩动作，但击球前手臂的挥动轨迹不呈弧形，而是自后向前做直线运动。击球时，五指并拢，手腕稍后仰，用掌根的坚实平面击球的中下部，使作用力通过球体重心。击球用力要快速，击球面积要小，触球瞬间手指、手腕要紧张，不加推压动作。击球结束，手臂要有突停动作。

5. 运动中的勾手发飘球

勾手发飘球是指发球队员侧对球网站立，利用转体动作带动手臂挥摆，使发出的球不旋转而飘晃不定地向前飞行的一种发球方法。其具有较强的攻击性，适合于各种距离的发球。勾手发飘球的技术动作环节如下。

（1）准备姿势：侧对网站立，两脚自然开立，左手持球于胸前。

（2）抛球与摆臂：左手采用托送动作，将球平稳地抛至左肩前上方，略高于击球高度。在抛球的同时，右臂放松向体侧后下方摆动，身体重心稍向右移。

（3）挥臂击球：击球时，右脚蹬地，上体向左转动发力，带动手臂挥动。挥动时，手臂要伸展，在左肩的前上方，用掌根、半握拳或拇指根部等部位击球的后中下部，并使身体重心移至左脚。在击球前，手臂挥动的轨迹应有一段直线运动。手触球瞬间，五指并拢，手腕后仰，并保持紧张。击球后，手臂挥动有突停动作，使球与手很快分离。

6. 运动中的跳发球

跳发球是指发球队员在端线后，利用助跑跳起在空中，像扣球似的将球击入对方场区的一种发球方法，其是近些年来世界排球普遍采用的一种攻击性很强的发球技术。跳发球的技术难度和体力消耗较大。其技术动作环节如下。

（1）准备姿势：队员面对球网，站在离端线3~4米处，以右手或双手持球于体侧或腹前。

（2）抛球：用右手或双手将球抛至右肩前上方，抛球高度一般为肩上方2米左右，落点在端线附近。

（3）助跑起跳：随着抛球动作，队员迅即向前做2~3步助跑起跳。起跳时，两臂要协调而积极地摆动，摆幅要大。

（4）挥臂击球：挥臂击球动作类似正面扣球。

（5）落地：击球后，尽量使双脚同时落地，两膝顺势弯曲缓冲，迅速入场。

（三）排球运动中的垫球技术

垫球是排球的基本技术之一，最常用的是前臂垫球。垫球可分为正面双手垫球、体侧双手垫球、背向双手垫球、跨步垫球、侧倒垫球、前扑垫球、滚翻垫球、鱼跃垫球等。

1. 排球的正面双手垫球

正面双手垫球是指运动员用双手在腹前将球垫起的动作方法。其是最基本的垫球方法，是各项垫球技术的基础，适合接各种发球、扣球和拦网球，有时也用于垫二传。正面双手垫球在垫轻球、垫中等力量球和垫重球时，其动作方法是有区别的。

（1）排球的垫轻球技术动作环节

1）准备姿势：面对来球，呈半蹲或稍蹲姿势站立。

2）垫球手型：两手掌根相靠，两手手指重叠，手掌互握，两拇指平行向前，手腕下压，两前臂外翻成一个平面。

3）垫球动作：当球飞到腹前约一臂距离时，两臂夹紧前伸，插入球下方，同时配合蹬地、跟腰、提肩、顶肘、压腕、抬臂等全身协调动作迎向来球，身体重心随着击球动作向前上方移动。

4）击球点：保持在腹前高度。

5）球触手臂部位和击球部位。用前臂的手腕关节以上10厘米左右的两小臂桡骨内侧所构成的平面击球的后下部。

6）击球后动作：在击球瞬间，两臂要保持稳定，身体重心继续协调地向抬臂方向送球，垫击动作结束后，立即松开双臂为下一个动作做准备。

（2）排球的垫中等力量球技术动作环节。准备姿势、垫球手型和击球点与垫轻球相同。由于来球有一定力量，手臂击球动作的速度要慢，手臂要适当放松，主要靠来球本身的反弹力将球垫起。击球时，要运用蹬地、跟腰、提肩、压腕、向前抬臂的动作击球的后下部。

（3）排球的垫重球技术动作环节。采用半蹲或低蹲的准备姿势，两臂放松置于腹前。击球用力时，由于球速快、力量大，触球后球体自身的反弹力也大。因此，不但不能主动用力击来球，还应采用含胸收腹的动作帮助手臂随球后撤并适当放松肌肉，以缓冲来球力量。同时，用手臂和手腕动作来控制垫球的方向和角度。击球的手型和部位应根据来球的情况而变动。当击球点稍高并靠近身体时，仍可用前臂垫球；当击球点低而距身体较远时，就要用屈肘翘腕的动作把球垫在手腕部位的虎口处。

2. 排球的体侧双手垫球

在身体侧面用双手垫球称体侧双手垫球。当来球飞向体侧，队员来不及移动对正来球时，可采用体侧双手垫球。体侧双手垫球的特点是伸臂动作快，控制范围大，但不容易控制垫球方向，准确性不及正面垫球。

3. 排球的背向双手垫球

背对垫球目标，从身前向背后双手垫球称为背向双手垫球。在同伴击起球后球飞得较远而又无法进行正面垫球以及必须将球处理过网时运用较多。背向双手垫球的特点是垫击点较高，准确性稍差。

背对垫球时，要判断好来球的方向，快速移动到球的落点处，背对垫出球的方向，两臂夹紧伸直。击球时，用蹬地、抬头挺胸、展腹和上体后仰的动作带动两臂向后上方摆动抬送，以前臂触球的前下方，将球向后上方击出。背向垫球的击球点一般应在肩前上方。

4. 排球的其他垫球技术

（1）排球的跨步垫球。向前或向侧跨一步垫球的动作叫跨步垫球。跨步垫球是当来球离身体前方或斜前方较远且低时，队员来不及移动对正球时采用，在接发球和防守中运用较多，又是各种低姿垫球动作的基础。

跨步垫球时，在判断来球落点后，同侧脚迅速向来球方向跨出一大步，上体顺势前倾下压，身体重心落在跨出脚上，同时两臂前伸插入球下，用蹬地、提肩、抬臂动作击球的后下部。

（2）排球的让垫。当来球弧度平、速度快、前冲而追胸时，队员将身体向侧移动，正面避开来球的飞行路线，让球飞向体侧，用体侧垫球的方法将球垫起叫让垫。让垫技术主要是在接弧度较高的平冲飘球时采用。

（3）排球的单手垫球。当来球快速飞向体侧较远距离，来不及用双手垫球时采用单手垫球。单手垫球动作快，手臂伸得远，击球范围大。但由于触球面积小，控制球的能力比双手差，故在能用双手垫球时，尽量不用单手垫球。运用单手垫球时，应迅速移动接近球。如球在体侧远处来不及移动时，也可向击球方向跃出，用前臂内侧、掌根或掌心击球后下部。

（4）排球的低姿垫球。当来球低且落点在身体附近时，队员采用深蹲，双手贴近地面处向上垫球叫低姿垫球。低姿垫球的方法主要有低蹲垫球、半跪垫球和全跪垫球三种。

1）排球的低蹲垫球。当来球在身体附近较低部位时，队员迅速移动到球落点上，随即快速降低重心，上体前倾，两臂贴近地面插到球下。跨出腿膝部充分弯曲并稍外展，蹬地腿自然弯曲，脚内侧着地。主要靠球的反弹力将球垫起。有时还可用屈肘、提腕动作将球垫起。

低蹲垫球的特点是身体重心下降快，两臂插入球下和垫球后的还原动作快，故易于接低而重的球，在接扣球和接发球时运用较多。

2）排球的半跪垫球。当来球低、速度快、落点离身体稍远时，宜采用半跪垫球方法。垫球时，在低蹲垫球的基础上继续向前移动身体重心，上体充分前压，塌腰塌肩，后腿以膝部内侧和脚弓内侧着地，两臂贴近地面向球下伸出，用翘腕动作以双手虎口部位将球垫起。

半跪垫球的特点是上体前倾大，击球点低，支撑稳，便于防起各种低而快速的来球。

3）排球的全跪垫球。当来球低而快，落点离身体较远，采用半跪垫球方法难以击到球时，则在半跪垫球方法的基础上，上体继续向前压出，使两膝前倾的投影点明显超过脚尖，随着身体重心前移、降低姿势用两膝内侧跪地，以膝、小腿和脚弓内侧部位支撑地面，跪地后可顺势向前滑动，两臂迅速前伸插入球下，以小臂、虎口或翘腕动作将球垫起。垫球后可用前臂和手掌撑地迅速起立。

全跪垫球的特点是移动距离比半跪垫球的大，向前下方伸臂动作快，击球点低，支撑稳，有时还可在向前滑行中垫球。女队员和后排防守队员在前冲保护时常用这种技术。

（5）排球的侧倒垫球。接体侧低远来球时，身体向侧伸展，击球时身体侧转，以侧卧姿势向前滑动着地，叫侧倒垫球。

侧倒双手垫球。击球前，以同侧脚向来球方向跨出一大步，身体重心落在跨出腿上，臀部下降，两臂向下方直插球下。击球时，以跨出脚的前脚掌为支撑向内转动，在向内转体转肩的同时两臂上抬击球下部。击球后，迅速以同侧的大腿外侧、臀部、背侧依次着地，倒地结束后，以收腿和两手撑地帮助快速起立。侧倒垫球的要领可归纳为"一跨、二转、三倒地"。

除侧倒双手垫球外，在来球更远双手难以够到球的情况下，还可采用侧倒单手垫球的方法。动作方法与侧倒双手垫球动作大致相同，但要求同侧脚跨出的步幅要大些，身体重心下降前压的幅度也更大些。垫球时，跨出腿要继续用力蹬地，使身体向来球方向伸展腾出，击球手臂前伸插入球下，以单手垫球的方法将球垫起，同时身体向内转动。击球后，手臂不回收，体侧着地，以侧卧姿势向前滑动。

（6）排球的前扑垫球。当队员来不及移动接前方或斜前方低远来球时，身体向前下方扑出，击球后失去平衡，向前手臂屈肘撑地扑在地上叫前扑垫球。特点是重心下降快，前扑距离远，但要求运动员有一定的手臂力量基础。根据来球的情况，前扑垫球可用双手或单手击球。

双手前扑垫球。准备姿势要低，上体前倾，重心偏前，利用两脚先后蹬地，使身体向前下方伸展扑出。同时，两臂前伸插入球下，用前臂将球垫起。击球后，两手迅速撑地，两肘顺势弯曲，以缓冲身体下落的重量，膝关节伸直，以免碰地，最后以胸腹和大腿接触地面。

当来球较远，用双手垫球不能击到球时，可用单手前扑垫球。击球时，手臂应尽量前伸，用手背、虎口或小臂击球下方，另一手屈肘撑地缓冲，并以击球手侧的胸腹部先着地，顺势向前滑行。

（7）排球的滚翻垫球。当来球距身体远而低时，可采用滚翻垫球。可充分发挥移动速度，控制更大的防守范围，保护身体不致受伤，还可迅速起立转入下一动作。目前，这种垫球方法在防守中运用较多，尤其是女队员。滚翻垫球可分为肩滚翻垫球和横滚翻垫球两种，两种垫球均可用双手或单手击球。

1）排球的肩滚翻垫球。做肩滚翻垫球时，应迅速向来球方向移动，最后跨出一大步去接近球，重心随之下降并落在跨出脚上，上体前倾，使胸部靠近大腿，手臂伸向来球方向。同时，两腿用力蹬地，使身体向来球落点方向伸展，前臂插入球下，用双手或单手小臂、虎口或手腕部位击球的后下部。击球后，在身体失去平衡的情况下，顺势转体，依次用大腿外侧、臀部外侧、背部、跨出脚侧的肩着地，同时低头、收腹团身，做前滚翻动作，并迅速起立。肩滚翻垫球要领可归纳为"一跨、二蹬、三滚翻"。

2）排球的横滚翻垫球。滚翻前的动作方法与肩滚翻大致相同，但身体应向来球方向充分伸展，可用类似前扑或鱼跃的动作跃出击球。击球后，在空中迅速转体，顺向前之势用身体侧面滑动着地，并向侧做横向滚动，经仰卧后转微收腹，双手撑地立起。横滚翻垫球的优点是手臂前伸远，重心下得快，还可避免前冲距离过大而造成越过中线或与其他队员碰撞，但击球后，起立动作较慢。

（8）排球的鱼跃垫球。在来球低而远，来不及移步垫球时，采用向前猛然跃出，在空中完成击球动作，然后双手撑地缓冲，使胸腹部着地向前滑行，称为鱼跃垫球。鱼跃垫球的特点是防守的控制范围大，但动作难度较大，需要队员有勇敢精神和较强的腰背、手臂肌肉力量和灵敏素质。做鱼跃垫球时，应用半蹲准备姿势，上体前倾，前脚掌用力蹬地（大多是向前移动1~2步后再蹬地），使身体向来球处腾空跃起，在空中手臂向前伸展插入球下，用单手或双手击球后下部。击球后，双手在体前着地支撑，两肘缓慢弯曲，以缓冲身体下落力量，同时抬头、挺胸、展腹，向后自然屈腿，使身体呈反弓形，胸腹、大腿依次着地，顺势向前滑行。

为防止受伤，在落地时，两手着地的支撑点应在身体重心向前下方运动方向的延长线上。支撑点太靠后，易造成身体前翻折腰；支撑点太靠前，易造成身体平落，使腹部或膝部碰地受伤。

为扩大防守范围，还可采用单臂滑行鱼跃技术。动作与上述鱼跃垫球相似，在空中用单手虎口或手背击球后，以击球手掌的外侧和前臂先着地，另一手屈肘在体侧撑地协助支撑，随之胸、腹、腿依次着地，顺势向前滑行。

（9）排球的挡球动作方法。来球高，速度快，力量大，不便于传球和垫球时，用双手或单手在胸部以上挡击来球称为挡球。特点是伸手动作快，挡击胸、肩部以上高度的来球较方便，可扩大防守范围，是垫球的重要补充，但挡球不便于协调用力，因而控制球的落点和方向比传球、垫球差。挡球有双手挡球和单手挡球两种。

（10）排球的其他部位垫球动作方法。当来球速度快、突然性大，防守队员来不及移步、降低重心、伸臂击球和侧身让垫时，可采用身体其他部位来垫球，如脚垫球。脚垫球主要在来球远而低、变化突然、时间短促，无法用其他垫球技术来击球时采用，属应急性技术动作。脚垫球主要有脚背垫球和脚内侧垫球两种。

（四）排球运动中的传球技术

1. 正面传球的技术

正面传球是传球最基本的方法，是掌握和运用其他各种传球技术的基础。

2. 背向传球的技术

背对传球目标的传球在比赛中运用较多。

3. 侧向传球的技术

身体侧对传球目标，在不转动身体的情况下，靠双臂向侧方传球的动作称为侧向传球。侧向传球的技术动作要点：侧传的准备姿势、手型及迎球动作同正面传球一样，但击球点应偏向传出方向一侧。迎球时，通过下肢蹬地使身体重心向上伸展，上体和双臂向传球方向一侧伸展，异侧手臂动作的幅度要大些，伸展的速度也应快些，以双臂和上体侧屈的协调动作将球传出。

（五）排球运动中的扣球技术

扣球是指扣球队员跳起在空中，用一只手或手臂将本场区上空高于球网上沿的球击入对方场区的一种击球方法。

1. 正面扣球的击球方法

正面扣球面对球网，便于观察，准确性较高，加之正面扣球挥臂动作灵活，能根据对方防守情况随时改变扣球的路线和力量并控制落点，因而进攻效果较好。初学者必须掌握好正面扣一般球后，再学习其他扣球技术。

2. 单脚起跳扣球击球方法

现代排球中由于各种冲跳扣球的大量采用，使单脚起跳扣球有新的发展前景。能充分利用助跑速度，加上右腿积极上提的协调动作，比双脚起跳冲得更远、跳得更高。所以既能高跳扣定点高球，又能追球起跳扣低弧度球，有利于控制时间和空间，兼有位置差和空间差的特点，这对突破和避开拦网有较大作用。单脚起跳扣球可采用一步、两步或多步助跑。助跑的路线与球网的夹角宜小，以免造成前冲力过大而碰网或过中线犯规。助跑到最后，以左脚向扣球点位置跨出一大步，身体重心稍后倾，在右脚向上摆动时，左脚用力蹬地起跳，两臂积极配合上摆，起跳后的扣球动作与正面扣球基本相似。

（六）拦网技术训练

1. 单人拦网技术

单人拦网时无论采用哪种移动步法，都要做好制动动作，以保证向上起跳，避免触网和冲撞同队队员。但要注意制动并使移动与起跳动作紧密衔接。

与此同时，屈膝缓冲，双脚着地，随即转身面向后场，准备接应来球或做下一个动作准备。

2. 双人拦网技术

双人拦网时，应以一人为主拦队员，另一人为配合队员。但主拦队员不是固定的，一般情况下距对方扣球点近的队员应为主拦队员。主拦队员必须抢先移动到对正扣球点的位置，做好起跳准备，配合队员则迅速移动，靠近主拦队员准备同时起跳。两队员之间的距离一定要合适，距离太远，跳起后将出现"空门"；距离太近，起跳时互相干扰，致使双方都跳不高。双人拦网起跳时，两人的手臂应该在体前画小弧向上摆伸，尽量垂直向上起跳，防止互相碰撞或干扰，手臂在空中既不能重叠，造成拦击面缩小，又不能间隔太宽，造成中间漏球。扣球靠近边线时，靠边线近的拦网队员外侧的手应适当内转，以防打手出界。

第二节　排球阵容与战术详解

一、排球阵容的分配

阵容配备就是合理地安排场上队员技术力量的组织形式。

（一）排球阵容配备的主要形式

1. 排球阵容"四二"配备

"四二"配备是指场上有4名进攻队员和2名二传队员。4名进攻队员又分为2名主攻、2名副攻，他们都站在对角位置上。其优点是无论怎样轮换，前后排都保持1名二传队员和2名进攻队员，便于组织和发挥攻击力量，给对方的拦网及防守造成困难。但对2名二传队员的进攻和拦网能力要求较高，否则会影响"四二"配备的进攻效果。

2. 排球阵容"五一"配备

"五一"配备是指场上有 5 名进攻队员和 1 名二传队员。这种阵容配备的优点是拦网和进攻力量得到加强，全队只要适应 1 名二传队员的打法，互相之间就容易建立默契，有利于二传队员统一贯彻战术意图。但二传队员在前排时，只有两点攻。要充分利用两次球、吊球及后排扣球等战术变化突袭对方，以弥补"五一"配备之不足。

3. 排球阵容"三三"配备

"三三"配备是指场上有 3 名进攻队员和 3 名二传队员。进攻队员与二传队员间隔站位。每一轮次的前排都能保持 1~2 名进攻队员和二传队员，适合初学者队伍采用，但进攻能力显得不足。

（二）排球的主攻、副攻、二传队员的职责和特点

1. 排球的主攻队员

主攻队员在比赛中主要担任攻坚任务，要在困难情况下突破对方的集体拦网。主攻队员主要进行中、远网和后排及调整扣球进攻。因此，对主攻队员击球的高度、力量、技巧、线路变化及准确性等方面都有较高的要求。

2. 副攻队员

副攻队员主要以快、变、活等进攻手段突破对方的拦网，并积极跑动掩护，给其他进攻队员创造有利条件，同时还要担负中间和两侧的拦网任务。这样，对副攻队员在体能和技术上都提出了很高的要求。

3. 二传队员

二传队员是战术进攻的核心，要根据临场情况随机应变，合理地组织各种战术进攻，积极贯彻教练的意图，一名优秀的二传队员对团结全队、鼓舞士气和取得良好成绩起着重要作用。

从排球运动发展趋势来看，主、副攻队员和前后排的界限逐渐被打破，队员都应兼备强攻、快攻的技术和战术能力，这样才能适应进攻战术进一步发展的需要。但主、副攻队员的职责和特点应有所侧重。

（三）排球阵容配备的注意事项

（1）阵容配备时应考虑全队队员的技术、战术、体能、思想作风、心理品质、特长、配合能力、临场经验等方面的情况。

（2）选择能攻善守、技术全面、作风顽强的队员，组成一个主力阵容以及相应位置的后备队员。

（3）从本队的实际出发，扬长避短，形成自己的风格。把每名队员的特长在不同位置上充分地发挥出来，做到人尽其用。

（4）考虑进攻队员和二传队员的合理搭配，把平时配合默契的进攻、二传队员安排在相邻或适当的位置上，以便更好地组成战术进攻。

（5）为避免拦网、一传及防守上的漏洞，应根据队员的身高及技术情况，进行前后排及左右位置的合理搭配。

（6）应考虑前排强弱轮次与发球攻击性的优化组合。前排强轮次，要安排发球稳定性和准确性高的队员发球，以增加得分的机会。攻击力弱的轮次，要安排发球攻击性强的队员，力争破攻，以减轻本方网上的压力。

二、排球的个人进攻与防守战术

（一）排球的个人进攻战术

1. 排球的发球个人战术

发球个人战术具有相对的独立性和自主性。运用发球个人战术的目的是破坏对方的一传，为本方得分或反击创造有利条件。

（1）排球中不同性能的发球。

攻击性发球：在保证准确的基础上尽可能地发出速度快、力量大、旋转强、弧度平的攻击性发球。

飘球：利用发球位置的不同，有意识、有目的地发出轻、重、平冲、下沉等各种性能不同的飘球，

相似动作发出不同性能的球：利用发球动作的相似性，以相似动作发出不同性能的球。如以近似勾飘的动作，击球时突用蹬地、转腰、收腹的力量，以全掌击球，发出勾手大力球。

（2）排球中控制落点的发球。

找薄弱区域的发球：将球发到对方前区、后区、两个队员之间的连接区、三角地带等场区，给对方接发球造成困难。

找人发球：发给一传差、连续失误、情绪急躁或刚换上场的队员，也可以发给快攻队员或一传队员，给对方的战术进攻带来不便。

（3）排球中变化节奏的发球。

快节奏发球：比赛中，打破常规，突然加快发球的节奏，使对方猝不及防，造成失误。

慢节奏发球：比赛中，有意识地放慢发球的节奏，如发高吊球，利用球体下落时速度的变化，使对方接发球不适应。

（4）排球中变化线路的发球。

长、短线结合的发球：根据对方队员站位情况，时而发长线球，时而发短线球，以调动对方，掌握主动。

直、斜线结合的发球：充分利用9米宽的发球区，采用"站直发斜"或"站斜发直"的发球方法，突袭对方。

（5）根据临场比赛的变化采取不同的发球方法。

如本方得分困难，落后较多，或遇到对方强轮次等情况，可采取先发制人的攻击性发球。

在本方发球连续失误或比赛的关键时刻，或在对方暂停、换人后以及对方正处于进攻弱轮次，本方拦网连连得分时，应注意发球的准确性，减少失误，抓住得分的时机。

2. 排球的一传个人战术

一传个人战术的基本任务是在第一次接对方来球时，为组成本队的进攻战术而采用有目的、有意识的击球动作。由于各种进攻战术对一传的要求不同，所以一传的方向、弧度、速度、落点也不一样。

（1）组织快攻战术时，如本方快攻队员来得及进行快攻，一传的弧度要低平，速度稍快，以加快进攻的节奏。如果来不及（防守后的快速反击），则应提高一传弧度。

（2）组织强攻战术时，一传的弧度要略高些，为二传队员创造便利条件。

（3）前排队员一传时，力量不宜太大，弧度应稍高。如来球力量不大，可用上手传球。后排队员则相反。

（4）当对方第3次传垫球过网时，一传可用上手传球，以便更准确地组织快速反击或传给网前队员进行两次进攻。

（5）如发现对方场区有较大的空当或对方队员无准备时，一传可直接用传、垫、挡等动作把球击向对方。

3. 排球的二传个人战术

二传个人战术的基本任务是利用空间、时间和动作上的变化，有效地组织进攻战术，给扣球队员创造有利的条件，使对方难以组织防守。

（1）隐蔽传球：二传队员尽可能地以相似动作传出不同方向的球，使对方难以判断传球的方向。

（2）晃传和两次球：二传队员先以扣两次球吸引对方拦网队员后，突然改扣为传，也可先以传球动作麻痹对方，突然改传为扣。

（3）时间差跳传：二传队员在跳传时，改变常规传球的时间，采用延缓传球的方法，在人和球下落过程中将球传给快攻队员，以造成对方拦网队员的时间误判。

（4）高点二传：二传队员尽可能地在跳起的最高点直臂传球，以提高击球点，加快进攻速度。

（5）选择突破点：根据对方拦网的部署，在传球时尽可能地避开拦网强的区域，选择薄弱环节作为突破口，在局部地区造成以多打少、以强攻弱的优势。

（6）控制比赛节奏：在对方失误较多或场上出现混乱时，可加快比赛节奏，以快攻为主。当本方失误较多或场上队员发挥失常时，可适当放慢比赛节奏，以达到稳定情绪、调整战略战术的目的。

4. 排球的扣球个人战术

扣球是进攻和反攻成败的主要体现，是一个队实力的综合反映。现代排球中快球要快，强攻要强，重扣轻打相结合应是扣球的指导思想。

（1）路线变化：扣球时运用转体、转腕灵活地扣出直线、斜线、小斜线等，避开对方的拦网。

（2）轻重变化：扣球时重扣强行突破与轻扣打点有机结合。

（3）超手和打手：充分利用弹跳力，采取超手扣球技术，从拦网队员手的上面突破；还可以利用平扣、侧旋扣球、推打等手法，造成拦网队员被打手出界。

（4）打吊结合：在对方严密的拦网下，先佯作大力扣杀，突然由扣变吊，将球吊入对方空当。

（5）左、右手扣球：利用异侧手辅助进攻，形成左右开弓式的扣球，以增加击球面和隐蔽性，提高应变能力。

5. 排球的拦网个人战术

拦网个人战术是通过准确的起跳时机、空中的拦网高度和拦击面、手型动作的变化等因素来实现的攻击行动。

（1）假动作：拦网队员可灵活地运用站直拦斜、站斜拦直、正拦侧堵及佯装拦强攻实为拦快攻等假动作迷惑对方，提高拦网效果。

（2）变换手型：拦网队员起跳后，根据进攻队员的动作改变，拦网手型随机应变，以达到拦击对方的目的。

（3）撤手：在发现对方要打手出界或平扣球时，则可在空中及时将手撤回，造成对方扣球出界。

（4）踮跳拦网：为更好地拦击对方快速多变的战术，身高和弹跳较好的队员采用踮跳拦第一点的快攻球，再迅速起跳拦第二点的进攻。

（5）前伸拦网与直臂拦网：在拦击对方中、近网扣球时，手臂尽可能地前伸接近球，封堵进攻线路。在对方远网扣球时，尽可能地直臂拦击，以增加拦网面。

（6）单脚起跳拦网：利用单脚起跳快、空中飞行距离长的优势，来弥补双脚起跳来不及的拦网，但要控制好空中飞拦的距离，避免冲撞本方队员。

（二）集体进攻战术

1. 排球的进攻阵型

进攻阵型就是进攻时所采取的基本队形。合理地选择进攻阵型是各种进攻战术变化的基础。主要有3种，即"中一二""边二传"和"插上"。

（1）"中一二"进攻阵型及其变化。由前排一名队员在3号位担任二传，其他两名队员在2号位和4号位进攻的阵型，称作"中一二"进攻阵型。

（2）"边二传"进攻阵型及其变化。由一名前排或后排队员在前排2号位做二传，其他队员参与进攻的阵型，称作"边二传"进攻阵型。"边二传"进攻阵型也是基本的进攻阵型，其特点是二传队员在边上，对一传的要求稍高，但战术变化比"中二传"进攻阵型多，战术可简可繁，同样适合不同水平的队。

（3）"插上"进攻阵型及其变化。后排任一队员插到前排做二传，前排3名队员进行扣球的进攻阵型，称作"插上"进攻阵型。由于后排的"插上"，前排可保持3点进攻，所以这种进攻阵型为国内外各强队普遍采用。"插上"进攻阵型有三种基本站位，即1号位插上。

运用"插上"进攻阵型时应注意：第一，为使"插上"队员能尽快插到网前，且不影响其他队员接发球，"插上"队员一般站在同列队员的侧后方，以便缩短"插上"跑动路线。第二，"插上"要及时（对方发球击球后应立即"插上"），但又不应启动过早造成位置错误。第三，采用"插上"进攻阵型时，前排3名队员都应具有较强的进攻能力并能打各种跑动进攻。第四，"插上"的二传队员要有较熟练的传球技术和较高的战术素养。第五，本队要有较好的接发球一传做保证。第六，"插上"队员在"插上"过程中，应有接一传的思想准备，因为对方发球很可能破坏"插上"。第七，反攻中应加强情况判断，有可能时，应迅速做行进间"插上"，以保证前排的多点进攻。

2. 排球的进攻打法

进攻打法是指二传队员与扣球队员之间所组成的各种配合。每一种进攻阵型中都可以灵活地运用多种进攻打法，以达到避开拦网、突破防线、争取主动的战术目的。进攻打法可分为强攻、快攻、两次攻及其转移，以及立体进攻等。

（1）强攻打法。在本方无掩护或掩护较小的情况下，主要凭借个人力量、高度和技巧强行突破对方的拦网和防护。

（2）排球的快攻打法。各种快球及以快攻作为掩护，由同伴或本人所进行的进攻，均称为快攻。

（3）排球快球掩护进攻打法。利用各种快球吸引对方拦网，然后给其他队员创造一打一或空网扣球的机会的打法，称快球掩护进攻。在快球掩护下，其他队员可进行各种形式的跑动进攻，可起到出其不意、攻其不备、集中兵力、以多打少、避实就虚的作用。随着排球运动的发展，掩护的方法越来越多，已从单人掩护发展到多人掩护，从前排队员掩护发展到后排队员掩护。

快攻是现代排球比赛中必不可少的进攻武器，其质量的好坏直接影响着掩护效果。就这个意义说，快球掩护进攻中，快球是第一位的。快球掩护进攻虽然利用各种扣球吸引对方拦网，以掩护其他队员的跑动进攻，其实二者是相互掩护的，其他队员的跑动同样能吸引对方的拦网，以利于快球进攻。

在快球掩护进攻中，有交叉进攻、梯次进攻、"夹塞"进攻、双快和三快进攻、双快一跑动进攻等多种打法。

第一，交叉进攻。指两名队员跑动进攻，助跑路线相交叉，起到互相掩护的作用，造成局部区域以多打少的局面。交叉进攻使拦网者来不及判断两名跑动的队员中真正的扣球者，故突然性大、攻击性强，用于对付对方的人盯人拦网收效甚好。运用交叉进攻时，要根据不同的交叉战术，确定相应的一传落点。二传球的高度不宜过高，以免对方补拦。交叉跑动的扣球队员在一传球即将到达二传队员手中时开始上步为宜。启动过早，易被对方识破或影响快球队员的跑动。在交叉进攻中，如将定位快球与错位快球结合运用，则变化更多，效果更佳。交叉进攻打法有多种。

第二排球的梯次进攻。一名队员打快球掩护，另一名队员在其背后打离网稍远的半高球的打法称梯次进攻。这种战术打法主要是利用在同一进攻点上有两人在不同时间进行扣球，使对方拦网队员难以判断，从而造成在一点上以多打少的有利局面。

第三，排球的"夹塞"进攻。一名队员做扣短平快，吸引对方拦网，二传队员将半高球传至二传队员与扣短平快队员之间，而另一名队员突然跑到两人之间进攻，使对方拦网措手不及。由于另一名队员就如一个塞子，突然塞进二传队员和扣短平快队员之间，故名。

第四，双快和三快进攻。前排两名或三名队员在不同地点同时发动快攻，称双快和三快进攻。双快和三快进攻中，由于几名队员在不同地点同时发动进攻，因此能起到相互掩护的作用。

第五，双快一跑动进攻。在双快的基础上，另一队员选择对方拦网的薄弱区域进行跑动进攻，这种打法称双快一跑动。双快一跑动有多种变化。

3. 排球的进攻打法设计

进攻打法有许多，而且都可以进行组合，因此能组合成更多的打法。其实，快球掩护的进攻就是快球与其他打法进攻的组合，立体进攻也包括众多进攻打法的组合和变化。

进攻打法的核心是要力争避开对方的拦网，把球扣过去。因此，各种打法都要考虑进攻的时间和空间。各种快球进攻力争一个"快"字，力争让对方来不及跳起拦网，争取一个时间。"时间差"和梯次进攻也使对方拦网的时间判断有误差，从而扣球得手。空间是指进攻点的位置。球网有9米长，充分利用球网的长度，因此就有"拉开"或者"集中"进攻。扣球时，击球点离网越远，对方拦网的有效阻截面就越小，因此就有中、远网进攻和后排进攻。进攻点的变化力争使对方拦网队员的移动发生障碍，因此就有各种交叉、"加塞"和双快一跑动等；进攻点的变化努力使对方对拦网点误判，因此就有"位置差"和"空间差"等。综合时间和空间因素，更可以设计或创造出更多的进攻打法。立体进攻就是综合时间和空间因素的一种设计，当然同时也有更多的包括前、后排队员的进攻参与。

立体进攻是集时间、空间和各种进攻打法等因素于一体的多方位的组合进攻的统称，因此必然比其他较单一的进攻打法更为丰富，一定意义上也更先进。

比赛中，进攻打法的设计应更多考虑本方和对方的实际情况与比赛过程中的瞬间状况。以己之长攻彼之短为最佳，以己之短攻彼之长为最差。有时候，"以长攻长"和"以短攻短"也不失为好方案。其实进攻打法本无先进和落后之分，能克敌制胜的就是好打法，最简单的高举高打若能奏效，同样是有效的进攻打法。

（三）个人防守战术

个人防守战术的任务是队员在防守时，选择最有利的位置，并采用合理的接球动作，按战术要求把球防起。好的防守队员不仅勇猛顽强，还要善于根据对方进攻及本方拦网的情况，做出正确的判断，并采取相应措施。

（1）判断进攻点，合理取位：要根据二传的方向和落点及时地做出判断，并迅速取位。

（2）"有利面"放宽：取位时把自己最擅长防守的一面适当放宽。如自己的右侧面防守较好，可把这个区域适当放宽，以扩大防守面。

（3）针对性防守：根据对方进攻队员的特点，采取相应的防守行动。如对方只打不吊，取位要靠后，打打吊吊则取位要灵活，只有斜线则放直防斜。

（4）拦、防配合：根据前排拦网队员的情况主动配合、弥补。

（5）上、下肢并用：充分利用规则，采用上、下肢的协调配合防守。如采用高姿势防守，上肢负责腰部以上的来球，下肢负责腰部以下的来球。

（四）集体防守战术训练

1. 排球运动接发球及其阵型

接发球是进攻的基础，是由守转攻的转折点，如果没有可靠的一传做保证，就难以组成有效的进攻战术，甚至造成直接失分。

（1）排球运动接发球的基本要求。

第一，接发球的质量好坏很大程度上取决于能否进行正确的判断。接发球时，队员的注意力要高度集中，充分做好接发球的准备，根据对方的发球动作、性能、力量及速度，迅速做出正确的判断，及时移动取位，对准来球路线，运用合理的垫球技术将球垫给二传队员。

"远飘、轻飘点分散，平快、大力一条线"是比赛中发球落点变化的一般规律，队员可以根据临场发球落点的不同采取相应的行动。

第二，合理取位。在组成接发球阵型时，应以前排靠近边线的队员为基准取位，同列队员之间不要重叠站位，同排队员之间保持适当距离，以免相互影响。

第三，分工与配合。接发球时，每一个接发球队员都应明确接发球防守的范围。划分范围不仅是平面的，还应根据来球的弧度高低进行立体空间划分。

比赛中经常有球落在接发球队员之间的交集，造成无人接球而导致失误。为避免这种现象的发生，队员之间可以遵循以下几条原则：由一传较好的队员或已经主动呼喊"我的"的队员去接；球落在快攻与强攻队员之间时，原则上由强攻队员接更有利，以免影响快攻的速度和节奏；球落在前后排之间，最好由后排队员去接，以利于组成快速进攻。要讲究集体配合，树立一人接球五人保护的观念。

（2）排球运动接发球的阵型。

在选择接发球阵型时，不仅要有利于接球，还要考虑本方所采用的进攻战术及对方发球的特点。

按接发球人数来分，接发球阵型主要有五人接发球、四人接发球、三人接发球及两人接发球阵型。

接发球阵型一：五人接发球阵型。

除一名二传队员站在网前或由后排插上队员基本不接发球外，其余五名队员都接发球，这就是五人接发球，五人接发球阵型是最基本的接发球阵型，水平较低和较弱的队大多采用这种阵型。

五人接发球的优点是每人接一传的范围相对较小，接发球时已站成基本的进攻阵型，组成进攻比较方便。但缺点是：后排插上队员插上移动距离较长；3号位打快攻队员接发球时，不便及时上步快攻；有进攻特长的队员，有时不易换到能发挥特长的位置上去，要在接发球后才能换位，如善于扣4号位的主攻队员在2号位时就不易换到其擅长的位置。

第九章 软式排球教学理论与方法创新

第一节 软式排球概述

一、软式排球运动的概念

软式排球由柔软的橡胶制成，手感舒适有弹性，颜色鲜艳，多为浅黄、浅绿、浅蓝等，球的重量仅为 210 克左右，成人用球周长为 78±1 厘米，儿童用球周长为 66±1 厘米。软式排球的各方面特性，使得其可用于多样化练习和比赛，适用于青少年、中老年以及各个年龄层次、不同性别的人群进行娱乐、健身和竞技比赛。软式排球运动是借助于软式排球，有组织地进行的各种丰富多彩的一系列的活动，主要由"软排游戏"和"软排竞赛"两大类组成。具体来说，"软排游戏"的特征是速度慢、易掌握、失误少，比较适合刚刚学习排球运动的人参与，参与过程比较有趣；"软排竞赛"的规则简单易懂，拥有多元化的组织形式，可供参与者选择的形式有家庭制、3 人制、6 人制和混合制等，适合不同性别、不同年龄段的人参与。

二、软式排球运动的历史渊源

软式排球是排球运动的一个重要分支，发展时间相对短暂，产生时间是 20 世纪 80 年代，产生地点是日本山梨县。起初，软式排球是家庭成员与中老年人健身与娱乐的体育活动项目，随后逐步在日本其他地区普及。1988 年 8 月，在日本排协制定软式排球竞赛规则 6 个月后，神奈川县成功举办了第 1 届全日本软式排球培训班。1988 年 10 月，在日本山梨县举行了"全日本家庭软式排球比赛"，随后每年举办一次。1989 年 4 月，日本正式出版了第一本《软式排球竞赛规则》。1989 年 4 月，日本全国各都、道、府、县分别举行了家庭组软式排球比赛。同年，日本排球协会从全国选出三所小学进行软式排球教学实验。1992 年 2 月，日本软式排球小学组与成人组分开，并取名为"小软式排球"。1992 年 4 月，日本文部省指出支持小学体育课堂引进软式排球的观点，软式排球从此正式进入日本学校,演变为学校体育课的教学内容之一,同时深受高中女学生的欢迎。1993年4月,日本成立了"日本沙滩及软式排球协会"。1994年2月,日本修改了软式排球的一些竞赛规则,同时在1994年8月顺利举行了第5届全国软式排球家庭大赛,第2届分龄组比赛在山梨县顺利举行,由儿童组、成年组及家庭组组成。1994年10月,日本向美国派出了30人的软式排球代表团进行访问,软式排球开始被传播至世界各个地区,包括意大利、加拿大、新加坡在内的很多国家都陆续开展了软式排球活动。1994年,芬兰、瑞士举行"实力杯"世界青少年软式排球大赛,一共有5000名7~17岁的青少年参加比赛,比赛为4人制、小场地。截至当前,软式排球已经传播到很多国家。

三、软式排球运动的特征

(一)安全性

对所有类型的活动来说,安全性都是开展过程中需要达到的一项重要要求。因为软式排球球体柔软、手感好、伤害小、安全指数高、手臂击球时不会有疼痛的感觉,被球打到也不会有大碍,参与者拥有较强的安全感,所以从一定程度上减弱了参与者对室内硬排球的恐惧心理。

(二)实用性

软式排球不仅颜色鲜艳、美观,给人赏心悦目的感觉,同时材质好、耐磨、耐打,此外物美价廉,大多数人都能够接受其价格,不会使一些阶层的人因为价格昂贵而无法参与。

(三)竞争性

就软式排球和其他体育活动来说,虽然两者都存在竞争性特征,但软式排球运动的竞争和一般竞技体育的竞争存在很大不同。竞技体育的竞争是强者的竞争,参与者要想赢得胜利必须具备良好的先天身体条件、较高的体能素质和专项技战术水平。然而,因为软式排球的活动方式存在突出的变通性特征,所以竞争内容同样是变通的,游戏获胜的因素往往包含很多种类,所以产生的结果必然是有很多种样式。例如教师和学生可以结合实际情况适当变通传球次数比赛与发球比准比赛,软式排球比较特殊的竞争性为弱者获胜提供了机会,强者往往要面对更大的挑战,任何参与者都需要拼尽全力才可以获胜,所以说软式排球能够使参与者的内在潜力充分发挥出来。

(四)易于开展

当参与者的情况和要求有所不同时,可以对软式排球的活动手段、活动进程、常见规则进行调整,场地大小和球网高低可以结合游戏者的具体情况来选择和确定。就软式排球中的技术动作来说，可以适度增加动作规范的要求，也可以适度放宽技术动作规范的要求，结合参与者的时间情况与详细要求来加以调整。软式排球比赛没有对性别和年龄进行限制，几个人凑在一起即可，三五个人围成一圈打防，划分成双方相等或者不相等的人数进行比赛均可。因此，软式排球可供不同年龄段的人参与，参与过程中的难度偏小，群众基础相对扎实。

（五）无效用性

无效用性是游戏的本质属性，是软式排球游戏和生产劳动最根本的不同。人同时充当着软式排球运动的主体和客体，其不会产生对社会直接有用的价值以及必要价值，最终目标是深入挖掘个体的内在潜力，促使个体朝着更好的方向发展，实现自我并没有直接指向外在的功利目标。就生产活动来说，其往往要有特定的生产活动，生产劳动的主体和客体分别是人、自然与社会，其存在尤为显著的目的性，生产劳动的动机是意识到对社会的职责，行为存在强制性特征。除此之外，软式排球只是为了达到消遣与娱乐的目的，这同样是划分软式排球和竞技体育的重要依据。竞技体育的功利性特征显著，运动员和教练员的参与不只是局限于消遣和娱乐，相反经常处于高度紧张的状态，没有娱乐可言，从一定程度上来说可以将其视为一种工作、一种职业。

（六）自由选择性

一般来说，软式排球的参与者不会十分重视最终的比赛结果，主要目的是体会运动中的快乐，所以参与者不仅可以联系参与目标设置最适宜的规则，还可以根据自身想法选择玩的内容与方式，共同探讨软式排球运动的方法与进程，根据参与人数选择三对一或者四对四，根据空闲时间制定比赛局分和局数，充分发挥自身的自主性。

（七）趣味性与观赏性

与硬式排球相比，软式排球重量轻、体积大、空中运行速度慢，每一次的击球对参与者无任何伤害，参与者在运动中能够体验到多次的积极击球以及与同伴的配合，较易获得成功击球后的成就感。另外，软式排球运动中球运行轨迹多变，不易判断球体的运行轨迹和落点，每次击球之前必须谨慎处理球，这样的游戏或者比赛，减轻了运动者身体上的痛感，增加了运动中击球与配合的乐趣，提高参与者的运动热情、趣味性强。软式排球独特的材质，使其在运行中速度较慢，极大地增加了参与者在游戏或比赛中的攻防次数，增强了比赛的激烈性和竞争性，同时也能为观看者带来视觉美感，具备较强的观赏性。

四、软式排球运动的价值

（一）娱乐价值

在社会生产力持续提升的背景下，人类社会慢慢过渡到信息时代，人们的空闲时间越来越多，文化娱乐需求同样在持续增加。如何高质量地利用空闲时间已经演变成广大群众普遍关注的问题。多元、健康、文明的余暇生活，不仅能让人们在紧张的工作后得到积极休息，还能发挥陶冶情操、愉悦身心、培养高尚品格的作用。因为软式排球的趣味性和娱乐性特征显著、可操作性强、简单易行、适合不同年龄阶段的人群，所以可以让参与者获得轻松、欢快的感受。广大群众可以在软式排球比赛的对抗过程中斗智、斗勇，可以在和同伴的默契配合中、在战胜自我的过程中获得快感和心理满足感，软式排球可以使人们树立自信心，使人们的交往需求和合作需求得到满足，充分宣泄人们过剩的精力，有效消除工作中产生的紧张与压抑。在空闲时间，开展家庭软式排球运动，在增加家庭成员之间的亲密程度、凝聚力和稳定性方面存在社会学意义。由于软式排球运动的形式和特点都具备多样化特征，因而能够使参与者得到丰富的情绪体验，促使参与者更好地调整自身的心理情绪，最终提高参与者的生活品质。

（二）拓展个体思维的价值

对软式排球运动的比赛来说，运动员应当全面分析、准确判断比赛场上持续变化的情况，比赛双方应当在激烈对抗中充分发挥各自的智慧，借助已经掌握的知识、技能和经验，这能够有效发展个体的大脑思维。

（三）促进个体社会化的价值

个体的社会化就是所谓人的社会化，具体是指人从具备生物意义的人逐步转变成具备社会学意义的人的过程。当人呱呱坠地时仅仅是生物的人，要想让人逐步成长为社会的人和被社会群体肯定的人，就需要指导其学习社会群体的规范，使其明白社会或群体对其产生的期许，最终拥有作为社会成员或群体成员一定要拥有的知识、技能、态度、情感、行为。个体社会化对个体本身和整个社会都有重要作用。群体与社会成员达到社会化的实际情况，对社会安定和社会发展都有重要影响，对个体的存在价值同样有重要影响。在个体社会化过程中，软式排球运动能够发挥重要作用。软式排球运动已经形成了一定的技术规格和规则，软式排球活动是在特定条件限制下的社会活动，在这项活动中调节和限制着参与者之间的行为和关系，能够在一定程度上增强青少年遵循社会生活准则与行为规范的意识。与此同时，参与软式排球活动能够构成具有临时性特征的社会互动场所，参与活动的个体之间、个体和集体之间、集体和集体之间的相互作用频繁且直接。软式排球大力提倡相互协作，不计较个体在某个时间段的功过，这为青少年自我教育创造了良好的契机。人们在参与软式排球运动的过程中，自身的社会功能、社会适应性和遵守社会规范的意识都会获得不同程度的增强，往往会在娱乐和健身过程中实现个体社会化的目标。

（四）促进个体身体健康发展的价值

软式排球是一种可操作性强的身心锻炼活动。长时间参与软式排球运动，不仅能改善人体的身体状况，还能发展人体的身体素质和基本活动能力，也能有效增强人体适应不同自然环境的能力。软式排球对各个年龄段人群产生的身体健康促进作用具体如下。

1.促进少年儿童身体健康发展

就少年儿童来说，他们正处在长身体的重要阶段，养成正确的走、跑、跳、投等基本活动能力，对机体的生长发育有很大的积极作用。软式排球中包含很多和少年儿童身心发展特征相适宜的形式与内容，对少年儿童身心健康存在显著的锻炼价值，是少年儿童体育活动的关键内容和有效方式。

2.促进青年人身体健康发展

就青年人来说，他们的身体在形态发育方面已经基本完成，正处于提高自身身体素质的关键阶段。但素质练习内容往往存在单一化和没有趣味的弊端，所以激发青少年兴趣的难度很大，而软式排球能够保证训练内容达到趣味性要求，对青年人整体素质的发展有突出作用。

3.促进中年人身体健康发展

就中年人来说，机体平衡逐步向分化代谢多于合成代谢的方向发展。经常参加软式排球运动，有利于机体新陈代谢平衡，防止疾病的发生，有利于病后身体的康复。中年人往往工作紧张，家庭负担沉重，是人的一生中的"负重期"，参加软式排球活动，运动量可大可小，时间可长可短，运动方式多种多样，可以达到身心"减负"的功效，是中年人参加体育锻炼的最好选择之一。

4.促进老年人身体健康发展

因为软式排球的动作难度小、对人体产生的伤害小，所以老年人可以参与传球、垫球、脚步移动等基本技术活动，参与这些活动能够使老年人的手脚更加灵活、头脑更加清醒。一般来说，建议老年人选择一些运动量小的软式排球运动形式，以调节精神、活动筋骨，达到增强体质、延年益寿的效果。

（五）促进个体心理健康发展的价值

随着社会的不断发展，社会成员之间的竞争日益激烈，人们的工作强度有增无减，进而使得我国国民的精神负担不断加重，人际关系发生了根本性变化。由此可见，当今社会的成员必须具备良好的个性心理品质，从而更加顺畅地适应高强度的社会生活。软式排球运动在调整个体心理状态、发展个性心理素质上拥有独特作用。有很多人因为自我期望值太高，面对挫折往往会失去信心而陷入困惑状态，常见表现是自卑、恐惧失败、无法正视竞争。软式排球运动凭借多元化的活动形式使得所有参与者在参与过程中都需要正视输赢。经过一定时间的成功的鼓舞与失败的磨炼，往往会让参与者冷静地面对成败，更加全面地认识自我，将自身的潜力发挥得淋漓尽致，促使参与者树立强大的自信心，使得参与者对抗挫折的能力和意志力都得到发展。很多情况下，人们在各种因素的影响下，往往会在短时间内失去心理平衡，表现出情绪低落、情感冷漠的状态，软式排球运动能够使参与者在积极向上的氛围中获得欢乐、自由、自主的情感体验，使得消极情绪得到宣泄，对参与者调节情绪和情感有突出的正面作用。

除此之外，软式排球还有拓展参与者思维的作用。由于软式排球比赛中情况瞬息万变，因而参与者必须沉着分析、精准判断，在对抗过程中与对手斗智斗勇，如此会大大加快参与者大脑思维的发展速度。

五、软式排球的发展概况

（一）我国软式排球的发展概况

1995年8月，软式排球进入我国，北京体育大学购买了日本的软式排球，组织全校教职工开展了我国第1届软式排球比赛，这也是我国首次接触并开展软式排球的活动。1995年11月，天津体育学院顺利举办软式排球比赛。为了和软式排球运动的开展需求更加适应，国家体委在1996年颁布了我国首部《软式排球竞赛规则》，由于软式排球并未拓展到我国各个地区，我国学习和借鉴了日本的《软式排球竞赛规则》。1996年，国家体委排球处明确指出，中国排球协议拟定全方位开展沙滩排球运动与软式排球运动，吸引更多青少年积极参与软式排球运动。1996年12月，国家体委科教司在成都体育学院举办的全民健身活动创编引进项目表演与研讨会上，软式排球被定位成重点项目。在此之后，经过我国各界人士的努力，中国的软式排球运动的发展速度大幅度提高。1995—1999年是我国软式排球的导入阶段、介绍阶段、了解阶段和推广阶段。

1999年10月，国家体育总局排球运动管理中心成立了"全国推广软式排球领导小组"。软式排球器材的研制情况和开发情况对软式排球运动的开展进程有很大的影响。我国软式排球运动迈入导入期开始，使用的是日本充气式软式排球，1996年天津利生体育用品厂开始生产类似仿制品的充气式软式排球。在充气式软式排球又轻又飘，大约是180克，反弹力强、球的速度快、控制球的难度较大、质量标准没有统一等因素的影响下，充气压力过大往往会增加球体变形的可能性。美国、意大利、加拿大等欧美国家开展的软式排球活动使用的是免充气的软式排球（在此称为"欧式"软式排球）。发展到这个阶段，北京东方永林科技开发有限公司积极比较研究充气式软式排球和免充气式软式排球，研制出的免充气式软式排球深受人们的喜爱并取得国家专利。自此之后，我国拥有了自己的免充气软式排球器材，同时明确了我国开展的软式排球运动是"欧式"免充气的软式排球，这使我国软式排球运动的发展基础更加稳固。1999年12月，中国排球协会正式下发了《中国排球协会关于在全国进一步推广软式排球运动的意见》的通知，这项通知立足于组织管理的层面来为拓宽软式排球运动的推广范围发挥指导作用，这项通知象征着我国各个层面都正式启动推广软式排球工作，软式排球在我国正式进入全面发展阶段。有关的统计数据证实，我国在近些年先后举办了很多种软式排球培训活动，接受培训的体育教师、教练员和体育骨干已有上万人，我国先后举办了全国青少年软式排球锦标赛、全国大学生软式排球锦标赛、全国中老年软式排球锦标赛等全国性的软式排球比赛及全国软式排球冬令营等，我国各市、自治区积极组织参与群体涉及各个年龄段的软式排球比赛或者软式排球培训班。

2000年11月，教育部颁布新修订的中学阶段和小学阶段的《体育与健康》教学大纲，软式排球首次被充当教学大纲的一个组成部分，这反映了我国参与软式排球的青少年人数不断增加，出现这种现象的重要原因是软式排球原本就具备强大的生命力和很大的发展空间。在软式排球进入我国中学阶段和小学阶段体育课教学大纲内容的背景下，我国软式排球人口将会越来越多，我国也会慢慢成为软式排球人口众多的一个国家。在中学阶段和小学阶段的体育课与课外体育活动中组织与推广软式排球运动，不仅可以产生娱乐功能和健身功能，还能使中、小学生逐步对排球运动产生兴趣，顺利实现终身体育的教育目标，也能使我国排球人口锐减的问题得到解决，为室内竞技排球提供切实有效的动力。另外，把软式排球定位成少年儿童竞技排球的前导训练环节，这对奠定软式排球的基础具有尤为关键的作用。软式排球凭借自身的多项优势，目前已经获得我国越来越多人的肯定和欢迎。

（二）欧洲软式排球的发展概况

在20世纪80年代，意大利就生产出自动充气的软式排球，并且把各种不同型号的软式排球送给国际排联，在欧洲学校里的孩子打排球普遍使用软式排球。因此，我们称这种自动充气的软式排球为"欧式软式排球"。1994年第二期《中国排球》杂志以图文并茂的形式刊登了在瑞典和芬兰国境线上举行的有5000名青少年参加的软式排球比赛的消息。这项赛事把7~17岁的青少年按年龄分组进行比赛，从1984年到1994年已举办过十届，所用的是由海绵充当内胆的充气软式排球。截至当前，欧洲软式排球呈现较大的发展活动，普及范围持续拓展。

第二节　软式排球运动的发展

一、我国软式排球的发展走向

（一）软式排球的发展有利于我国体育人口的增加

对刚刚参与软式排球运动的人来说，不需要具备很高的技术，不会受到年龄、性别、身体素质、技能水平的限制。比赛规则尺度宽，捧、推、托、踢皆可，参赛人数、场地、设备可根据实际自行确定，人人都可以参加。软式排球运动不仅使得全民健身的方法更加多元化，还大大增加了排球人口，在排球运动的普及过程中发挥着重要作用。

软式排球凭借活动性游戏与竞赛两种类型展现在广大群众面前，各个年龄阶段的人均可以选择很多种方式来参与这项活动，通过游戏目的来取代竞技排球，让人们获得耳目一新的感受。就软式排球来说，存在着场地的随意性、规则因人而异的可变性、竞赛以鼓励参与为主的群众性。

近些年的实践活动表明，在学校和政府的关怀下，在我国广大群众的主动参与下，尤其是在各级学校教师和学生的主动实践下，同时在各类媒介大范围宣传、软式排球场地不断增多、软式排球后备力量日益稳固的背景下，向我国广大群众提供了更多参与体育活动的机会，软式排球运动的发展对我国体育人数基础的稳固发挥了很大的积极作用。

（二）软式排球的发展将成为我国学校体育改革的突破口

软式排球的发展将成为我国学校体育改革的突破口，并对其他体育项目的改革产生带动作用。对所有人来说，只有保证自身的身体健康，才能为自身拥有各项美德、知识、能力提供稳固的物质基础。因此，人们要想不断提升自身的综合素质和创新水平，首先要达到的要求是身心俱健、体力充沛、精神饱满、情绪积极向上，由此为形成积极思维、良好记忆、丰富想象力以及集中注意力提供保障。体育科学教材内容充分反映了时代性、趣味性、实用性、健身性四个方面的特征，不单单局限于正确运用体育技能和体育技术，更加重要的是全面提升参与者的身体素质、心理素质、社会精神文明等，保证学生用更加充沛的精力达到人生巅峰。

软式排球比赛能够向学生提供表现自我和展现自身个性的机会，能够充分反映学生的潜能和个性，学生面对输赢做出的言行举止，以及学生的技术水平、个性优劣、品德修养等都会展现在软式排球场内外，为教练员有针对性的教育提供了可参照的依据，能够促使学生身心得到健康发展。在软式排球的带动下，篮球、足球、体操等体育项目也将去挖掘新的补充项目。

（三）软式排球将对我国室内排球运动的发展产生推动力

软式排球是一项集健康与娱乐于一体的活动，娱乐性作为体育最开始的特征，在这项运动中体现得很明显，同时软式排球的娱乐性特征要比竞技排球运动明显得多。学习和掌握软式排球的难度比较小，所需经费也比较少，仅仅需要一些简单的器材与设备，参与者受伤的危险性可以忽略不计，男女老少都可以参与这项运动。软式排球运动能够强化人们的竞争意识，促使人们逐步形成优良品格，促使人们的健康水平得到大幅度提升。认真参与软式排球训练，能够提升参与者的技战术、相关速度、相关力量及各项身体素质。

自从我国引入软式排球以来，成功地吸引了很多排球爱好者。排球管理中心成立了软式排球推广领导小组，在不同类型的推广活动、比赛活动和研究活动逐步深入的背景下，我国许多学校相继组织了不同类型的软式排球课堂教学活动和课外活动，软式排球运动的学生群众基础越来越稳固，软式排球逐步在我国很多学校站稳脚跟，对中国竞技排球运动群众基础的逐步稳固发挥了重要作用。

从全局展开分析，在软式排球运动持续发展的过程中，排球人口同样在持续增加，这为发掘与选拔高素质的运动人才提供了便利，使得我国排球运动的发展基础更加扎实。

（四）软式排球运动将走向国际，成为一个比赛项目

对整个国家来说，要想使本国国力强盛，就必须且自觉提高本国在国际体坛中的地位。在我国改革开放力度逐步加大的背景下，软式排球在我国各地区的中学和小学切入并兴起，然后逐步走向社会，最终发展成为全民健身活动中积极选择的项目，在现代社会体育文化中的作用越来越突出，更好地服务于我国人民的身体素质。软式排球运动将会立足于体育文化层面和世界积极沟通，逐步发展成为"软排文化"，促使中国和世界更加了解彼此，由此推动人类朝着和平、友好、和谐的方向发展。理论与实践总是应运而生，随着大众对软式排球的了解以及软式排球所具有的特殊性，软式排球运动的普及和推广是以自己的研究成果做后盾，通过对软式排球比赛活动的开展，同时借鉴硬式排球的研究成果，理论付诸实践，实践又反过来为理论服务，如此反复进行，特别是学生这块，各种不同形式的比赛会越来越多。发展时间较短的软式排球是一项可以满足人类精神需求的娱乐性与健身性的运动项目，群众基础尤为深厚，未来必将发展成为世界性的运动项目。

二、我国软式排球的发展策略

（一）加强调控，以点带面，加强软式排球社会功能，促进软排全面发展

由于我国高校软式排球的发展程度与水平在地域上表现出明显的差异性，因此，要

使我国学校软式排球有较快的发展，一方面，需要依靠政府相关职能部门制定一些法规、制度、指令来进行调控，对经济不发达地区要有重点地扶植和发展软式排球，以南部发达地区软式排球的发展经验带动西部欠发达地区软式排球的发展，以点带面，逐步促进我国学校软式排球的全面普及。另一方面，也要发展和加强社会、学校软式排球的联系，积极推进学校软式排球与大众软式排球的改革，建立和完善省、市、县三级业余体校一体化软式排球网络，以会员形式建立俱乐部，聘请软式排球专业社会体育指导员，成立软排协会，以学校为中心，以社会为依托，充分发挥、挖掘学校的潜力和优势，为将来全民健身活动提供更好的体育锻炼方式，既可满足软式排球运动自身发展的需要，又能保证我国高校软式排球运动的可持续性发展。

（二）加大科研力度，合理分析有效信息

无论哪个方面的体育理论与实践问题，在解决过程中都需要运用体育科研手段。体育科研可以产生和发展崭新的教学模式与教学方法。当代人正处在新技术革新的信息时代，素质教育全面实施、创新教育大力落实、实践能力逐步强化等很多重大问题都需要在短时间内解决。

人类的发展史已经充分证实，教学质量与教学效率的提升一定要充分发挥体育科研的作用，深入研究其他国家的体育、积极收集世界各地的体育信息，自觉学习与引进其他国家体育教育改革与发展的成功经验，引进与利用其他国家先进的教育资源，是推动我国包括软式排球在内的体育项目发展的捷径之一。以美国为例，美国中学教练员往往是本校教师，他们并非必须是体育教师，课余时间带一支球队是他们的业余爱好。美国排球教练员队伍的主体在大学，他们的就业环境比较稳定，他们与大学其他教职员工相同，都能够干到退休。通常情况下，这些教练往往没有职业队或者专业队的运动生涯，或者说没有这方面的教练经验，但他们的综合能力比较强，需要对和球队存在联系的全部事情负责，美国大学教练员的文化水平比较高，35 岁以下的教练占很大比例。

众多实践活动表明，科研方法在科学研究中发挥着不容忽视的作用。

如果研究没有科学理论指导则无异于"盲人摸象"，提出研究课题、发展研究问题、总结研究规律和提升研究理论的难度都会大大增加。教师要想进入"研究者"这个角色，就一定要学习包括马克思主义哲学、教育学、生理学、系统论、控制论在内的各项理论。教育研究是一项复杂的社会活动，只有积累宽泛的理论知识、深厚的理论功底和科学运用教育理论的能力，方可自如驾驭自身的专业。针对体育这个特殊专业，教师应当深入基层、实际和广大学生中，持有真心实意的态度完成各项研究，自觉加深分析、总结、归纳的深度，只有这样才能使体育研究的水平得到大幅度提升。

21 世纪是信息的时代，从事软式排球方向的科研者应当积极在网络、电视等多个媒介中搜集和软式排球存在联系的信息。搜集相关信息后，我们不应当简单地全盘接受，

而应当科学解读这些信息并把这些信息应用在实践活动中。以跳发球技术为例，当前很多欧美国家发球队员的速度特别快，这将会增加接发球的难度，对对方的某些技术产生破坏作用。倘若跳发球技术达不到指定速度，则发球队员发出的球将不会给对方带来很大威胁，如果教练员在这种情况下坚持运用跳发球，则会对本方的防反战术体系产生负面作用，增加本方出现失误的可能性。因此，排球教练员应当全面分析和利用已经获取的信息，达到理论联系实际的要求。

（三）推行快乐体育，为软式排球发展注入活力

提倡快乐学习的依据，"快乐体育"在教学论上，是以情感教学理论为基础，认为情感是知识向智力转化的动力，是人格发展的有机组成部分。强调快乐的学习情绪是现代教学论的一大特点，愉快易使大脑皮层产生兴奋，建立条件反射，容易取得较好的学习效果。

（四）全面推广软式排球运动，加强与国际交流

软式排球运动要想实现可持续发展并更好地适应崭新的形势，就一定要面向社会大范围筹集资金、积极寻求企业帮助，为自身发展注入活力。积极开展不同形式的竞赛活动，使不同形式、不同渠道促进软式排球运动发展的优势充分发挥出来，为我国软式排球运动的发展注入生机，同时发挥媒体作用，不断加大宣传力度。

软式排球运动的起源地是日本，日本在发展软式排球过程中积累了很多经验。我们应当自觉学习意大利联赛的方法，充分发挥"走出去，请进来"的实际作用，持续加大国际交流，主动学习新近产生的经验，为我国软式排球的发展注入活力。

需要注意的是，在信息快速发展的社会，体育运动的发展已经无法脱离大众传播媒介，大众传播媒介的发展同样离不开体育，大众传播媒介往往能引导广大群众的体育态度和实际行为。在推广和普及软式排球的过程中，应当设法将各类媒体的宣传作用发挥得淋漓尽致，借助电视、广播、报纸、杂志、网络等积极宣传软式排球运动的方法、特点、功能，使广大高校学生逐渐认识并接受这一新兴运动项目，扩大软式排球的影响。此外，高校也可通过对形式多样的软式排球教学活动，使软式排球的健身娱乐等特点被广大师生认识，提高学生参与软式排球的兴趣，提高软式排球自身的影响力。最终，通过加强宣传、普及软排知识，提高认识的方式，扩大软式排球的影响。

（五）借助竞赛手段丰富教学内容，衔接好排球的梯次建设

在安排竞赛活动时应当考虑两个层次。在上级机关的领导下应当全面发挥作用，不定期地组织竞赛活动，制定切实可行的竞赛制度。在开展软式排球运动的体育传统小学和中学招收拥有一定基础的运动员进入大学接受完整的系统训练，这是构建高校课余体育训练的常见途径。从以往单一的国家培养体制逐步过渡到由国家与社会共同培养的多

个渠道、多种性质的培养体制。要全面考虑排球运动的特征，以软式排球参与者的成长规律为依据，目标明确地完成长期培养，增加官办与私办的排球学校和排球俱乐部，逐步产生排球人才群、人才链和人才梯队。就现阶段来说，我国软式排球的发展已经具备一定的规模，为了更好、更快、更深地推动我国软式排球运动的发展，需要社会各界人士的关心、支持和努力。

（六）增加软排比赛，提高软排水平，扩大排球后备人才储备

有计划、有组织地进行不同层次的软式排球赛，系级别以各年段、班级为单元的软式排球赛，校级别以各系组队参加比赛。省高校级别以各院、校组队参加比赛，然后组队参加全国大学生软式排球赛。教职工可组织院级的比赛和省高校级的比赛。省教育厅或高校体协可每年举行学生和教职工软式排球赛以增加学校软式排球队参加比赛的次数，以赛带练、以赛促练。在全面发挥软式排球竞赛的基础上，在高校大范围普及群众性软式排球，从根本上提高软式排球运动的整体水平，同时为我国排球后备人才储备发挥积极作用。

（七）加大资金投入，加大场地器材建设力度，积极开展教师队伍培训活动

经过调查发现，不少高校已经把软式排球作为一门体育选修课，虽然它们已意识到开设软式排球的必要性，但是绝大部分的高校在场地建设上明显处于滞后的状态，而且在教师的专业性上也不能完全跟上软式排球发展的节奏。

针对以上情况，学校领导应当予以高度重视。一方面，各级学校应当进一步加大软式排球场地的建设力度和改造力度，投入充足的资金；另一方面，学校应当积极加大教师培训经费和教师科研经费两个方面的投入，增加有关软式排球运动的科研成果并运用于软式排球教学实践活动中。

（八）分析并参照软式排球的特征，选取适宜学生的教学内容

软排教学应不同于硬式排球教学，除了运用通常的教学常规外，要更多地发挥教学创造性，突出趣味性，增加排球游戏和排球比赛的比重，结合排球教学特点形成自身的特色，从而充分调动学生学习的兴趣和积极性。在教学群体的选择上，可以区别对待，在高校女生中完全开设软式排球课程，在高校男生中采取软排与硬排相结合的方式，先开设软式排球，等学生基本掌握排球技术后，再开设硬式排球，使软式排球作为男生掌握硬式排球的一个重要辅助手段。

第三节 软式排球教学理论与方法创新

一、软式排球技术教学方法设计

（一）移动技术的教学方法设计

移动就是队员由启动到制动之间的位移，具体作用是及时接近球，使球和人之间始终保持良好关系，为完成最适宜的击球动作提供便利。由于软式排球是在人体移动过程中完成击球动作的，所以软式排球运动移动速度的快慢和击球效果存在很大联系。

移动是通过队员的走和跑完成的，软式排球场上的移动往往属于短距离移动，最常见的就是两三步移动。与此同时，软式排球场上的移动还是不定向的，具体就是每次移动都一定要参照来球方向、击球方向或者比赛过程中结合本方战术组成完成多个方向的移动，结合传球性质与接球距离来选择各类步法。

移动技术的组成部分是起动、移动步伐和制动。就软式排球运动来说，常见的移动步法有并步、交叉步、滑步和跑步等。在移动过程中，学生应当根据比赛场上的情况选取最适宜的准备姿势，从而迅速完成启动动作，同时在最短时间内移动到位。

1. 启动的教学方法设计

在完成准备姿势的前提下，用最快速度抬腿收腹，推动身体重心逐步偏移到移动方向，同时移动方向的异侧腿在最短时间内蹬地，促使全身用最快速度向来球方向起动。

2. 移动步法的教学方法设计

（1）并步与滑步

当来球距离身体一步左右时，适宜选择并步移动。近球一侧的脚朝着来球方向跨出一步，另一侧脚用最快速度和最大力量完成蹬地动作，同时用最快速度跟上完成接球的准备姿势。当来球和身体相距较远时，软式排球参与者借助并步往往难以接近来球，这时可以运用滑步。

（2）跑步

当来球较远时采用跑步移动。跑步移动时两臂要配合摆动，不宜过早做击球准备，边跑步边看球。

（3）交叉步

当来球距离体侧大约3米时，适宜选择交叉步。例如朝右侧移动采取交叉步时，身体略微朝右侧转动，左脚由右脚前朝右侧交叉迈出一大步，然后右脚再向右跨出一大步，同时身体转向来球的方向，呈接球前的准备姿势。

3.制动的教学方法设计

在没有击球时,学生必须设法确保自己的身体重心处在稳定状态,这样有助于自己更好地完成击球动作,为自己有效控制击球方向、击球路线、击球落点提供便利。由此可知,学生的移动动作结束之后必须拥有相对理想的制动过程,一步制动法与两步制动法是学生经常使用的方法,具体如下。

（1）一步制动法

在完成移动的基础上,跨出一大步并降低身体重心,全脚掌着地从而有效抵抗身体不间断移动产生的惯性,同时借助腰腹力量对身体实施有效控制,保证身体重心一直处在两脚组成的支撑面内。

（2）两步制动法

当采取两步制动法时,软式排球参与者应当把倒数第二步当成首次制动,在此基础上跨出最后一步,同时身体朝后侧倾倒、两个膝盖呈弯曲状态、降低身体重心,利用脚内侧完成蹬地动作,从而有效抵抗移动过程中形成的惯性,保证身体处在便于完成下个动作的状态。

（二）发球技术的教学方法设计

发球动作标志着软式排球比赛的开始,具体就是队员在发球区独立完成抛球,只凭借一只手把球击到对方场区的击球方法。综合分析软式排球的各项技术发现,发球是一个不会对其他人产生限制的技术。软式排球规则要求"发球队员必须在肩以下部位将球发出（下手发球）",即发球时击球点必须在肩关节以下的部位。下手发球是软式排球的特点之一,下手发球技术有正面下手发球和侧面下手发球两种。这里以右手为例,着重解析几种比较常用的发球教学方法设计。

1.正面下手发球的教学方法设计

（1）准备姿势

面朝球网,两脚前后开立,左脚在前(以右手击球为例),两膝微屈,重心落在后腿,左手持球于腹前。

（2）抛球

左手将球轻轻抛起在体前右侧,离手高度20~30厘米。

（3）击球

在抛球时,右臂伸直并把肩部当成轴朝后方摆动,充分发挥右腿蹬地的力量,身体重心伴随右手朝前侧摆动击球并移动到前脚位置,在腹前借助掌根或者虎口来击打球的后下部。在击球过程中,手指和手腕应当处于相对紧张的状态,完成击球动作后入场。因为软式排球比较软,所以运动员应当适当加快挥臂速度,由此增大击球力量。

2. 侧面下手发球的教学方法设计

（1）准备姿势

队员左肩对着球网（以右手击球为例），两脚左右开立，约与肩同宽，两膝微屈，上体稍前倾，重心落在两脚之间。

（2）抛球

左手将球平稳抛送至胸前，距身体约一臂，离手高度大约30厘米。

（3）击球

抛球动作和右臂引向侧后方保持同步，充分发挥右脚蹬地和转体的作用，从而对手臂向前摆动发挥带动作用，身体重心由此移动到左腿上，在腹前位置上借助掌根或虎口来击打球的右下方，完成击球动作后入场。在击球时，学生应当适度合理增加挥臂速度，从而达到增加自身击球力量的目的。

3. 正面上手发球的教学方法设计

（1）准备姿势

面向球网，两只脚自然开立，左脚在前，左手托球于体前。

（2）抛球与引臂

左手使球相对稳定地抛在右肩前上方，保证球处于最佳高度，抬起右臂并后引弯曲肘部，保证肘部和肩部是水平的位置关系，上体略微转向右侧，抬头、挺胸、展腹，手掌自然张开。

（3）挥臂击球

通过蹬地动作使上体转向左侧，与此同时完成收腹动作，在此基础上使手臂朝着前上方迅速挥动。在右肩上方的位置使手臂最高点处呈伸直状态，借助全掌来击打球的后中下部。在击球过程中，软式排球参与者应当使手指与手掌处于全张状态并和球充分吻合，手腕应当用最快速度完成推压动作，保证击出的球上旋飞行。击球动作结束之后，参与者应当使自己的身体重心前移，同时以最快速度入场。

（三）垫球技术的教学方法设计

垫球技术是软式排球技术的一个组成部分。在软式排球运动中，垫球技术难度小且使用频率较高，垫球技术主要运用在软式排球中的接发球、接扣球、接吊球、接拦回球等的过程中，某些情况下还会用于组织进攻。受软式排球球体软的影响，参与者在垫球时的控制难度大且准确率低。

综合分析能够得出，软式排球垫球技术的特征体现在三个方面：其一，与硬式排球相比，软式排球的飞行速度比较慢，球在远距离飞行后往往会在一瞬间下沉，所以参与者垫球时应当合计前一落点距离，此外要适当转移身体重心；其二，基于软式排球球体软的特征,垫击球时应当适度增加手臂上抬力量,从而增加球的反弹力;其三,在软式排球比赛中运用垫球技术的主要目的是把球垫给同伴,所以负责垫球的学生一定要不断提高准确性,为最终效果提供保障。

在软式排球运动中,经常运用的垫球技术的教学方法设计如下。

1. 正面双手垫球的教学方法设计

(1)准备姿势

呈稍蹲或半蹲准备姿势,重心稍靠前,两臂自然弯曲,两手置于腰腹前。

(2)击球手型

击球手型的常见类型是抱拳式、叠掌式、互靠式。具体来说,抱拳式是指双手抱拳互握,两拇指平行向前;叠掌式是指双手掌根靠紧,两手手指重叠互握,两拇指平行朝前;互靠式是指两手自然放松,腕部靠紧,两拇指平行朝前。

(3)击球部位

软式排球参与者在触球时,应当保证两个手臂靠拢伸直腕关节以上10厘米左右、桡骨内侧合成的平面。

(4)击球

在球飞到距离腹前一臂的位置时,两臂应当用最快速度前伸插入球下位置,朝前上方位置蹬地抬腿,击球点应当在腹前位置大约一臂距离的位置上,保证球能够被精确垫在击球部位,此外要密切配合蹬地送腰的动作,重心伴随击球动作朝前方移动。

2. 体侧双手垫球的教学方法设计

体侧双手垫球就是在身体侧面用两只手垫球。当来球飞向体侧时,软式排球队员不能及时移动对正来球时,适合采用体侧双手垫球。体侧双手垫球的显著特征是伸臂动作快、控制范围广、垫球方向难以掌控、没有正面垫球的准确率高。体侧双手垫球的教学方法如下:①左侧垫球时,先以右脚前脚掌内侧蹬地,左脚向左跨出一步,重心移至左脚,保持两膝弯曲;同时,两臂向左侧伸出,左臂高于右臂,右肩微向下倾斜。②击球时,用右转体和收腹的动作,配合提肩抬臂在身体左侧稍前的位置截住来球,用两前臂垫击球的后下部;③软式排球参与者面对右侧来球的情况,应当选择相反方向的动作击球。④对体侧垫球来说,学生要想有效控制垫球方向往往有很大难度,所以当时间允许时,建议学生选择正面垫球。

3. 背垫的教学方法设计

背垫就是背对出球方向的垫球,一般情况下,背垫需要利用双手,主要适用于球飞过身体上方较远位置的情况。背垫的教学方法设计如下:①背垫球时,需要准确判定来球方向,用最快速度移动至球的落点位置,和出球方向呈背对关系,两个手臂夹紧伸直插在球下；②完成击球动作时，需要通过蹬地、抬头挺胸、展腹、上体后仰四个动作带动两臂朝后上方摆动抬送，促使前臂和球的前下方接触，把球击到后上方位置。

4.挡球的教学方法设计

挡球是指软式排球参与者面对来球高、速度快、力量大、传球和垫球难度大的情况时，借助双手或单手在胸部以上的位置挡击来球。挡球的显著特征是伸手动作快，便于挡击高于胸部、肩部的来球，同时可以拓展防守范围。挡球是对垫球的补充，常见类型是双手挡球与单手挡球。挡球的缺点是不利于学生进行协调用力，由此造成控制球的落点和方向往往比传球与垫球的效果差很多。

（1）双手挡球

双手挡球适用于对高于胸部位置的力量大且速度快的来球，常见类型是抱拳式和并掌式。具体描述如下：①抱拳式是由两肘弯曲，一手半握拳，另一手外抱，两手掌外侧所组成的平面朝前；②并掌式是由两肘弯曲，两手虎口交叉，两手掌外侧合并呈勺形的击球面朝前。

（2）单手挡球

适合采用单手挡球的情况是来球较高、力量较轻、位于头上方或者头侧上方。具体方法是掌根击球和掌心击球，掌根击球时手张开，手腕后仰，手指自然屈曲，用掌根平面击球；运用掌心击球时，击球手掌虚握拳。

（四）传球技术的教学方法设计

在软式排球运动的各项技术中，传球是一项最基础、最重要的技术。因为软式排球的球体柔软、伤害小，所以降低了初学者掌握传球技术的难度。传球技术主要用于软式排球比赛中的二传，这项技术能够把接、防起的球传给进攻队员进攻，是软式排球运动组织进攻和组织反攻不可或缺的一个环节。

因为软式排球发球的特征是下手发球、发出的球在速度和力量上都不如硬排球，球体柔软没有伤害，所以运动员在接发球时应用传球技术的次数也比较多，传球也能用于吊球与处理球，发挥进攻的作用。

1.正面传球的教学方法设计

（1）准备姿势

采用稍蹲准备姿势，上体恰当挺起，眼睛注视来球，双手自然抬起，置于额前。

（2）迎击球

当确定来球下降到额前上方大约一球的距离时，通过蹬地、伸臂，两手向前上方迎击球。

（3）手型

当触球时，两臂弯曲，两肘适当分开，两手自然张开呈半球状，使手指与球吻合，手腕稍后仰，以拇指内侧，食指全部，中指的二、三指节触球，无名指和小指在球两侧辅助控制球的方向。两拇指相对近"一"字形。

（4）用力方法

软式排球队员完成迎球动作后，在手部马上要接触球时，手腕与手指应当完成前屈迎球的动作；手和球接触之后，所有关节应当一直处于伸展状态，在末尾环节借助手指弹力和手腕弹力来击球。

2. 背向传球的教学方法设计

背向传球就是背对目标的传球，是软式排球传球技术中的基础性方法，其教学方法设计如下。

（1）准备姿势

上体比正面传球时稍后仰，双手自然抬起置于脸前。

（2）迎击球

抬上臂、挺胸、上体后屈。击球点在头上方，比正面传球略偏后。

（3）手型

与正面传球相同，但触球时手腕要稍后仰，掌心向上，拇指托在球下，击球的下部。

（4）用力方法

利用蹬腿、展体、抬臂、伸肘和手指手腕的弹力，把球向后上方传出。

3. 侧向传球的教学方法设计

侧向传球是指身体和传球目标呈侧对关系，在身体不转动的基础上，通过双臂朝侧方传球的动作，这项技术的教学方法设计如下：①以正面传球为比较对象，侧向传球和正面传球的准备姿势、手型、迎球动作都相同，不同之处是侧向传球的击球点偏向传球那边；②在迎球时，应当借助下肢蹬地的方式达到朝上伸展身体重心的目的，上体与双臂应当伸到传球那边；③适度增加异侧手臂动作的幅度，同时适度加快伸展速度，借助双臂与上体侧屈的协调动作顺利击球。

二、软式排球战术教学方法设计

（一）个人战术的教学方法设计

个人战术是指软式排球运动员联系赛场上的实际状况，有目的、有计划地应用个人技术动作的行动。在软式排球运动中，使用频率较高的个人战术是发球、一传、二传、三传、防守、扣球、拦网等，个人战术的教学方法设计如下。

1. 发球个人战术的教学方法设计

第一，借助发球落点把球发至对方空当或者一传差的队员处。

第二，结合对方站位发长线球和短线球，由此达到调动对方、占据主动地位的目标。

2. 一传个人战术的教学方法设计

第一，通过平快的一传带动快攻节奏。

第二，借助垫高球创造两次球机会。

3. 二传个人战术的教学方法设计

第一，通过隐蔽传球和做传球假动作，达到声东击西的目的。

第二，发挥传球速度的作用，适度加快或减慢进攻节奏，使得对方始终无法适应拦防的目标。

第三，在对方没有防备时，扣二次球和吊二次球等。

4. 扣球个人战术的教学方法设计

第一，通过调整扣球路线来成功避开对方拦网。

第二，在完成重扣假动作的基础上，实施轻打或者吊球。

第三，及时抓住对方防守薄弱区或者空当，对扣球的落点进行准确控制。

第四，借助传球假动作出其不意地扣球等。

5. 拦网个人战术的教学方法设计

第一，在对拦网对方的扣球路线有准确判断的基础上，确定主拦线路。

第二，把自己的拦网部位特意暴透露给对方，在对方扣球时出其不意地改变之前的部位，将对方认为不会有人拦网的部位拦住。

第三，专门为对方创造打手出界的机会，在扣球时出其不意地撒手，使得对方扣球出界等。

6. 防守个人战术的教学方法设计

第一，在精准判定各方面状况的前提下，随时选取最佳的防守位置。

第二，专门让出防守空当，使得对方做出向空当进攻的行为，然后出其不意地防之前的空当。

（二）集体防守战术的教学方法设计

1. 接发球阵型的教学方法设计

（1）五人接发球阵型

五人接发球阵型是一种基础阵型，一名二传队员站在网前或从后排插上不接发球，其他五名队员均致力于完成一传任务，水平较低的队往往需要采用这种阵型。

五人接发球的优点是：第一，队员分布均匀，所有软式排球运动员的接发球范围都受到限制；第二，接发球时已经转变成基本的进攻阵型，为队员组织进攻提供了很大便利。

五人接发球的缺点是：第一，二传队员在后排时，从5号位插上距离较长、难度大；第二，3号位队员接球时，组成快攻技术存在诸多不便；第三，不利于占据进攻优势的队员用最快速度换位；第四，站位时，软式排球运动员之间的交界点会呈现慢慢增加的趋势，倘若不能确保所有队员默契配合，将会大大增加队员相互干扰、相互争抢或者相互谦让的情况。

（2）四人接发球阵型

为了向插上提供便利，插上队员和同列的前排队员应当站立于网前不接发球，其他四人站成弧形接发球。

四人接发球阵型的优点是为后排插上与不接发球的前排队员及时换位带来了很大便利，四人接发球阵型的缺点是四人接全场应当具备较强的判断能力和移动能力。一般来说，建议整体水平偏高的软式排球队选用四人接发球阵型。

2. 接扣球防守阵型的教学方法设计

（1）不拦网的防守阵型

防守阵型如下：①联系对方进攻的情况，当无须拦网时，可以选择不拦网的防守阵型，和五人接发球阵型大体相同；②前排进攻队员应当撤至进攻线以后，不仅能为防守做好准备，还能为进攻提供便利；③作为后排队员，应当后退并为防后场球做好充足准备；④二传队员应当留在网前，如此不仅能防吊到网前的球，还能为组织进攻提供便利；⑤对接触软式排球时间较短的队伍来说，因为双方的扣球能力有限，所以比赛中应当选择不拦网的防守阵型。

（2）单人拦网的防守阵型

当水平偏低的队参与比赛时，因为对方进攻力量较弱，所以扣球路线变化相对单一且吊球比较多，所以应当选用单人拦网的防守阵型，不拦网队员应当后撤并承担防前区的责任，后排队员则承担防后场的责任。

（3）双人拦网的防守阵型

双人拦网的防守类型分为"边跟进"防守阵型和"心跟进"防守阵型。"边跟进"防守阵型通常适用于对方进攻强、吊球较少的情况。面对对方4号位进攻的情况，我方2号、3号位队员应当有效拦网，其他四个队员组成半圆弧形防守。如遇对方吊前区，由边上1号位队员跟进防守。"边跟进"防守阵型的优点是大大强化了拦网效果，缺点是边上的队员需要防直线并跟进防前区，同时"心"空当较大。

"心跟进"防守阵型就是后排中心的 6 号位队员在本方拦网时跟上去保护。这种阵型适合本方拦网水平高、对方选用打吊结合方式的情况。"心跟进"防守阵型的优势是强化了前区防守效果，劣势是后方防守存在很大空当。

3. 接拦回球保护阵型的教学方法设计

这个阵型往往取决于保护扣球的实际人数。现以本方 4 号位队员进攻，其他 5 人保护为例。5 号位和 6 号位队员向前移动，3 号位队员向左后方移动，形成第一道防线。2 号位队员内撤，1 号位队员保护后场。软式排球运动员在其他位置进攻时，保护的阵型布阵可以参照相同的原理。

4. 接传、垫球防守阵型的教学方法设计

面对对方难以组织有力进攻。被迫通过传球和垫球击入本方的情况，本方防守阵型和不拦网的防守阵型一致。必须重申的是，除了二传队员之外，其他软式排球运动员应当在最短时间内结束后撤动作，从而高质量地完成接球后展开进攻的准备工作。

（三）集体进攻战术的教学方法设计

1. "中一二"进攻形式的教学方法设计

位于前排中间位置的 3 号队员充当二传，将球传给位于两边的 2 号、4 号位队员进攻，这就是所谓的"中一二"进攻战术形式。面对二传队员轮转至 2 号、4 号位时，能够在对方球后换 3 号位来。

"中一二"进攻战术形式的优势是一传向网中 3 号位垫球的难度比较小，所以对组成进攻有积极作用，向 2 号、4 号位传球的距离短，因而增加了传准的可能性；"中一二"进攻战术形式的劣势是战术变化相对单一，让对手掌握自身进攻意图的可能性偏大。

2. "边一二"进攻形式的教学方法设计

由前排边 2 号位队员充当二传，把球传给 3 号、4 号位队员进攻，就是所谓"边一二"进攻战术形式。这种进攻方式的优点是为右手扣球者在 3 号、4 号位扣球提供了很大的便利，战术变化相对多样；这种进攻形式的缺点是 5 号位接传时向 2 号位垫球存在诸多不便，当一传偏 4 号位时，二传接应的难度会大大增加。

3. 进攻战术打法的教学方法设计

（1）强攻

强攻是指在不存在同伴掩护时，在对方准备拦防的情况下，主要借助自身力量、高度、技巧强行突破对方拦与防的进攻，绝大多数情况下是指二传传高球进攻。根据软式排球运动员的二传位置，能够把强攻分成集中进攻、拉开进攻、围绕进攻以及调整进攻等。除此之外，后排队员的高球进攻也是强攻打法中的一种类型。

（2）快攻

快攻是指二传传出不同类型的平、快球，以及借助这些平快球充当掩护构成的不同类型的战术配合。快攻的常见类型是平快球进攻、自我掩护进攻、快球掩护进攻。

（3）二次球进攻

适于一传传来球较高、处于网前适宜扣球的位置，前排队员能够跳起来直接扣球，如遇拦网就是在空中调整为二传，将球给其他前排队员进攻，这就是所谓的二次球进攻战术。

强攻、快攻、二次球进攻均可在接发球、接扣球、接拦回球或接对方传、垫过来的球后应用。

第十章 气排球教学理论与方法创新

气排球运动是我国独具特色的排球运动,近年来在我国发展迅猛,受到了很多人的喜爱和欢迎。因此,在学校中开设气排球课程有助于气排球运动的普及和发展。那么如何进行气排球课程的教学与创新,是一个关键的问题。本章将对气排球课程的教学与创新进行研究,主要包括气排球运动概述、气排球运动的发展和气排球课程教学的创新设计。

第一节 气排球概述

一、气排球运动的起源

气排球运动产生的时间并不晚。早在1984年,呼和浩特铁路局集宁分局的离退休人员为了丰富他们的晚年生活,受当年春节联欢晚会上吹气球游艺活动的启发,首先用气球进行隔网对打游戏。随后这一游戏改用儿童玩具塑料球代替气球,并逐步在呼和浩特铁路局内开展起来。后来他们又制定了简单的比赛规则,气排球这一运动形式就诞生了。

二、气排球运动的特点

(一)球体大

圆周长为72~78厘米(硬排、沙排、软排均为65~67厘米),手接触球部位增大,易控制球,易发力。

(二)球量轻

重量为120~140克(软排为170~190克,硬排、沙排均为260~280克),不需用大力击球,易起球。

(三)球压小

气压为 0.15~0.18 千克/平方厘米(沙排为 0.175~0.225 千克/平方厘米,硬排球为 0.30~0.325 千克/平方厘米),手感好,易熟悉球性。

(四)球质软

薄皮包裹内胆(软排内裹海绵,沙排、硬排为皮革或人造革),接触时没有疼痛感,不伤手指,解除"怕痛"心理。

(五)球性好

球体弹性足,软中有刚,易传高球(软排弹性松软,需借力;硬排手指承力大,有疼痛感,易受伤)。

(六)球速慢

球飞行时飘度大、滞空时间长,球落地较慢,易移动击球(硬排球速度快,软排沉重下落快)。

(七)球场小

长 12 米,宽 6 米(沙排 16 米×8 米;软排 A 制 18 米×8 米,B 制 18 米×9 米;硬排 18 米×9 米),传、扣或防守时,不需大范围助跑和移动;为避免出界也不需大力量发、扣球。场地还可套用羽毛球场地(长 13.4 米,宽 6.10 米)。

(八)上手易

气排球上手技术要求不高,规则简单易行,一学就会,对于没有排球技术基础的各个年龄段初学者,尤其是对中老年和小学生而言,不会有太大的难度。

总之,气排球活动难度不大,上手技术要求不高,不伤手指,安全性较高。比赛中来回球增多,既提高了活动的兴趣性、欢快性和激烈性,又保证了一定的运动量,因此适合不同年龄段、各种体质人群参与。

三、气排球运动的功能

(一)增进健康,强健体魄

气排球的普适性比较强,不同年龄、不同性别、不同运动水平的人都能参与其中,享受运动的乐趣,在欢乐的气氛中增进身体健康。经常参加气排球活动,不仅能有效改善人体中枢神经系统和内脏器官的功能状况,还能提高人体的各项素质,提高运动能力。尤其是对中老年人而言,经常参加气排球运动能起到锻炼关节、活络血脉、抵抗衰老的作用。

（二）培养团队精神

气排球比赛是一项靠全队互相弥补、集体配合取胜的球类竞赛项目，个人的优势、特点均要在同伴的配合下才能发挥得淋漓尽致，也只有如此才能获得比赛的胜利。这就要求运动员在比赛中能随时准备保护同伴击出的非到位球，同时还要为下一次击球的同伴创造便利条件。因此，参加气排球活动能有效地培养人的集体参与意识和精神。

（三）提高积极应变的能力

与排球相同，气排球运动对人的反应要求也较高，对球的判断要准确，这是比赛制胜的关键。判断的基础是"眼观六路""耳听八方"、通过观察对方及同伴的动作，以及击球的速度和方向、场上的布局，来预测将要发生的情况。迅速应变，做出合适的决策。因此，经常参加气排球活动，能有效提高人的观察、分析和应变能力。

（四）培养良好的心理素质

在气排球比赛中，比赛情况是瞬息万变的，突然的变化就会导致各种情况都有可能发生。在出现失误时，要使自己尽快冷静，积极应对突然变化的情况；比赛关键时刻要充满信心，建立必胜的信念。因此，这非常有利于增强人的心理承受能力，提升人的心理品质。

第二节 气排球运动的发展

一、气排球运动发展的现状

目前，气排球运动在我国取得了一定的发展，其现状主要体现在以下几个方面。

（一）区域发展不平衡

我国气排球运动从诞生以来，受到了全国各地群众的欢迎，特别是老年人群体。由于经济水平等原因，我国东部沿海地区的气排球运动开展得非常好，如浙江、福建、广东等地，气排球运动开展得如火如荼；而在我国的中部和西北地区，气排球运动开展的情况不是非常乐观。

（二）独具地方特色

气排球运动在各地的传播和发展过程中，得到了各地不同群众的喜欢和热爱，他们结合本地区或者本行业的特色，开展形式多样的气排球运动，使气排球更好地融入人们的日常锻炼和生活中，从而促进气排球运动的不断发展。

（三）学校的气排球运动开展得不好

由于受其他体育项目的竞争和冲击，气排球运动在学校开展的情况不是非常乐观，只有一些大学和部分省市的学校中才会开展气排球运动。但是教学计划和课程考核标准的原因，气排球运动的教学也会受到影响。

（四）管理机制不健全

一般情况下，气排球运动的组织、宣传等方面的工作主要是由各地区的排球协会负责的。但由于我国各地区的发展存在着不平衡的现象，有的地方很容易组建队伍，有的地方就缺乏管理，难以有效地组织与开展气排球活动。政府体育部门与各级体育部门之间的联系不是很紧密，统一协调性不够好，管理机制不健全，这是制约和影响我国气排球运动发展的重要因素。这需要引起我国体育相关部门的高度重视。

（五）推广形式比较单一

目前，总体来看，我国在气排球运动宣传与推广过程中主要采取了组织竞赛和表演赛、媒体宣传等形式，这些传统的宣传推广形式对气排球运动的发展起到了一定的推动作用，但为了促进气排球运动更好、更快地发展，仍然需要不断完善气排球的推广形式。可以采取面向社会的小范围表演赛、竞技比赛推广等形式，这些形式的好处在于能比较容易地组建队伍，方便各组织之间的沟通联系，这对于我国气排球运动的推广与普及是非常有帮助的。

二、气排球运动的发展趋势

（一）开展的地区由沿海转向内陆

随着气排球运动在我国的不断发展，以及人们生活水平的不断提高，早期气排球运动主要存在于我国的华东地区。这几年，气排球运动也逐渐被引入我国的西北地区，逐渐形成了全国的气排球运动氛围，为下一步组织和建立全国各类气排球运动赛事提供了可能。

（二）参与的人群逐渐年轻化

从气排球运动的诞生可以看出，气排球运动的参与人群一开始是老年人，但是随着气排球运动的不断发展，一些中青年群体开始更多地参与到这项运动中来，在气排球比赛中，也有了中青年组级别的比赛和活动。因此，气排球运动的参与人群呈现年轻化的趋势。

（三）气排球的办赛形式逐渐多样

近年来，我国气排球比赛的办赛形式由之前的政府体育部门主办，逐渐转向了由各基层气排球专项委员会和协会等民间组织来主办,从而实行自愿参加、自由组队、经费自理的活动形式,从而可以让更多的基层队伍参加全国性的气排球比赛。

(四)由国内走向国际,形式更加多元化

近些年来,我国的气排球项目开始逐渐走出国门,向其他国家发展和传播,如向越南、老挝等国家发展,一些地方和高校也开始举办各色各类的气排球友谊赛,促进了气排球比赛的文化交流,从而使气排球项目逐渐走向国际。同时,气排球项目的活动形式由以比赛为主,逐步走向比赛与其他文化(书法、摄影、诗歌)融合发展,开办了相应的论坛,并结合旅游、娱乐等形式共同发展。

三、气排球运动发展的策略

(一)进行广泛宣传

目前,总体来看,我国气排球的活动经费主要由排球协会拨款,并且排球协会的拨款也十分有限,主要用于各项活动的宣传、组织经费等。气排球协会的宣传工作还要紧跟时代的步伐,借助网站、微信等现代媒体手段进行宣传与推广,这样可以吸引大量的排球爱好者,加强与排球爱好者之间的沟通与交流,这对于气排球运动的普及与推广是非常有利的。

(二)开展培训和研究工作

在气排球运动发展的过程中,我国体育部门应重视气排球运动的学习研究,组织相关人员到各地区进行调研指导,学习各地区的先进经验,相互借鉴和利用先进的发展手段,取长补短获得共同发展。除此之外,还可以邀请气排球推广专家对相关人员进行指导和培训,提高气排球从业人员的整体素质,要加强气排球教练员和裁判员的培训力度,提升其专业水平。以上几个方面都是非常重要的,需要有关部门高度重视。

(三)健全管理机制

目前,与排球运动相比,我国的气排球运动还处于一个比较弱势的局面,亟须政府体育相关部门给予大力的扶持。在今后的发展过程中,体育局要不断加强与排球部门之间的沟通与联系,健全和完善气排球的管理机制,协调各部门之间的关系,共同做好气排球运动的宣传和推广工作。

(四)在学校中开展气排球运动

在学校中开展气排球运动是发展气排球运动的重要途径,特别是在高校中开展气排球运动,通过选修课的形式进行,可以让大学生更好地了解这项运动,促进这项运动在青年群体中的发展。

第三节　气排球教学理论与方法创新

气排球运动的教学创新设计是一项系统的工作，包括技术和战术的教学训练工作，本节将就这些方面展开探讨。

一、气排球课程技术的教学设计

（一）准备姿势和移动技术的教学

1. 准备姿势和移动技术的教学难点

在气排球运动中，做准备姿势是为了可以迅速起动，然后快速移动地去接球，从而更好地做出下一个技术动作，但是对初学者来说，这也是教学的难点。

在进行移动技术教学时，关键是要做好准备姿势和启动之间的衔接，做到快慢合理。

2. 准备姿势和移动技术的教学顺序

在进行准备姿势的教学时，首先应该学习稍蹲准备姿势，再逐渐学习半蹲和低蹲准备姿势，通过与传球和垫球的技术动作相结合来进行训练。在进行移动技术的训练时，应该首先学习跨步、并步、滑步、交叉步，然后学习跑步和综合步。在进行移动步伐的练习时，要与准备姿势和制动的练习相结合，同时进行，并结合发球、防守、保护、二传、吊球、扣球等技术进行。

一般情况下，准备姿势和移动技术的练习应该放在训练课的准备部分，可以结合灵敏、速度、协调性等身体素质进行练习。

3. 准备姿势和移动技术的教学方法

相关的教学方法主要包括口头讲解和动作示范。

（1）口头讲解

讲解准备姿势和移动技术在气排球中的重要作用，并讲解相关的动作要领、常出现的错误和技术运用时机。在讲解动作时，应该自上而下，从脚到膝逐渐讲解，并通过分析躯干、上体、手臂和头部的姿势，来讲解不同步法的异同点。

（2）动作示范

教师在进行气排球教学时，既要做好正面示范，又要做好侧面示范。在做移动技术的示范时，要前后移动做好侧面示范，左右移动做好镜面示范。准备姿势和移动技术也可以一边讲解一边做好示范。前后方向的跨步、跨跳步、后退步、跑步以侧面示范为主；左右方向的跨步、跨跳步、并步、滑步、交叉步等应该以正面示范为主。

4. 准备姿势和移动技术的练习方法

（1）准备姿势的徒手练习

学习者试着做相应的准备姿势，教练员检查并纠正相应的动作，也可以让学习者看着教练员的信号做相关动作，并进行交替练习，如此反复进行。

（2）移动技术的徒手练习

学习者由半蹲姿势开始，根据教练员的手势进行各种步法的快速移动练习，练习时的幅度一定要大，移动要快、低，重心要稳，变向再启动和移动的动作要按要领来做练习，并保持好相应的准备姿势。

可以采用两人一组相对站立，一人随意做出各种移动步法，另一人跟随，做相同方向的移动。

（3）结合球的练习方法

两人一组，相距2米左右，做好相关的准备姿势，一个人向前、向后、向左、向右地抛球，另一个人移动后把球接住，再抛回，连续进行一定次数后再进行交换。

5. 准备姿势与移动技术常见问题与纠正

（1）准备姿势

在进行准备姿势练习的时候，往往会产生臀部后坐、全脚掌着地的错误，这个时候要向练习者讲清技术要领，并进行动作的示范，强调一定要含胸收腹，两膝投影线一定要超过脚尖。此外，有的人在做准备姿势的时候，身体的重心往往很高，此时可以进行降低重心的移动练习。

（2）移动技术

在进行移动技术的练习时，往往会出现移动慢、身体重心起伏大、制动技术不好等问题。此时，应该多做各种姿势下的起跑练习，结合视觉信号进行肩动练习，多做短距离的各种抛接球练习。在练习时，强调一些制动的要求，并注意脚和膝关节的内扣。

6. 准备姿势和移动技术训练中应注意的问题

第一，学习者首先应该充分认识到准备姿势和移动技术的重要性，通过短距离跑动或游戏的形式进行练习，从而不断激发学习者的学习兴趣。

第二，多做一些视觉信号的反应练习，培养视觉的观察判断能力。

第三，练习方法一定要多样化，避免枯燥。可以采用对抗、竞赛、游戏等方式进行练习，不断激发学习者的学习兴趣。

第四，加强腿部和腰腹部力量的练习，多做一些髋关节和脚步灵活性的练习。

（二）发球技术的教学

1. 发球教学的难点

（1）抛球技术

抛球是发好球的前提条件。教学中不仅要求学习者注意抛球的高度、位置，更要掌握抛球的方法。抛球方法一般是先把托球手掌置于腹前，抛球时，整个手臂向上伴送，将球向预定位置送去，尽量不使球旋转。发一般球和飘球的抛球高度、位置不相同，要提醒学习者加以区别。

（2）发球用力的方法和挥臂的轨迹

不同发球方式不尽相同，受挥击用力方法和击球方法制约。上手发球的挥臂击球前一段轨迹是向击球臂前上方画弧进行运动，发飘球的击球前后一段轨迹基本平行于地面做向前运动。上手发球要求整个手掌击球，打出上旋球，接触面积较大，要求手上的动作从下而上做鞭甩打击动作；发飘球要求击球面积小，作用力通过球体重心，要求手上动作由后向前做鞭甩打击动作。

（3）击打球体时的手型

发球时要求以相应的手型击打球体，这也是发一般球和飘球的区别。发一般球要求五指张开，适度紧张，击球时手指与球自然吻合，手腕主动向前做推压动作，使球呈上旋飞行。发飘球要求五指并拢，手腕稍后仰，用掌根或手掌部位击球。击球前，手臂加速挥摆，击球用力通过球体重心，使球呈无旋转轴的飘晃状态飞行。

2. 发球教学的顺序

排球发球的技术包括很多种，技术动作的难易程度差别也比较大，所以教学时应根据学习者性别、年龄及身体素质等情况来确定教学的先后顺序。一般情况下，对女性学习者而言，通常先教下手发球，后教正面上手发球，然后是正面上手飘球、侧旋球和大力发球等；对男性学习者而言，可先教正面上手发球，然后是正面上手飘球、大力发球、侧旋球等。

3. 发球的教学方法

（1）口头讲解

首先要讲解发球在比赛中的作用及教授的技术动作名称和技术特点，然后讲解发球的准备姿势与抛球方法及挥臂与击球的手法，最后提出下肢与腰腹协调配合用力的方法，反复强调抛球是发好球的前提，击球是关键，手法是保证。

（2）动作示范

在发球区先做侧面的发球完整动作示范，再做正面、侧面的分解动作示范。正面示范主要看两脚站距、抛球方法，侧面示范主要看抛球方位、挥臂轨迹、击球手法、击球部位、两脚前后站距、下肢配合工作和击球时重心前移过程，加深学习者对发球技术动作的直观感受。

在进行发球教学的过程中，应该组织教学者按照以下顺序进行练习，依次是徒手模仿练习→抛球练习→击固定球练习→抛球与击球动作结合的练习→巩固和提高发球技术的练习→结合教学比赛的实战发球练习。

4. 发球的练习方法

（1）徒手练习

徒手练习主要是通过挥臂和抛球动作的模仿练习，来体会发球用力顺序和挥臂的轨迹，掌握正确的挥臂方向和速度。

徒手做抛球挥臂击球动作练习，即做好准备姿势，左手前上置于击球点位置，右手做挥臂击球练习（在左手掌上），体会击球手法和击球部位，练习抛球、挥臂、击球动作的协调性。

（2）击固定球练习

第一，模仿发球挥臂动作击固定球练习。一人双手持球置于腹前或头上，另一人做挥臂击球练习（不要将球击出），体会击球部位和手法。

第二，击固定球或吊球练习。一人将球按在墙上，一手挥臂练习击固定球或将球吊在空中，练习挥臂击球，主要体会挥臂动作、击球手法、击球点和击球部位。

（3）抛球练习

第一，原地抛球练习。做抛球练习时，要求掌心向上平稳地托送球，练习正确的抛球手法，体会抛球的位置和高度。

第二，固定目标的抛球练习。每人一球站在网或墙边，利用球网或墙壁的适当高度作为标记，练习抛球的准确性。

第三，抛球、抬臂和引臂的配合练习。体会抛球的位置、高度和振臂的连贯动作。

（4）抛击结合练习

第一，抛球与挥臂击球练习。结合抛球、引臂和挥臂击球的练习（不把球击出），体会抛球引臂和挥臂击球动作的协调配合。

第二，对墙或挡网做抛球与挥臂击球练习。体会抛球与手臂挥摆的配合及击球手法的用力。

第三，两人站立两条边线上对发练习。体会挥摆路线与正确的击球部位，或两人隔网对发练习，体会控制球的力量与弧度。

（5）发球技术提高练习

第一，发球准确性练习。可将对方场区划分成左右或前后部分或规定区域，进行点线（直线、斜线）结合的练习。

第二，发球攻击性练习。在准确性的基础上，降低发出球的弧度，加快发球速度，发力量重、飘度大的球，或向场地的"三角区"——1.5 号边角处做发球练习。

5.发球常见问题和纠正

（1）正面下手发球

正面下手发球的常见问题是在做准备姿势的时候，重心太高，抛球的时候，抛得太高、太近或太远，抛球和击球的动作不够协调。两只手臂抛球的方向不正、击球不准。纠正方法是进行准备姿势的练习，抛球的时候要距离身体一臂远，反复进行抛球动作的练习，结合抛球进行摆臂动作的练习，进行击固定球或者对墙做发球练习。

（2）上手大力发球

上手大力发球的常见问题是抛球的时候，有的偏前，有的偏后；挥臂的时候，没有形成弧形，全身的力量不协调。纠正方法是做一定的固定目标抛球练习，反复徒手做弧形挥臂练习，对着墙进行扣球练习，体会手包球推压的动作，使球前旋。进行掷小网球的练习。

（3）跳发球

跳发球的常见问题是抛球和助跑起跳的环节脱节，在起跳的过程中，手与球保持得不好，全手未打满整个球，没有很好地用上腰腹力量。纠正方法是多进行抛球、助跑与起跳的配合练习，跳起击打空中吊球的练习，对墙进行连续扣反弹球的练习。

（三）接球技术的教学

1.接球技术的教学难点

一般情况下，根据比赛的需要，气排球接球技术可分为接发球垫球、接扣球垫球、接拦回球垫球和垫击二传球等。教学的难点主要体现在以下几个方面：①如何对付各种发球技术产生的接发球动作分化区别不同发球技术，基本可分为力量速度旋转型、一般飘球型、特殊飘晃型，要针对不同类型的发球进行不同的教学，有的放矢，帮助学习者把握不同接球方式的击球手型、击球点和击球部位。②在快速移动后，对正来球插入球下的技术动作。要求在正确判断的前提下，早启动，采取适宜步法快移动，保证最后双臂插入球下。③在进行排球的垫击时，要注意手臂与地面的合理夹角，对不同发球的垫击要有不同的垫击夹角。④手臂和身体之间要协调用力，这是影响手控球的关键环节之一。要求手臂垫击球后的微调通过腰和手臂的协调用力体现出来。这种微调效应必须通过大量的练习，形成良好的球感才可实现。气排球球体轻，手对球的控制能力更加重要。必须在教学、训练中通过不断的强化训练，逐步提高这种微调能力。

2.接球技术的教学顺序

气排球接球技术的教学应该按照以下顺序依次进行，正面双手垫球→体侧垫球→接发球→跨步垫球→半跪垫球→防吊球→防扣球→背向垫球→退让垫、单手垫→挡球→前扑垫球→倒地垫球、滚翻垫球、鱼跃垫球→垫球调整二传→垫球处理入网球、网前球→保接拦回球→吊、扣拦回球的自保垫球→拦飞、防飞的上挡球和单、双手垫球处理球。

3.接球技术练习方法

第一种方法是每人一球，向左、向右、向前、向后移动垫球。学习者在移动垫球时，重心要低，并且采用正面垫球的方式。

第二种方法是2人或3人一组，一人抛球，另一人或两人轮流向左、右、前、后移动击球。移动速度不宜太快，垫出的球要稍高，并控制好落点。垫球者尽量做到正对击球方向击球。

4.接球技术常见问题和纠正

（1）抱球

在接球的时候。抱球的动作不规范，主要是因为没有形成正确的手型，触球的部位不准确等，发力不够协调。当出现这种情况的时候，应该着力让练习者体会抱球的动作，体会手型，并近距离地对墙进行抱球练习，体会手指触球的感觉。

（2）捧球或插托球

接球的时候，捧球或插托球的动作不规范，出现这种情况的原因也是因为没有形成正确的手型，应该进行手型的练习，体会手指触球的感觉。

（四）传球技术的教学

1.传球技术的教学难点

传球在气排球的教学中非常重要，其教学的难点主要体现在以下几个方面。

（1）合理的取位

取位是否合理得当是传球的基础。要做好这点，取决于传球前准备的判断、快速合理的移动，并重视步法移动的训练。

（2）触球的手型

手型是传球技术教学中始终要抓好的一个重点，也较难掌握。因为触球时手型正确与否直接影响着手控制球的能力和传球的准确性，直接影响着二传的传球质量。初学者只有掌握了正确手型才能保证正确的击球点和较好地运用手指、手腕的弹力。

（3）传球时的高度、弧度和速度

在气排球的比赛中，各种战术球都有特定的高度、弧度、速度要求，在传球时对球的用力和手控球能力强。而这些能力建立在良好的球感上，良好的球感使二传传完球后手指有一个微调补偿作用，从而使二传同攻手的进攻配合吻合。

（4）二传与主攻的配合

二传与主攻的默契在长期的练习中产生。二传手应主动运用技术，寻求与攻手的最佳配合。如通过提高击球点和降低击球点慢出球以及通过控制球的飞行速度、弧度、高度等手上动作，将二传与攻手的时间配合调整在最佳范围之内。

（5）二传队员的视野

视野是二传队员必不可少的一项基本功。二传视野一般宽阔的表现为：在场上能观察到扣球手的上步方向、时间和节奏及扣球手起跳腾空后的动作；较为开阔的队员除了上述表现外，还能观察到拦网队员的动向。如何扩大二传手的视野是教学训练的一大难点。在传球过程中，要求二传保持清醒的头脑。在移动取位传球的过程中，二传要善于运用及合理分配自己的主光和余光来观察传球目标及扣、拦队员动向。要培养和开阔二传的视野，提高二传队员的意识很关键。

2. 传球技术的练习方法

（1）原地传球练习

第一种方法是每人一球，自己向前上方抛球，做好传球手型，在击球点位置将下落的球接住，然后自我检查手型。

第二种方法是原地自传练习，要求把球传向头的正上方，传球高度离手1米。连续传20次为一组。

第三种方法是对墙自传练习，要求距墙50厘米左右连续对墙自传球，体会正确的手型和手指、手腕用力的感觉。

（2）移动传球练习

传球手型正确，移动迅速，保持正面传球。每人一球向左、右、前、后移动传球练习，要求自传一次高球，再传一次低球，提高控制球的能力。两人一组，一抛一传练习，要求抛者向左、右、前、后抛球，传球者根据来球快速移动传球。

（3）背传球练习

每人一球，自抛背传球练习，要求将球抛到头上，两手腕后仰，掌心向上，依靠蹬地、展体、抬臂、伸肘动作把球传向后上方。或者3人一组，背传球练习，3人各相距3米左右，两边人抛球或传球，中间人背传球。要求同上。

（4）跳传球练习

每人一球，对墙连续跳传球练习，要求掌握好起跳时机，在空中保持好身体平衡，靠快速伸臂动作将球传出。或者两人一组，连续面对跳传球练习，要求同上。

3.传球技术常见问题和纠正

（1）常见问题

在进行气排球的传球练习时，可能会出现一些问题，如传球时的手型不正确；击球点过高或过低；或者在传球前，取位不是非常及时和合理；跳传球时，选择的起跳点不准确，从而使人和球的关系保持得不好。在进行移动传球时，对不准来球的方向，控球能力较差。

（2）纠正方法

做各种步法的移动传球练习，不断提高选位和判断的能力；对着墙进行连续传球练习，多做一些平传球和远传的练习；进行移动传球练习，练习击球点的选择；练习人球结合的能力。

（五）垫球技术的教学

1.正面双手垫球

（1）准备姿势

面对来球，呈半蹲或稍蹲姿势站立，做好接球的准备。

（2）垫击球手型

常用手型有叠指式、抱拳式和互靠式。其中叠指式最为稳定，可用来接各种力量的球，所以运用非常普遍。方法是：两手掌根相靠，两手手指重叠，手掌互握，两拇指平行向前，手腕下压，两前臂外翻成一个平面。

（3）击球空间位置

保持在腹前高度。

（4）垫击球动作

当球飞到腹前约一臂距离时，两臂夹紧前伸，插入球下，同时配合蹬地、跟腰、提肩、压腕等全身协调动作迎向来球，身体重心随着击球动作向前上方移动。

（5）球触手臂部位和击球部位

用前臂的手腕关节以上10厘米左右的两小臂桡骨内侧所构成的平面击球的后下部。

2.体侧双手垫球

以右侧垫球为例，右脚向右侧跨一步，身体重心随着移至右脚，右腿弯曲。两臂伸向右侧，右臂高于左臂，左肩向下倾斜，伸出两手臂成平面，用击球面对准来球，利用向左转腰转腹及右脚蹬地的力量，配合两臂在体侧垫球的后下部。击球完成后迅速准备下一个动作。

（六）扣球技术的教学

1. 扣球技术的教学难点

（1）保持良好的人球关系

如何保持适宜的人球关系是扣好球的关键之一，其影响因素有助跑启动时机、起跳踏跳时机、步伐的调整等，需在教学中分别给予强调和重视。

（2）手控球能力的提高

手控球技术及上旋球手法。手控球能力只有通过大量的练习才能提高。正确的上旋球手法可帮助提高手的控球能力，在教学中应注意强调手腕的放松与主动用力，手指与球的完全吻合和主动的包球压腕动作。

（3）击打球的准确度

在最高点处伸直臂击准球。手击球瞬间要求伸直手臂以保持较高的击球点。一般要求躯干与手臂的夹角在160°左右，既可较好发挥扣球力量，又可以保持较高击球点。

2. 扣球技术的教学顺序

在扣球技术的学习中，首先应该学会正面扣球技术，再不断学习其他的扣球技术和战术扣球。具体的顺序如下：2、3、4号位扣一般高球→2、3、4号位扣一般弧度球→3号位近体快球→3号位短平快球→调整扣球。一般情况下，扣球的技术都比较复杂，对初学者来说比较难掌握，所以在教学时宜采用先分解再完整的教学法。将助跑、起跳和扣球挥臂环节分别进行学习，待学习者掌握后，再用完整教学法解决各技术环节的衔接，保证动作的连贯性和节奏性。

3. 扣球技术的练习方法

（1）助跑起跳练习

原地双脚起跳练习：全体学习者听教练口令练习原地起跳技术。要求双脚蹬地力猛快速，两手臂配合画弧摆动起跳，顺势扣球手臂上举后引，抬头，展腹，身体呈反弓形，落地时由双脚前脚掌过渡到全脚着地，屈膝缓冲。

助跑起跳练习：集体听教练口令做一步或两步助跑起跳。要求练习速度由慢到快，手脚配合协调，注意控制身体平衡。

（2）扣球挥臂动作的练习

徒手模仿扣球挥臂练习：按规定的队形听教练口令做挥臂练习。要求挥臂放松自然，弧形挥动，有鞭甩动作。

扣固定球练习：一方面可以扣吊球；或两人一组，一人双手持球高举，另一人原地扣固定球；或自己左手举球，右手做挥臂击球练习。要求击球时全掌包满，做快速鞭打动作。

自抛自扣练习：每人一球，距墙5米左右先抛一次扣一次，然后连续对墙练反弹球，或两人面对相距6~7米对扣，也可在低网上自抛自扣等。击球力量不要过大，动作放松。手腕有推压鞭甩动作，使击出的球成旋飞行。

4.气排球扣球技术常见问题和纠正

（1）常见问题

在扣球过程中，容易出现助跑起跳前冲，击球点把握不好的问题；也有可能出现上步时间过早，起跳也过早的情况；在挥拍的时候，手臂比较僵硬，肘关节下拖，鞭甩不是非常充分。

（2）纠正方法

通过进一步明确助跑的关键步骤，进行相关的起跳练习，体会助跑起跳与触球的结合练习。进行原地击固定球的练习，对着墙进行平扣，练习鞭甩的动作。

（七）拦网技术的教学

1.拦网技术的教学难点

在气排球比赛中，拦网技术由准备姿势、移动、起跳、空中击球和落地5个部分组成。拦网的难点主要体现在以下几个方面：①要拦住不同的扣球，在拦网移动之前必须判断对方的扣球位；②要根据二传手传球的一些特点及扣球手的起跳点来选择拦网的起跳点；③要根据对方扣球人的击球动作来判断拦网的起跳时间及伸臂时间，整个拦网技术动作全过程都贯穿着判断；④把握好合适的起跳时间，起跳时间是否适时是关系及时起跳拦住对方扣球的关键。选择合适的起跳时间，不仅要根据自己的弹跳高度，还要对二传高度、距离、弧度、速度及扣球动作幅度大小、挥臂快慢做出判断。

2.拦网技术的教学方法

（1）口头讲解

教师首先讲解拦网技术在排球比赛中的重要作用，再讲解单人拦网技术的动作方法和要领，包括拦网手型、助跑、起跳、空中拦击、落地等，最后重点讲解拦网的判断和起跳时机。

（2）动作示范

拦网的动作示范应该采用完整与分解相结合，徒手与拦网相结合，正面、侧面与背面示例相结合的方法进行教学。采取完整示例是让学习者建立完整的拦网技术概念。正面示范是让学习者观察拦网手型、手臂间距及起跳动作；侧面示范是让学习者观察拦网的身体完整的动作以及手臂与网的距离；背面示范是让学习者观察拦网的判断、移动、起跳时机及网上封堵的区域和路线等。

3. 拦网技术的练习方法

（1）拦网手型的练习

第一种方法是徒手模仿练习，原地徒手练习拦网手型，要求两脚平行站立，两臂上举伸直，两手间距约15厘米，十指自然张开。

第二种方法是原地一扣一拦练习，两人一组，隔网站立，一人扣球，另一人拦网。要求扣球者把球扣在拦网者双手上，拦网者要根据扣球人的抛球情况，及时伸臂拦网，体会触球的提肩压腕动作。

（2）移动起跳拦网练习

第一种方法是原地起跳拦网练习，学习者集中听教练口令在网前做原地起跳拦网动作。要求起跳后保持好身体平衡，既要有伸臂过网的拦网动作，又不能触网或过中线犯规。

第二种方法是左右移动一步起跳拦网练习，教练站在高台上持球于网上空，学习者依次在网前左右移动一步起跳拦网。要求学习者随教练举球位置变化而左右移动，移动制动与起跳动作要连贯。

第三种方法是隔网盯人移动拦网练习，两人一组隔网相对，其中一人主动向左右移动起跳拦网，另一人盯住对方，并及时移动起跳在网上与对方击掌。要求平行网移动，防止触网，移动由快到慢，保持好人与网的合理位置关系。

（3）结合球的拦网练习

第一种方法是两人一抛一拦练习，两人一组隔网站立，一人抛球，另一人起跳将球拦回。要求拦网人体会起跳时间和拦网动作。

第二种方法是固定线路的扣球拦网练习，教练指定学习者在高台上轻扣固定直线和斜线球，让学习者依次轮流助跑起跳拦网。要求区别拦直线球和拦斜线球在取位和拦网手型上的异同。

4. 拦网技术的常见问题和纠正

（1）常见问题

在排球拦网过程中，可能会出现起跳过早或过晚；拦网时两臂有向前扑打的动作，在进行多人拦网时，可能会出现两人或多人在空中碰撞的情况。

（2）纠正方法

教师给予一定的起跳信号，反复进行起跳时机的练习，进行低网一扣一拦的动作练习，进行两人移动后并拦的起跳配合。

二、气排球课程战术教学的设计

（一）发球技术教学

加强攻击性的发球。尽量准确地发出弧度平、速度快、力量大、旋转性强或飘度大、落点好的攻击性发球，以破坏对方的一传或直接得分。

控制落点的发球。第一，将球准确地发到对方两个队员之间的连接区、前区、后区、三角地带等场区空当，以造成对方组织进攻比较困难。第二，发破坏对方进攻战术的球。第三，发给对方一传较差、信心不足、情绪急躁或刚换上场的队员，以给对方造成失误或直接得分。

变化灵活地发球。利用发球位置的变化：发球队员可站在端线后发球，也可站在离端线3~4米或6~7米处发中、远距离球。发球距离不同，发出的球轻、重、平、冲、飘等性能也不一样。

根据比赛的具体情况而采取不同的发球。如本方得分困难，落后较多，或遇到对方强轮等情况，可采取先发制人的攻击性发球。在本方发球连续失误或比赛的关键时刻，对方暂停、换人后，或本方拦网连连得分时，应注意保证发球的稳定性，以免失误。

（二）一传战术教学

一传个人战术是为了组织本队的进攻战术而有目的地击球。由于各种进攻战术对一传的要求不同，所以一传的方向、弧度、速度、落点和节奏也不一样。

当对方进攻过网时，可采用最稳定的防守击球方式，以便更准确、更迅速地组织反攻。比赛中如发现对方场区有较大空当或对方队员无准备，可直接用各种防守击球动作击向对方空当。

（三）二传战术教学

二传个人战术主要是利用空间、时间和动作上的变化，为进攻创造有利的条件。在比赛过程中，运动员若能有效利用空间，取得的战术效果就更好。而传扣之间的时间越短，对方就越难以组织起有效的防守，对本方的进攻十分有利。

二传动作的变化包括通过传球出手的快慢、假动作、晃传和隐蔽传球、时间差跳传等变化来达到预期的战术目的。

第一，运用集中与拉开、中网与远网、高弧度与低弧度等传球变化，并可根据临场情况，合理地分配进攻的点与次数。

第二，根据对方拦网的部署，在传球时尽可能地避开拦网强的区域，选择薄弱环节作为突破口，在局部区域造成以多打少的优势。

第三，掌握对方的心理特点，制定一套打乱对方防守或进攻的战术步骤。

第四，根据临场一传的情况，到位或不到位、高球或低球、近网或远网等，来合理运用技术和战术。

（四）扣球战术教学

扣球个人战术是扣球队员根据比赛中对方拦网和防守的情况，选择合理有效的扣球方法和路线，以突破对方防守的有意识的行动。

1. 扣球时避开拦网队员的手

第一，扣球时要经常运用线路的变化，灵活采用扣直线斜线或小斜线等。

第二，运用转体、转腕扣球技术，达到突然改变扣球线路令对手难以防范的目的。

第三，扣吊结合。在对方严密的拦网下，先伴作大力扣杀，再轻扣或吊入对方空当。

第四，有意识地适当提早或延迟正常的扣球时间。

第五，采用正面扣球和勾手扣球等不同形式扣球，利用击球部位、过网点上的差异造成对方拦网判断失误。

第六，可以利用起跳后身体在空中短暂的停留来选择扣球的时机和突破口，使对方拦网难以奏效。

第七，扣侧旋球，造成对方拦网被打手出界、后排防守判断失误。

2. 扣球时利用拦网队员的手

第一，可利用打手出界来破坏对方的拦网。

第二，可运用轻扣拦网队员的手，使球随拦网队员一同下落。

第二，运用平打手法造成球触拦网队员的手后飞向对方后场远区。

第四，运用吊球，使球落在对方网前。

3. 根据临场情况采取的扣球战术

第一，突然用单脚起跳扣球，或突然原地起跳扣球，使对方来不及组织拦网。第二，根据对方拦网队员的身高和技术情况，避强打弱。第三，找人找点扣球。

（五）拦网战术教学

拦网是被动的技术，要变被动为主动，很重要的一点就是要隐蔽，不要过早暴露自己的拦网意图和目标，要善于声东击西，拦网才有实效。拦网个人战术，是通过空间、时间和动作上的变化等因素来体现的。空间就是拦网队员要控制高度，在本方场区上空，扩大拦阻面，并拦住球的过网路线。时间就是正确地掌握起跳的时机，使扣球队员来不及改变扣球路线。动作变化是指用声东击西来迷惑扣球队员，造成扣球队员判断错误而使本方拦网获得成功。

第一，拦网队员可站直拦斜、站斜拦直、正拦侧堵、侧堵正拦，并可运用取位和空中变化的假动作迷惑对方。

第二，有时可制造假象，使对方受骗。如有意露出中路空当，引诱对方扣中路，待对方扣中路后突然关门拦球。

第三，在发现对方要打手出界或平扣球时，可在空中及时将手撤回，造成对方扣球出界。

第四，在对方扣球威胁较小，估计会运用吊球、轻扣等技术时，则可做拦网假动作，实际后撤防守等。

参考文献

[1] 王薇.高校排球运动教学与训练发展研究[M].长春:吉林出版集团股份有限公司,2022.

[2] 王强.高校排球运动教学与实践创新研究[M].北京:人民体育出版社,2022.

[3] 李洪国.高校排球运动教学理论与方法研究[M].北京:原子能出版社,2013.

[4] 程洪玲,杜宁,祝凯.高校排球运动教学理论与训练实践的运用[M].中国原子能出版社,2014.

[5] 袁音,张晓燕,张玉娟.高校排球运动的技战术教学探索与实践[M].北京:中国商务出版社,2010.

[6] 马宝国.高校排球运动教学中战术意识的培养[J].黑龙江科学,2019(17):11-13.

[7] 张丽杰.体育游戏在民办高校排球运动教学中的作用[J].当代体育科技,2016(24):61-62.

[8] 李燕.高校排球运动教学中学生常见损伤的成因及预防策略[J].西部素质教育,2022(7):90-92.

[9] 刘羡,李东武,陈鑫磊.云系统在高校运动训练专业排球选修课教学中的应用研究[J].运动精品,2023(8):5-7.

[10] 衷淑萍,邹春英.试析高校排球教学中运动损伤的预防[J].当代体育科技,2020(10):29,31.

[11] 邓淇元.阳光体育运动视阈下高校排球教学改革分析[J].文体用品与科技,2020(7):84-85.

[12] 吴清莉.浅析高校排球教学中运动损伤的预防[J].文体用品与科技,2020(2):192-193.

[13] 戚进冲.如何有效预防高校排球教学中的运动损伤[J].当代体育科技,2019(17):114,116.

[14] 朱俊.试析高校排球教学中运动损伤的预防[J].科技资讯,2019(16):205-206.

[15] 刘宏秦.浅析有效预防高校排球教学中的运动损伤[J].文体用品与科技,2019(11):176-177.

[16] 易强. 高校排球教学中运动损伤的预防措施 [J]. 体育风尚 ,2019(8)：10，28.

[17] 孙琦林. 高校排球教学中运动损伤的预防措施探讨 [J]. 文体用品与科技 ,2019(3): 223-224.

[18] 林朝霞. 探讨高校排球教学中运动损伤的预防措施 [J]. 文体用品与科技 ,2019(2): 166-167.

[19] 朱定远. 阳光体育运动视阈下高校排球教学改革探析 [J]. 当代体育科技 ,2019(1): 7-8.

[20] 朱磊 , 陈凯 . 阳光体育运动背景下高校排球教学改革路径探析 [J]. 沈阳工程学院学报 (社会科学版),2021(4)：126-129.